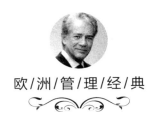

欧/洲/管/理/经/典

管理

技艺之精髓

[奥] 弗雷德蒙德 · 马利克（Fredmund Malik）◎著
刘斌 ◎译

MANAGEMENT

DAS A UND O DES HANDWERKS

机械工业出版社
China Machine Press

图书在版编目（CIP）数据

管理：技艺之精髓 /（奥）弗雷德蒙德·马利克（Fredmund Malik）著；刘斌译．—北京：机械工业出版社，2018.3

（欧洲管理经典）

书名原文：Management：Das A und O des Handwerks

ISBN 978-7-111-59327-0

I. 管… II. ① 弗… ② 刘… III. 企业管理—研究 IV. F272

中国版本图书馆 CIP 数据核字（2018）第 043084 号

本书版权登记号：图字 01-2013-3392

管理：技艺之精髓

出版发行：机械工业出版社（北京市西城区百万庄大街 22 号 邮政编码：100037）

责任编辑：鲜梦思

责任校对：殷 虹

印 刷：中煤（北京）印务有限公司

版 次：2018 年 4 月第 1 版第 1 次印刷

开 本：147mm × 210mm 1/32

印 张：11

书 号：ISBN 978-7-111-59327-0

定 价：59.00 元（精装）

凡购本书，如有缺页、倒页、脱页，由本社发行部调换

客服热线：（010）68995261 88361066

购书热线：（010）68326294 88379649 68995259

投稿热线：（010）88379007

读者信箱：hzjg@hzbook.com

献给彼得·德鲁克，

感谢他传授给我的一切。

他率先把握了管理学的全部要旨，

并在透彻理解的基础上提供了解决方案。

这些要旨可以表述为一些紧张的关系，它们存在于延续性

与大变革之间、传统与创新之间、小团体与大社会之间、

伟大理念与现实工作之间。

他创立了社会生态学——学说与实践的融合体。

CONTENTS

目录

第二部分
02

管理的有效性：人员管理与经营管理

第三部分
03

综合性管理职能

PREFACE
总序

郝平

北京大学党委书记

继《管理成就生活》和《正确的公司治理》两本书出版后，欧洲管理学大师弗雷德蒙德·马利克的《管理：技艺之精髓》和《公司策略与公司治理》等书很快再次由机械工业出版社出版发行。在如此短的时间内，马利克教授的多本专著在中国刊行，这是令人称奇的事，但细想起来又顺理成章。

随着2008年全球性金融危机的加深和蔓延，美国管理模式的漏洞不断显现，日本管理模式的代表丰田汽车也陷入了召回门事件的泥潭，反思美国和日本管理模式，欧洲管理思想开始引起中国工商界的更多关注。作为欧洲管理学的领军人物，马利克教授等人一系列著作的翻译出版，为中国企业管理变革提供了一个新的视角，为中国企业创立健康的管理体系开辟了新的道路。

马利克教授的老朋友、马利克21世纪先进管理与治理基金会执行主席丹娜·舒伯特博士一直致力于把欧洲先进管理理念介绍到中国来，她为译著的顺利出版做出了积极的贡献。我和舒伯特博士是好朋友，长期以来，她为促进中国与世界的交流做出了重要贡献。承蒙舒伯特博士的盛情，邀我为这套系列图书写序，在此深表谢意。

马利克教授2009年来北京访问时，我与他有过愉快而深入的交谈。无论是在生活中还是在学术上，他都是具有独特思维的人。马利克教授是奥地利人，他的业余爱好是与学术毫不相干的登山运动，而且几乎成了职业登山者。他是最早开始反思美国管理模式的欧洲管理大师，对“利益最大化模式”“利益相关者模式”和“股东价值模式”进行了分析并提出批判。当人们为戴姆勒－奔驰与克莱斯勒的合并欢呼雀跃时，他却预言此举最终会以失败告终。关于此次经济危机，他认为不是一次金融危机，而是一种管理方式的危机，尤其是美国管理模式的危机。他指出，美式资本主义“利润最大化”的思路对于企业管理不具有实用性，真正有用的恰恰是其对立面——利润的最小化。他说：“真正重要的价值只有一种——不是股东价值，不是利益相关者价值，也不是其他任何内部价值，而是顾客价值。”不人云亦云、特立独行，这是马利克教授给我留下的深刻印象。

马利克教授学识渊博，造诣精深，影响广泛。目前，他是瑞士圣加仑大学的教授、维也纳经济大学的客座教授、瑞士圣加仑马利克管理中心的总裁，另外还是多家大公司董事会或监事会成员、许多知名公司的战略和管理顾问。他以系统论、仿生学、控制论为重要基础，把管理实践经验与科学、历史、哲学、心理学、艺术等多种学科结合在一起，创造了独特而系统的管理方法，并因此形成了“圣加仑管理学派”。如今，该新兴学派的管理思想和方法被奔驰、宝马、索尼、西门子、德意志银行、贝塔斯曼等众多企业或组织采用，并在整个商业世界赢得了尊重。已故美国现代管理学之父彼得·德鲁克曾指出，“无论是在理论还是在实践方面，弗雷德蒙德·马利克教授都是权威性的大师”。我相信这并非溢美之词，而是大师之间的惺惺相惜。与写过《创新与企业家精神》的德鲁克一样，马利克教授试图将管理从方法论升华为一种世界观。他将管理定义为实现从资源到价值的转换，是最重要的社会职能之一，是一项人人都可以学会的技能。也许，美国《商业周刊》正因此而称马利克教授为欧洲最有影响的商业思想家之一。

他山之石，可以攻玉。《管理：技艺之精髓》从管理任务、管理工具、管理基本原则等诸多方面对管理进行了全面透彻的阐释，《公司策略与公司治理》清晰地描画了一幅用以掌握企业政策、灵活处理公司治理问题的路线图，再次体现了马利克教授对管理学的创新思维和对现代企业治理结构的独到见解……

这套系列图书给所有人，尤其是企业中高级管理者提供了另一种思路和视野。相信读者会被书中随处可见的精辟独到的管理理念所折服，获得新的启示，汲取新的力量。

FOREWORD
推荐序

陈春花

北京大学国家发展研究院 BiMBA 商学院院长

一直以来我都希望自己写一本关于理解管理本质的书，这个愿望终于在 2010 年的第一个月达成，我出版了一本讲解管理 7 个基本概念的书，命名为《管理的常识》。写作这本书的缘由就是观察到经理人在日常管理中所呈现的一些最基本的对于管理认知的误区，而这些误区导致很多人无效地工作，无法获得工作的价值。我相信这是每个管理研究者都会注意到的事实，所以当机械工业出版社华章公司邀请我为马利克教授的《管理：技艺之精髓》写推荐序时，我欣然接受，因为马利克教授和我同样地关注这个问题并具有相同的认知与判断，且和我的观察、思考以及结论完全一致，这本书也确定了我之前的判断：管理一定要解决问题。这是一部以“有效管理”为主题的作品，作者用通俗的语言传递给读者两个非常有价值的原理。

（一）管理是一种技艺，其精髓就是把资源转化为价值

管理是一种技艺，这就要求管理能解决问题，要动起来，做事情，而管理要做的，就是完成资源到价值的转换，这是这部作品让我们学习到的第一个原理。正如作者在书中所描绘的，牙科医生要能够解决病人牙痛的问题，律师要能够解决法律咨询的问题，乐团指挥要能够解决音乐会上的问题，同样作为一种职业，管理者也应该能够通过管理这种技艺来解决组织面对的问题，“德鲁克之所以能找到管理最本质、最核心的要素，是因为他没有满足于从前的陈腐观念，也不相信简单的问卷调查结果，他一生都在和管理者以及企业家一起工作，一起解决问题，同时观察他们。这正是他成功的原因”。作者对德鲁克先生的评价也许能让我们更加明白作者的意思，换言之，如果不能面对事实、解决问题，那么管理就是无效的。今天，我们的企业管理面临的一个事实是，我更认为这是一个很严重的问题，管理者几乎无时无刻不在谈论他们的资源，他们拥有多少人力、多少知识、多少资本，等等。但是这些资源本身对企业并不发挥作用，这些静态的资源本身更不能代表管理，管理是做事情，完成资源到价值的动态转化，这才是管理的精髓。

（二）有效性的逻辑就是按原则用简单的工具把任务完成

管理必须要具备有效性，而有效管理的逻辑就是遵循一定的管理原则，用简单的管理工具把管理的任务完成，这是这部作品让我们学习到的第二个原理。“不同企业可能还有自己单独的特点、要素和目标，但是最低标准也要包括五项任

务、七种工具和六大基本原则，因为这些要素奠定了人员管理和组织管理有效性的基础，在管理中起决定作用”。因此，这个原理所包含的三部分基本内容是所有管理者需要的：包括目标、组织、决策等在内的五项管理任务，归根结底是要让下属明白什么是最重要的以及要让他们把这些事情做出来；当各种复杂的管理工具几乎成为管理者公认的必备工具时，作者却回归到最基本的层面来提醒管理者——有效管理所必需的工具到底是什么？“答案很简单：会议、报告、职位说明与委派任务、个人工作方法、预算及其编制、绩效评估以及系统性地清除垃圾”。最后，有效管理必须遵循一定的原则，作者归纳的六项基本原则实际是传递给读者一种对绩效负责的管理观，无论是结果导向、整体贡献，还是聚焦关键、发挥优势，都是在告诉管理者——管理只对绩效负责，这才是管理的关键。

相信读者如果能认真思考书中这些看似常识的原理并将其行动起来，一定会提高管理的有效性。正如作者在书中所言，“每次一提到管理任务和工具，许多管理者的反应都是‘都明白了’‘常常听到’或者‘都做完了’。我在这里想要提出一个小小的建议：还是低调、保守一些比较好。你也许的确常常听到这些词，但这并不表示你已经‘都明白了’或者‘都做完了’”。事实上，管理不能奏效，很多时候是因为没有把一些管理的常识弄明白并且做出来，这些常识之所以有价值并不在于其所处的理论本身，而是存在于将其应用到从资源转化为价值的行动中，这正是这部作品的价值所在。

PREFACE

译者序

什么是管理？如何区分好与不好、正确与错误的管理？

找出以上两个管理领域基本问题的答案，正是本书写作目的之所在。作为欧洲著名的管理学大师、管理学教育家和著名的“圣加仑管理学派”的创始人，马利克教授结合自己在管理行业30余年的经验，从管理任务、管理工具、管理基本原则等诸多方面，对管理进行了全面透彻的阐释，为我们指明了方向——管理是从资源到价值的转换，是重要的社会职能之一，是一项人人都可以学会的技能；我们唯一需要掌握的就是“好的正确的管理”，正确的管理放之四海而皆准。

在本书中可以看到，马利克教授反复强调“好的正确的管理”的重要性，帮助我们剔除了许多扰乱视线的细枝末节，只留下关键点。除此之外，他还拿出相当长的篇幅专门分析了当今管理界普遍流行的“股东价值论”“价值增长战略”“财务管理思维方式”以及“基于利益相关者”等理论。他将这些理论称为混淆视听的“谬误”，并对其进行了批判。纵览全书，马利克教授提出的许多理念都颠覆了之前流传甚广的信条，与所谓的“主流观点”背道而驰。这样的理念包括“利润最大化的思路对于企业管理不具有实用性，真正有用的恰恰是其对立面——利润的最小化”“真正重要的价值只有一种——不是股东价值，不是利益相关者价值，也不是其他任何内部价值，而是顾客价值”“也许我们应该舍弃‘激励’这个词，因为我思考得越久就越感到怀疑，一个人真的能被另外一个人激励吗”“在实际生活中，几乎所有成就，特别是那些被称为重大突破的成就，几乎都是由个人完成的，而非团队合作的产物”。不仅如此，马利克教授还通过探讨管理者职责的方式，对时下的热门话题“高管薪酬”表达了自己的看法。这是一本带有新锐先锋气息的管理学书籍，相信认真读过本书的朋友，一定会有豁然开朗的感觉！

下面来说说这次翻译经历。在过去几个月的翻译过程中，我时常感到一种酣畅淋漓的“痛苦”。马利克教授的思维极富跳跃性，他力求用最深入浅出且富于趣味的语言与读者探寻管理的真知灼见。关于这一点，想必对德语比较了解的朋友只要读过原文就会和我一样产生这样畅快的体会。然而如此跳跃的语言如果直接转换成汉语，却会变得语序混乱、前言不搭后语。为了能够最大限度地保留马利克教授语言上的闪光点，同时尽可能符合汉语行文习惯，不给汉语阅读造成阻碍，这绝不是一件轻而易举的事情，既要分辨有无补充的必要，以免画蛇添足，又要找出不影响原文表达的对应词汇。在这里我特别感谢我的朋友、管理专业出身并始终从事管理行业的王磊先生，每当碰到模糊不清的管理专业词汇及其他相关问题时，他总是乐于用自己的专业知识和素养为我答疑解惑，并承担了本书部分章节的初期审稿工作。在此专门向他表达我的谢意。

管理一向是我本人非常感兴趣的领域，因此于我而言，本书的翻译过程也是一次体会和发现之旅。衷心希望读者朋友能和我一样在发现中找到新的乐趣与感悟。最后，由于时间和经验的局限，本书中恐怕还有不少欠妥之处，欢迎读者朋友多提宝贵意见，以便我在今后的工作中不断改进。

再次表示感谢！

刘斌
大众汽车（中国）投资有限公司

PREFACE

前言

一片森林里分出两条路，

而我却选择了人迹更少的那一条，

从此决定了我如今的不同。

——《未走之路》

罗伯特·弗罗斯特，美国现代著名诗人

众所周知，染色体的排列组合是生物学中掌管人类生命的神奇密码。而人的社会生存能力以及生活水平的高低，则取决于另外一组密码——正确的管理。在一个社会中，小到个人的社交能力，大到各种组织机构的执行力和创造力，其正常运转不可或缺的前提条件就是正确的管理。乍听起来你也许会觉得惊讶：就只有这么简单吗？请不要小看了“简单”二字。“简单”是精华的浓缩，一个“简单”中包含着无数的“不简单”。很多时候，“简单”比“复杂”要困难得多。

管理是什么？对于这个问题，相信你之前已经看到过无数的解析版本了。只是，这些解析都是正确的吗？没有出现过失误的时候吗？遗憾的是，失败的先例比比皆是。想要解释清楚这个问题，只肤浅地停留在“什么是管理”的层面上还远远不够，问题的思路必须更加清晰明确，也就是说，只有那些“好的正确的管理”才是我们孜孜以求的东西！

那究竟什么才是“好的正确的管理”呢？本书总体介绍了笔者的管理学观，为你搭建起了一个以控制理论为基础的、完整的、系统化的综合性管理的宏观框架。接下来则会分别深入讨论那些对“好的正确的管理”起着至关重要作用的主题和关键点，带你领略优质管理的动人魅力。

细心的读者也许会问，所谓“好的正确的管理”其理论基础何在？又有怎样的特征呢？我个人认为，管理学不仅是一般意义上的经验科学，而且是一门应用学科，“实用性”是它的不二法则。必须承认，好的管理是构建在千千万万经验总结的基础之上的，但是请不要忘记，想要获得经验，检验经验的正确性，必须在实践中才能得以完成。管理正确与否，唯有从实践中才能得以验证。

本书提出的观点都是我在过去30余年中对管理及管理体系发展的研究中得来的，并且已经在德语区乃至世界其他地方的公司、组织、机构（包括我本人的公司）的实际应用中得到了具体验证。成千上万、身处不同阶层的管理者，以及许多热心的读者都慷慨地向我提供了极其珍贵的反馈信息。在此，请允许我向他们表达衷心的感谢。

此外，我也密切关注着管理学界精英所创作的有关综合管理的著作，他们用自己的执着和努力，指引着管理学前进的方向。在这里，彼得·德鲁克、斯塔福德·比尔、汉斯·乌尔里希、阿琉伊斯·格莱里勒、弗雷德里克·威斯特的作品以及控制论的相关文献，对本书的完成起到了尤为重要的作用。想要求取“什么是好的正确的管理”这个问题的真谛，就要整合迄今为止行之有效的观点和令人信服的基础知识，因为只有从这些观点和知识中才能得出更深入的结论。那种把过去全盘否定，妄图从零开始改写历史的做法，只会束缚前进的步伐。

在我所有与管理理论相关的出版物中，我都力图保持主题、概念、内容的连贯性，使之成为一个完整的统一体。正如我在《复杂系统的管理战略》一书中提到的那样，控制论是我所构建的理论体系的基础。凡是读过我全部作品的读者，都可以一目了然地认识到这一点。但是对于那些只读过其中某一本书的朋友来说，也许会因为对我的理论体系缺乏整体上的把握而对上下文中的某些句子产生疑问。在本书中，我将尽力避免这个问题，希望能向读者展示一个更加简明、清晰的管理学世界。

最后，我要感谢圣加仑马利克管理中心所有亲爱的同事和朋友，他们深刻而富有启迪性的探讨，极大地帮助我开拓了思路。感谢经济心理学教授琳达·彼兹曼女士为我提供了极具价值的反馈意见，感谢塔玛拉·布希特女士对本书初稿提出的众多有益的改进意见。感谢玛利亚·布吕克娜女士对本书终稿不辞辛苦的修订，以及坎普斯出版社的同事辛勤的工作。我还要特别感谢我的妻子安格莉卡，她的耐心和支持给了我莫大的鼓励。

PREFACE

导言

兴趣，走向成功的第一步。

——威廉·奥斯勒（1849—1919）

加拿大医学家、教育家

无“管理”不成方圆。

当今世界，人与人、人与事、事与事之间的联系纵横交错，如果没有正确有效的管理，社会体系就无法正常运行，国家机器、工厂企业、学术机构，还有其他社会团体，也都无法按照正常秩序运转。不论是管理者还是普通员工，“管理”已经成为人人必备的职场法宝，整个社会对专业的科学管理知识的需求也越来越大。这本书的写作初衷就是帮助管理者和普通员工更加专业、更有成效地完成其职业生涯中各种极具挑战性的任务。

本书介绍了一系列与管理学相关的重要理论、意识形态和模式，为那些对管理感兴趣的读者提供了大量的颇具启发性的创新思维，为他们打开了通往异彩纷呈的“管理”世界的大门，教给他们去粗取精、去伪存真的方法，从而确保多余的干扰性信息能够有效地被排除，真正有价值的精华得以凸显。通过阅读，读者会更清楚地看到自己所处的位置和级别所应当担负起怎样的责任。也唯有如此，社会协作才能成为可能，其效用才能顺利体现出来。

此外，本书还是一本追求实用价值的综合性管理手册，贯穿于“好的正确的管理”的理念之中。本书涵盖了综合性管理中不可缺少的基本内容，旨在为读者搭建起管理概念的宏观框架，揭开管理的神秘面纱，展现何谓真正的管理技能，怎样的人才算是管理领域的绩效专家。本书呈现给读者的主要是从实践角度出发的总结性观点。至于各部分内容的工具、机制、具体实践、专业知识点和研究方法等，在本套丛书的其他卷册中将另做详细探讨。

我想要说明的一点是，这里提到的“综合性管理”，并不是新潮的、时髦的或者所谓“In”的东西，它的视线焦点始终落在管理本身——管理方法是否有效可行，管理任务是否能够得到正确执行，管理目标是否能够顺利实现。当下流行的管理理念并不是本书以及我的其他相关作品所要研究的主题——我的书都是针对实际效用的实用性指导。我在这里讲的都是我个人认为正确的观点，它们与主流观点几乎总是不一致的。

就理论而言，《管理：技艺之精髓》一书可以看作是我之前出版的《管理成就生活》[⊖]的延续、深化和补充。《管理成

⊖ 《管理成就生活》（珍藏版）已由机械工业出版社于2013年出版。

就生活》着重针对管理者个人的行为进行了详细的探讨，本书则讲得更深入——在这里，组织机构以整体面貌出现，占据了研究的核心位置，我们关注的中心环节变成了系统化的综合管理。

正因为如此，在普遍观点看来，本书中包含的论点和理论也许过于具有煽动性，让人很不适应，乍一看甚至不合逻辑。然而这种观点是错误的。针对这一点，我将会在本书及之后的其他卷册里详细论证。

几个重要的理念。

（1）管理是重要的社会职能之一，一个社会能否正常运转，取决于它对社会生活的管理。只有通过好的正确的管理，才能有效整合资源，实现社会利益的最大化。

（2）管理是一种后天可学的能力，它是一个行业、一项技能，和其他工作一样，有对其做出规范、保证其顺利执行的行业准则。在这一点上，所谓的“管理天赋”虽然珍贵且不可多得，却不是实施好的管理必不可少的因素。

（3）值得学习的管理能力只有一种，即好的正确的管理。真正有效的管理法则，不依赖于其所产生的文化背景；它不仅适用于所有国家，也适用于社会生活的所有组织形式，真正做到“以不变应万变”。因此，国际管理、跨文化管理、全球化管理这些让人眼花缭乱的新名堂统统没有必要。所有成功运营的机构都遵循着同样的经营法则，它们手中都掌握着一个共同的决胜法宝——好的正确的管理。

（4）我们眼中的成功企业之所以会出现这样或那样的不同，主要是具体业务的差别——不同的组织形式，业务也各不相同，其所肩负的社会责任不同，社会赋予它们的使命也千差万别。

（5）管理者并不是人人都能当的。在这一点上，重要的不是掌握了多少管理知识，真正起决定作用的是个人综合能力的差异性。

（6）必须承认，所有社会组织的管理者不论职位高低，都需要管理知识，但并不是每个人所需掌握的程度都要达到相同的水准。如果没有注意到这一点，组织就会失去方向感和指向性，陷入沟通中断、运转不畅的境地，也就在所难免了。

（7）我个人认为，那些在过去15年里占据主导地位的管理理念漏洞百出，充满了危险的误导性。特别是所谓的"股东价值论"及由此延伸出的"价值增长战略"和"财务管理思维方式"，还有"基于利益相关者的做法"，都是不正确的。

（8）目前出现的经济困境，恰好可以看作是以上观点的有力证明。之所以会出现这样的困难，除一小部分是因为政府错误施政导致之外，绝大部分原因要归结于管理不善——错误的不良管理阻碍了经济发展。从这层意义上讲，区分和掌握好的正确的管理就愈发重要了。

谈谈语言运用

和其他先进成熟的理论不同，管理没有放之四海而皆准的统一语言规范。不但如此，每个学者都在尽可能地创造新概念，一旦成功，他们的名字也将随着这个新概念为世人所称道。也正是由于这个原因，管理发展和进步的步伐被严重地拖缓了。因此在这本书的写作过程中，我竭力避免类似的事情发生。本书中的管理理念以圣加仑管理模式为基础，这套模式是迄今为止世界上唯一一个完整的系统化管理模式。书中涉及的概念大部分都源于著名的管理学大师、被称为“现代管理学之父”的彼得·德鲁克创建的概念体系。控制论和系统论术语，则主要来源于控制管理理论创始人斯塔福德·比尔的作品以及我本人早先出版的《复杂系统的管理战略》一书。

以下是关于一些主要概念的说明。

（1）在本书中，“企业”“组织”“机构”大多数时候指代相同的含义。它们之间的区别仅仅在于涵盖的范围略有不同，有时是一般意义上的泛指，有时是特指某个具体的社会领域。在这里，“组织”和“机构”是涵盖范围最为广泛的一般性上层概念，泛指社会中出现的所有人的集合，不论是何种类，依照怎样的法律形式组建，都可以统称为“组织”或“机构”。与此相比，“企业”则主要针对经济领域。文中出现这些词汇的时候，即使没有专门强调，也可以从上下文中推断出所指代的含义。

本书中使用最频繁的词是“企业”。从“企业”出发，可以引申出其他众多直接相关的概念，例如“企业制度”等。

不过一般情况下，“企业”之下所讲的内容也适用于其他社会组织类型。当然，根据不同的使用范围以及行文的需要，概念的表述也会做出相应的调整，以制度为例，除“企业制度”外，还可能出现“高校制度”“医疗制度”等。

（2）我们可以从很多角度来看待“管理”。

首先，“管理”作为一种职能，存在于所有社会组织形式之中，这就是所谓的“管理的职能尺度”。这种职能既不依赖于组织中的人和其他要素，也无法通过感官直接感受得到。管理职能体现在人的特定行为之中，也只有通过这些行为管理的有效性才能凸显出来。

其次，我们还可以从法律和组织机构角度定义的机构内部部门总和的意义上探讨“管理”的概念。所谓法律和组织机构角度定义的机构内部部门总和，可以是股份公司的董事会，可以是有限责任公司的经理层，可以是大学的行政管理委员会，甚至可以是国家政府。这里，我们思考的出发点是“管理的结构尺度”，由此延伸出去，“扩大的领导层”“领导小组”“集体决策圈”以及“合作管理”也都包含在这个范畴之中。涉及拥有法定决策权的高层管理人员，他们的职责、权利、义务都必须用法律、条例或章程等明确规定。而其他组织单位的规则就简单得多了，对他们的惯例和约定俗成的习俗也可以起到相同的作用。

最后，“管理”和掌握管理权的人密不可分，这就是“管理的人的尺度”。一些重要的概念，如“高管”以及“高级管理层”等，通常是和实施管理的“人”紧紧联系在一起的。

（3）当看到“领导”这个词时，其意义和“管理”是相同的。“领导”是“管理”一词在德语中的对应，两者并没有本质上的区别。在我所有已出版的作品中，两者都是作为同义词使用的。需要注意的是，不要把“领导”和“领导力”这两个概念相混淆，“领导力”与“管理”的内涵就完全不同了。

（4）在关于描述结构的章节中出现的“组织”一词包含两层意思：其一，一个机构就是一个组织；其二，机构内部有其各自组织架构的方式。从上下文中自可以分清这两层含义。

MANAGEMENT

01

第一部分

管理是什么，不是什么

CHAPTER

第 1 章

管理不是什么

越深入被忽略的问题，功成名就的机会也就越大。

——海因茨·冯·福尔斯特

美国控制论学家、哲学家

在许多人眼里，管理是一门可以带来财富、声望和权力的艺术，我们常常可以从营销人士以及媒体那里听到类似的表述。然而现实情况是，正如同电视里那些惊心动魄的警匪片与警察的现实生活联系不大一样，专业性的管理也与这些几乎是不相干的。

管理究竟是什么？它应该是什么样子的？或者不应该是什么样的？对于这些问题的误解和谣传，版本多得不胜枚举。随着管理重要性的不断凸显，五花八门的定义、概念、想法层出不穷。然而它们中的大多数却是毫无作用的，它们没有任何意义，只会引人误入歧途。其中有一部分本身甚至就能证明，它们是对真正管理内涵一窍不通的产物。

这种混乱的状态构成了对管理概念的曲解，是错误解读以及管理悖论的主要来源，从而成为导致管理专业领域长期发展缓慢的原因之一。管理风潮之所以一再反复变换，就是其中的主要原因之一。由此导致的一个成本高昂的后果就是，与管理技能相关的教育培训在很大程度上是无效延伸的。任何富有成效的教育，其先决条件必然是能够准确无误地理解其专业领域的基本问题，并且掌握足够翔实的信息。

因此，为了清除掉不必要的误解和虚假信息，我们在一开始就要先弄清楚管理不是什么。关于这个问题，我已经通过在管理领域 30 余年的理论和实践经验中，找出了经受过无数实际案例检验的成熟答案。这里我们讨论的不是普遍通行的自然法则，而是为保证企业正常运转所必须做出的决策，因此，并不是人人都必须接受我的观点。不认同我的观点的人，当然可以自行决定什么才是对企业发展有益的事，这有可能带来更有利的结果，也有可能使情况变得更糟糕。但是无论怎样，必须先搞清楚一个问题，即管理究竟是什么，不是什么，唯有如此才能避免产生危险的误解和歧义及其所带来的严重后果。

管理不是地位、级别和特权

那些把管理和地位、级别、特权画上等号的人，绝不可能是合格的管理者。不可否认，管理也许能给人带来较高的地位和更大的权力，但这些并不是管理的本质。而且大多数时候，恰恰是这些强大的诱惑导致了一部分管理者好大喜功、脱离实际、独断专行，从而最终成了在实施专业化管理道路过程中的绊脚石。

因此，我们必须从职能的角度出发去理解管理的实质。管理是一项需要执行的任务、一份需要完成的工作、一种需要付出辛勤和才智才能做出的贡献，当然重要的不仅只有贡献。在管理的世界里，没有给个人崇拜和狂热留有位置，那些想出名的人，我建议你还是去娱乐圈碰碰运气吧！

管理不是企业经济学

在德语区，对于管理的误解传播范围最为广泛的也许就是把企业经济学与管理以及管理学看作是一回事儿，这种想法大错特错。然而每年却有无数企业经济学的学生带着这种错误想法毕业，借助他们有意无意的深化，这种观点传播的范围更广泛了。

事实情况是，企业经济学和管理存在着本质的不同。想要经营一家企业，仅仅掌握企业管理学知识是远远不够的。除此之外还必须掌握其他额外技能，到今天为止，这种技能却从没有在企业管理学中出现过。[1]

毋庸置疑，企业经济学的相关知识和理论对于经济领域的企业运营具有十分重大的意义。但是在其他社会机构和组织的管理中，它们并不能发挥相同的作用。对于经济类企业来说，市场在其运转中扮演着举足轻重的角色，但对于医院或诊所这样的医疗机构来说，情况就完全不同了——在这些机构中，重要的是成本账目。要是换作政党机构，则变成了另外一种情况。而且即使在经济领域内部，生产、物流、采购、科研这些职能也并不是对每个企业都适用。对于银行和保险业而言，它们的意义就不大，若是扩大到非营利性机构，它们就更是可有可无了。

---

[1] 关于这一点，我已在《复杂系统的管理战略》（1984 年 9 月，伯尔尼 / 斯图加特，2006 版）一书中详细论述。

所有组织的运行都离不开管理，但并非也同样离不开企业经济学——事实上需要用到企业经济学的只是少数，而且对于某一类团体，例如交响乐团，企业经济学的理念更是百害而无一利。

管理不只是一个经济问题

现在我们已经知道，把企业经济学与管理等同起来的观点是不正确的，它根源于一种长久以来的错误认识，即认为管理主要甚至仅仅是一种经济行为，只有经济活动才需要管理，管理产生于经济界的发展过程之中。而在其他社会机构管理者的眼中，管理只是获取经济利益的一种手段，因而是世俗的、物质的，他们不屑于将管理应用到自己的机构内部。然而在这些人批判、轻视管理的同时，却看不到他们的职能本身就是管理的一种体现，只不过与企业管理者相比，两者管理的事物不同罢了。

管理是一种普遍的社会职能，所有社会组织机构的运转都离不开管理。也许这种职能在各个行业和领域的叫法略有不同，但这不影响管理的实质。就像大学的校长在很大程度上履行的都是与经理人相同的职责，虽然他自己或许不这么认为。类似的情况也适用于歌剧团团长、交响乐团指挥、政府高官、中学校长，还有主任医师，等等。他们的称谓和头衔各不相同，但这并不重要，重要的是他们所担负的职责是相通的，然而遗憾的是，经济界以外的高层管理者常常无法领会到这一点，因此相关能力的培养也就被忽略了。

管理并不来源于经济的发展，但必须承认，在经济领域，管理被运用得最频繁，其作用也体现得最为明显，管理是好是坏，差距一目了然。这主要是因为，在经济领域许多因素都是可以量化的，我们手中掌握着大量的信息和数据，可以直观有效地观察到管理效果对经济目标产生的影响，这是其他领域所不能比拟的。在经济类企业中，由于管理疏失或差错造成的后果往往可以用数字清楚地计算出来，较之其他组织，信息反馈也更加迅速。当然，这并不一定表示在其他组织机构中就看不到错误管理的影响，或是影响间隔很久才会暴露出来。在这些领域，管理不善自有其特殊的表现方式，例如，医院里本该锯掉左腿的病人被锯掉了右腿，或是学校里学生们扭打成一团，等等。

管理不只是“对人的管理”

另外一种传播甚广的观点认为：管理是主要或者说专门针对人的管理。这种错误理解产生的根源在于，“领导”这个概念的使用范围通常出现在个人、小组或团体中，当谈到对某个机构的管理时，很少用到这个词。按照这种逻辑，与管理技能相关的教育和培训似乎特指领导力的培养，因而培训的侧重点完全落到了心理学的诸多问题上，就连沟通也被简单看作是人与人之间的相互理解，但其实这只是沟通一个很小方面的体现，更为重要的一面在于沟通的结构顺序：谁什么时间要传递给谁什么信息，怎样传递？反过来，谁什么时间从什么人那里获取什么信息，怎样获得？这些问题并不是心理学能解答的，而是必须借助切实的系统化综合管理才能找到答案。

当然，对人的管理也包含在管理范畴中，但它并不是管理的全部。如果不能清楚地看到管理以及它在德语中的孪生兄弟“领导”在整个机构运转中起到的作用，则必然会走向一个误区，即把它单纯地看成是“对人的管理”。我们必须认识到，管理的对象是组织中的人，必须要把人放到组织中考虑，把管理理解为对组织中的人的管理，这和个人生活中的人是不同的。我们通常对组织的理解过于片面，没有把管理看作是对“人的集合”的管理，因而也就忽视了这两者其实是互为条件的。

现在我们来谈一谈对组织中人的管理，还有怎样让组织中的人找到各自合适的位置。这样一个问题，难倒了众多管理层人士和专家学者。分开来看，要做到这两点都不困难，可是一旦两点碰到一起，就不是那么容易的事了。不仅如此，由此还会衍生出一个新问题：对人的管理与组织的职能履行要求有着不可分割的联系，如果没有看到两者的内在关联性，就很容易把那些在私人生活中被认为是重要的因素也想当然地附加到组织之上。这样错位的例子不计其数，其中很大一部分不乏激励学的痕迹，但也包括对诸如“工作一定要让人快乐吗”或者“工作能否产生乐趣”等此类问题的思考。反过来，人在组织中必须遵循一些行为准则，缺少这些准则组织就无法正常运转，而它们也很容易被转移到私人生活中去，尽管它们在那里其实并无用武之地，甚至还会造成负面影响。

我个人认为，如今大学里开设的那些人力资源管理课程，大约有 3/4 是毫无用处或充满了歧义和误导的。原因就在于，这些错位、混乱和恣意等同的情况以及应有的辨别与区分都被忽略了。

如果仅仅把管理看作是对人的管理，那么就必然导致心理学因素占据管理的主导地位，而这是一种危害性极大的观点。

一旦形成了这样的错误认识，管理问题就被当成了心理问题，解决问题的办法也只能在心理学范畴寻找。于是，我们的目光总是集中在那些难缠的“问题员工”身上，而忽略了所谓的“正常员工”。实际上，“正常员工”才是一个组织中占大多数的群体。因此紧接着会出现公平问题，管理的真正目标也被忘得干干净净。事实上，**管理所追求的并不是改变人、找出他们身上的缺点然后加以修正；管理真正要做的是接受他们的本来面貌，充分发掘他们的优点并且优化利用**。而现在，一切的一切都被划归到心理学的框架内，不可避免地会导致大范围的错误产生，我们与好的管理的距离也就越来越远了。**管理的真正含义是让组织去适应人，适应人原本的样子，而不是让人去适应组织**。要做到这一点，我们当然也需要心理学，但是此心理学非彼心理学——以人为导向的组织不会误入神经控制论的歧途，也不会挑起那些原本可以避免的冲突。

管理不是业务经营

“管理”这个概念被大众熟悉和广泛运用还是近 20 年的事。今天，它已经变成了一个意思含混不清的词语，不但失去了原有的意义，还被恣意添加了无数其他含义，其中也不乏毫无价值的谬误。

如今，“管理”一词频繁地出现在经济界中，指代那些棘手问题的解决方法或是成功企业家的所作所为，也就是所谓的“业务经营”。但是尽管这个词的使用范围一再扩展，我们也不能忘记，管理和业务经营之间存在着本质的区别。

许多人都希望管理能教会他们如何把业务经营得更好。但其实管理与此并没有多少关联，他们需要的与其说是管理，倒不如说是销售培训来得恰当。诚然，企业需要经营，也就是说，企业必须开展业务，但是我们把“管理”概念引入企业经济学的目的并不在此。换句话说，真正需要管理的对象不是业务，而是开展业务的企业本身。经营业务和管理企业必须区分对待，后者要运用到管理，而前者几乎完全没有这个需要。

不但如此，对于某一单项业务来说，管理也许还会阻碍其顺利开展。为什么这么说呢？这是因为管理需要在宏观层面上进行长远考虑。依照这种观点，一个短期经营决策或许在很长的一段时期内无法产生对企业有利的效用，并且可能成为实现长期远大战略目标的绊脚石。例如，只顾着把质量不合格的产品尽快脱手，却引起了顾客的不满，导致他们转向其他竞争对手，长此以往，企业的市场诚信度和企业商誉都会受到损害，这才真正贻害无穷。

管理不能成就企业家

伴随上一个观点出现的另外一个错误观点是：通过与管理相关的教育和培训能够培养出优秀的企业家。这同样属于管理无法完成的任务，顺便提一下，企业经济学也做不到这一点。

企业家和商人是两个不同的概念，同理，企业管理者和企业家也不是一回事。当然我们并不否认，有些时候这两种不同的品质和能力会同时出现在一个人身上，不过出现的概率极其微小。

然而这两种能力的区分往往被忽略了，这是因为很多人对这两个概念的认识混乱不清，再加上其解释本身也不规范。不过在现实生活中能体现出这两种能力区别的例子随处可见。最常见的一个就是，一个成功的企业往往传不到后代手中，随着创始人去世，企业也会跟着倒闭或者转手他人。如果想要使企业具备不依赖于企业主独立生存下去的能力，那么管理必然是其中必不可少的重要环节。

通往成功企业家的道路无疑是充满艰辛的。即使企业得以成功建立起来，也不能掉以轻心，因为更大的困难还在后面，或者说难题、挑战将贯穿于企业后续发展的整个过程中。一位个人能力突出的企业家，对企业可能好，也可能不好。确切地说，对于具备独立发展能力的企业来说，企业家的个人才能影响不大，但是对于那些严重依赖他们的企业来说，企业家的杰出才能却往往有害无利。

因此我强烈建议一定要把企业家和企业管理者区别对待。这样一来，也可以驳斥那种把利润作为企业家行为动机的根深蒂固的错误理论：大多数时候，企业家的意愿与企业的真正需求并不契合。这里面也体现了企业家和企业的区别，以及“管理”和“企业家”不能等同看待的原因。

管理不只是高层管理

另外一个错误认识的产生基于这样一个现实：许多人在提到“管理”这个词的时候，其实都自动指代高层管理，即位于企业内部权力架构顶端的管理层，它们通常作为一个职能部门对外代表企业并对企业负责。在股份公司中，这个最高管理层的表现形式是董事会和监事会，在有限责任公司中是经理层；而在瑞士，这个部门通常被称作财团领导层或理事会。

但是了解企业内部结构运作的人都知道，管理并不只存在于最高层，董事会以下的二级和三级也同样属于管理层，而且更重要的是，这些人才是更直接、更频繁执行管理任务的人。

如果想更加准确地理解管理的职能导向，只知道这些还远远不够。从原则上讲，所有以“管理”为工作内容的人都属于管理者，例如生产线上的工人也应该算作管理者。事实上，早在 20 世纪 60 年代末，这一理念就已经成为当时刚刚起步的圣加仑管理模式以及系统管理学的一大基本思想。直到今天，圣加仑管理模式和其他管理模式之间始终存在着本质区别。在圣加仑管理模式中，所有假设、研究方法和机制的出发点都是从广泛人员集合的基础上理解领导和管理的，也只有在这种广泛性中，圣加仑管理模式的意义才能体现出来。

说得通俗一些，每个“老板”都属于管理层。我建议再向前进一步，特别是涉及管理教育培训时，不应当只想到“老板”，还应该包括那些自己不是老板而是在老板手下工作的人。当然，针对“上级”和“下属”的培训计划是不同的。对于“下属”来说，了解老板的思考方式、做事角度、行为动机和原因，意义十分重大。这样产生的直接效果就是：第一，可以从源头上规避许多理解上的问题，还有相当一部分沟通障碍因此能得以化解，相应地，危机管理也变得不那么必要了；第二，和下属一样，上级也需要被管理，说得更确切一点，他们也要受到来自下属的管理。虽然目前尚只有圣加仑管理中心的教授有这种全新的学习理念，但它的推广价值毋庸置疑。实践证明，这种理念是站得住脚的。那些懂得如何管理各自老板的人，很少会在职业生涯中遭遇困境。

管理不能等同于美国式管理

不得不承认这样一个现实，全球化进程从某种意义上说就是整个世界的“美国化”。美国是世界上最大的经济体，这导致许多人都不假思索地认为既然最大，那它的管理也应当是全世界最好的。然而实际上无论“最大”还是“最好”都是错误的，那只是掺有水分的统计数据造成的感官错觉罢了。这在我的《致管理层信函》中已经被提到过很多次了。[㊀]

事实上，就像我在很多书和文章中写的那样，美国的经济状况和管理水平都被严重高估了。“最大”并不意味着“最强”。媒体一再重复宣传这一错误理念，其实是不真实的。

美国式管理只适用于简单情况，一碰到复杂局面就几乎完全失灵。而且，它只在美国的经济社会背景下才能发挥作用。缺少了适宜的条件，它的功效就会大打折扣甚至适得其反。

在全球美国化的进程中，美国式管理理念和模式也必然会出口到其他国家。比如在亚洲，它甚至是唯一可用的管理模式，这并不是因为没有其他选择，而是因为其他选择都是非英语的。所以很有可能在不久的将来，欧洲也会在此争得一席之地。

管理不能等同于 MBA 教育

随着 MBA 教育的兴起和推广，逐渐出现了一种新观点，认为 MBA 教育已经达到了管理教育培训的顶峰，这也是一种错误的想法。管理和工商管理以及企业经济学之间不能画等号。

㊀ 例如，马利克之《致管理层信函》（2000 年 12 月、2003 年 10 月、2004 年 2 月、2004 年 3 月）。

MBA 相关培训应当被看作“工商管理”课程，而非“管理大师”培训，这才是对待它的正确态度。另外，美国的“工商管理”转换成德语就是企业经济学。

在工商管理的专业术语中，也常常能发现“管理”一词的踪影，比如市场管理、生产管理或者财务管理，等等。但是在这些课程教授的知识中，管理所占的比例微乎其微，绝大部分还是属于纯粹的市场、生产或财务知识范畴。因此无论如何也不可以简单地认为，接受过 MBA 教育的人也相应具备了管理者的能力。如果这些所谓的 MBA 还有他们周围的人都这样想，那这种错误的判断将很可能造成极其恶劣的严重的“管理灾难”。

在过去十年里，由于受到美国化公司治理模式以及 MBA 教育与培训的影响，这样的管理灾难时有发生。正因为如此，才有了犹豫，才开始反思，究竟是哪里出了问题。加拿大管理学教授亨利 · 明茨伯格的《管理者而非 MBA》⊖一书，就是其中很具代表性的作品。

事实上，大多数 MBA 课程提供的都是错误信息，根本无法应用到复杂系统的管理实践中。还有一点，MBA 教育特别倾向于量化，凡事都喜欢用数字表示。这样造成的后果就是，在有关公司治理的讨论影响下，企业管理被缩水成了纯粹玩弄财务数字的把戏。

管理不能等同于具体业务

管理任务和具体业务必须被严格区分开来，否则将不可避

⊖　此书中文版已由机械工业出版社出版。

免地出现完全意义上的混乱。经济类企业的典型业务——研发、市场、生产、财务、会计、人事、物流等常会被错误地当作管理任务等同对待。但是它们实际上应该被称为“具体业务”或者“专业业务”才更加恰当，因为要完成这些任务，相关专业知识是必不可少的。

从事市场、财务、会计、生产、人力资源以及类似领域的人，也许会是一名优秀的专业人才，但仅靠这些远远不能成为一名优秀的管理者。与普遍的观点相反，企业经济学专业的毕业生几乎完全没有接受过管理方面的教育，即使偶尔有之也只是肤浅地一笔带过。这场由于企业经济学专业业务和管理任务之间界线不清造成的混乱，使一些人错误地认为，企业经济学专业的毕业生一定是好的，或者说至少是受过专业培训的管理者。其实，管理还有其他的任务，比如制定目标、组织结构、决策、监控、人才开发与促进，等等。

一方面，想要漂亮地完成具体业务，必然要用到管理。另一方面，没有具体业务，管理也无法实施——毕竟管理必须要有指向性，也就是说，必须要有对象可“管”才行。

那么管理知识和专业知识究竟孰轻孰重呢？这个问题不能一概而论，而且也毫无意义。从本质上来说，两者是相辅相成的。个别情况下可能会在一定程度上向某一方倾斜。

仅仅依靠专业知识无法产生效果（更不要说最优效果了）。反之，仅仅依靠管理知识，就会因为缺少用武之地而无法发挥作用。

还有一种观点，即掌握某一领域专业知识的管理者，可以胜任任何一个管理岗位，什么都能管——以我的经验来看，这却是大错特错。几乎没有一个例子证明，曾在汽车公司中任职的高管也能十分出色地胜任一家大型银行的管理工作，反过来也是同样的道理。即使这个人以前在汽车公司担任过财务董事，专业知识十分丰富，我也无法放心地把银行托付给他来管理。

管理不是领导力

新一轮管理认知上的概念混乱出现在对管理和领导力的区分上，我们必须清楚地把两者分开看待，否则任何认知深化都无从谈起。

“管理”一词囊括了所有被认为是“差的”或被划归到“低级别”的因素和环节，比如日常经营运作、实际业务的处理，还有规划、控制和编制预算，等等。

与之相反，“领导力”包含的都是那些被视为“好的”或“重要的”部分。换句话说，凡是涉及领导力的，都是面向未来、更具有前瞻性和创新意识、更加远大宏伟的事情，是需要用到“企盼”和“梦想”形容的那类事。

然而，“领导力”概念的大量滥用其实源于一个错误的翻译。和以往的情况不同，这次的翻译错误不是发生在英语翻译为德语的过程中，而是出现在德语与英语的语言转换时。由于很多德语企业也把英语作为公司的官方语言，造成了德语中“Führung”（领导、管理）一词被错误地翻译成了英语中的“领导力”，无论是从管理质量还是语言发展的角度来看，这都是有害无益的。这有可能导致错误出现，这是意料之中的，但是谁能想到就是这么一个看似不大的错误居然会引起如此严重的混乱和误导呢？

让我们把上面的意思表达得更清楚一点。“management”

（管理）在德语中的对应词汇是“Führung”，几乎在所有情况下两者的意思都是相同的；德语中与“manager”（管理者）对应的词汇是“Führungskraft”，“Führungskraft”无论如何也不能表达英语中“leader”（领导者、领袖）的含义。

因此，在德语中被称为“Führungskraft”的人，到了英语中就变成了“manager”。级别较高的管理者也可以被称为“officer”（高级职员）或者“director”（负责人、主管）。一个部门级别最高的人叫作“head of XX”，而不是“leader of XX”，也就是说，研究部部长是“head of research”，而不是“leader of research”。对高层管理人员的统称一般是“executives”（执行官），例如，“CEO”的完整写法是“chief executive officer”（首席执行官），而不是“chief executive leader”。

德语中的“Führer”一词只有在极其个别的情况下，才会被翻译成“leader”，大多数时候都能找到其他词代替。例如“Bergführer”（登山领队）不能翻译成“mountain leader”，而应该是“mountain guide”。同样，“Fremdführer”（导游）也不是“tour leader”，而是“tour guide”。

CHAPTER

第2章

管理是什么

唯有经济界深入思考自己的职责，才能成就伟大的社会。

——艾尔弗雷德·诺思·怀特海

英国著名数学家、哲学家

从资源到价值

什么是管理？**管理是从资源到价值的转化。**

我个人认为，这是对管理最恰当、最简洁的定义。它使我们能够最大限度地了解管理这一社会职能的实质，同时也为我们开辟了更加广阔的视野。

接下来，我将列举一系列论据详细阐释，究竟什么才是所谓“好的正确的管理”。这些论据都遵循着同一个事实，即只有从企业外部、从所有组织机构以外，才能获得资源和价值——两者都是如此。

当今世界，经济发展过程中最为重要的一项资源就是知识。知识广泛地存在于企业外部，早上员工上班的时候把它带到办公室，晚上员工下班，它也就跟着回家了。明天还来不来？谁也不敢保证。而像在电脑上分析数据这种“知识”，与知识管理专家口中谈到的各种“知识”并无多少关联性。因此我们也可以对原先的说法稍作修改，以使其重点更加突出：用“知识”换掉“资源”，即管理是从知识到效益的转化。这样我们也就抓住了正确理解21世纪社会与经济的核心线索。

和知识一样，价值也产生在企业外部，存在于企业活动的受益者处，掌握于顾客手中。价值分两类，一类是企业为了生存必须创造的，还有一类则是能帮助企业实现自身既定目标的。至于德语中的“价值”一词在英语中的对应词汇，我的观点与经济学家不太一样，他们认为应该是“utility”，而我则使用“value”。而且真正重要的价值只有一种——它不是股东价值，不是利益相关者价值，也不是其他任何内部价值，而是顾客价值，这一点在以后的章节中将详细探讨，这里只稍作提示。只有在那些支付账单的地方才会产生价值，从严格意义上讲，只有顾客才会支付账单，或者反过来，凡是支付账单的都可以视为顾客。只要牢牢抓住这一根本思想，就可以把无数歪曲和误解，特别是许多与公司治理相关的悖论排除。

因此，各个等级的管理者都会受到一种本性的驱使，根据外部的变化对内部加以调整。这种逻辑的结果就是，所有机构、企业、组织的管理方向都应当遵循从外到内的原则。读到这里，细心的读者一定已经发现了，在现实中管理方向却往往是由内到外的，这一相当普遍的管理观念其实是错误的。

管理是一门学科

现在有一个比较引人注目的现象，即年轻的管理者特别喜欢寻求定义。这可以算作如今大学教育的一个负面影响。这些年轻人相信，定义能够揭示事物的本来面貌，能够阐释清楚所定义对象或概念的本质。遗憾的是，在我看来，这种观点是不正确的，理由就不在这里一一赘述了。⊖定义只是一种确定下来的规范语言的表达而已，它不能告诉我们关于事物本质的任何事情。同理，概念也并非重要无比，我们只是借助其组织恰当的表述，用来进行语言交流罢了。

为了弄清什么是管理，我们可以看一看以下两条有用的定义。在此之前我还要提醒一句，这里出现的“管理”和“领导”含义完全相同，管理者“Manager”与“Führungskraft”、“Manager”与“Führer”的意思也是相同的。德语中“Führung”可以翻译成英语中的“management”，反过来也是一样。

第一个例子来自汉斯 · 乌尔里希。他在1972年写过：“管理是一种行动力。无论在哪个领域，**管理指的都是许多人通过劳动分工相互协作共同完成某一目标，**不论是国防还是宗教，或者在教育、医疗保健领域以及在经济界，其发挥作用的方式都是一样的。”乌尔里希作为一位杰出的管理思想家，他的观点对管理概念的创新具有划时代的意义。他同时也是圣加仑系统管理学的创始人之一，圣加仑管理模式就是他和瓦格 · 克里格共同创造的成果。从一开始，乌尔里希就从广义角度出发，把

⊖ 对此感兴趣的朋友可以读一读卡尔 · 波普尔的《开放社会及其敌人》第二卷第11章“黑格尔主义的亚里士多德根源”。

“管理”理解成“对有生产创造力的复杂社会系统的塑造、控制和发展”。

除此之外，乌尔里希还研究了管理控制论创始人斯塔福德·比尔的作品。比尔在其作品中表达了这样的观点：“如果说控制论是有关控制的科学，那管理就是关于控制的职业——在某种特定的系统中。”因此得出的结论是，控制论是管理的基础，因为它是一门涵盖了规范、调节、控制、发展，以及对某一系统，特别是目的导向型高端复杂系统进行“控制”的综合科学。这种观察问题的视线范围比企业经济学和美国工商管理学的视角更加开阔，成果也更为丰富。

第二个例子来自现代管理学之父彼得·德鲁克。在他影响最为广泛的作品《管理：使命、责任、实务》[⊖]中有这样的表述：“首先一点，在所有社会机构特别是在经济类企业内部的领导、控制、决策部门中，管理都是一个普遍职能，它是每个国家，本质上来说也是每个社会都必须履行的基本职能。在其所管理的机构中，管理必须能做出决策，设定经营使命，确定经营对象，以及为组织创造绩效和筹集资源……**管理是一门学科，这首先就意味着，管理者付诸实践的是管理学而不是经济学，不是计量方法，也不是行为科学。**无论是经济学、计量方法还是行为科学都只是管理者实施管理的工具。说得更确切一点，管理者付诸实践的并不是经济学，正好像医生付诸实践的并不是血液测试；管理人员付诸实践的并不是行为科学；生物学家付诸实践的并不是运用显微镜观察微生物；管理者付诸实践的并不是计量方法；律师付诸实践的并不是援引例证。管理者真正付诸实践的是管理学。”

⊖ 此书中文版已由机械工业出版社出版。

管理是一种技艺

长久以来，我一直坚持认为**应当把管理当作一种职业来看待**。在这里，我们着重针对的是职业的绩效性和成果。管理作为一种职业，本质上和其他职业没有什么区别，所以我们对管理的要求和期许应当或者说必须达到与其他职业相同的水平。

不论什么职业，符合其内部发展状况的核心要素都是与其相对应的专业技能。比如说，牙痛去拜访牙科医生，向律师进行法律咨询或是在音乐会上看到乐团指挥，这些时候我们需要的就是对方的专业技能。而这一点在管理者身上也是一样的，专业技能应当成为组织内部各级管理者的必备素质，或者至少具备这种素质应当成为他们的努力方向。因此，管理者必须接受相应的教育培训，这也构成了管理者是否合格的衡量依据。

之所以选择“技艺”这个词，是经过了深思熟虑的。当然必须承认，今天我们重视的不再是手工艺或者动手做的工作，脑力劳动占据了我们的视野。知识作为资源的重要性，我在前面已有提及。现如今，所有的社会类型都在全速向知识型社会转变，其最为重要的一点是在社会中占主导地位，其行为会对社会发展产生绝对影响的群体，不再依靠体力和手工技巧，而是依靠知识进行生产劳动。然而越是如此，就意味着隐藏在手工业中的行为元素在管理中的作用越重要。

管理意味着行动——要动起来，要做事情，要去实现、去完成。知识如果没有被有效投入到创造绩效的过程中，其本身就毫无意义。所以，只有知识并不能成就管理，管理也不是知识的产生和传播。就像前面说过的那样，管理是从知识到价值的转化。要做到这一点，光有知识是远远不够的。从知识到价值，还需要“行动”。令人惊讶的是，很少有人会在讨论管理时用到“行动”这个词，这里更常用的概念是“行为”。“行动”是一种“行为”，而“行为科学”可能更偏爱“行为”这个概念。但是我认为这个概念对于管理的本质来说则太过苍白、中立和被动，“管理者的行为”这种表述显然也十分空洞。在这里必须强调的是，起决定作用的并不是宽泛的行为，而是那种能创造绩效和成果的特定类型的行动。

另外，还有一点也十分重要：“技艺”这个概念直接指向那些可以学得到的东西。常常会有人问我这样一个问题：管理是可以学习的吗？这个问题谁也回答不了，因此必须换一种方式来问：从管理中我们能学到什么？

总是有些故弄玄虚的“老顽固”——这种人在经济界也屡见不鲜，他们鼓吹管理者都是天生的。值得庆幸的是，这不是真的。从管理中我们可以学到很多东西，比大多数人知道的还要多。但这并不能说，任何人都能学会全部东西。的确有那么一些人，他们天生拥有的就比其他人更多，另有一些人后天付出了比别人更多的努力，还有一些人为了成为优秀的管理者，从不放松对自己的要求。但是也应当承认，有一部分人确实无法胜任管理者的工作。不过我认为这部分人所占的比重较小，毕竟始终不能进步的只是一小部分人。

同样地，我们也不可以说全部管理知识都可以为人所掌握。人都有一定局限，而且在学习管理知识的过程中总会出现一些人力不可及的任务，也许这里就是所谓的个人天赋发挥作用的地方。虽然通过学习我们也许无法达到管理的顶峰，但是什么也不能阻止我们在自己的能力范围内学会一切可以学到的东西。

从一门艺术到一种职业

其实在很长一段时间里，我们今天口中的“管理”都被当作是一种艺术看待——这究竟是什么意思？“艺术”一词又从何而来？这的确十分让人摸不着头脑。比如，大企业家的成就常常让许多人佩服得五体投地，他们被“神化”成了伟大的天才，却没有人想去探究一番，他们的成就到底是如何取得的，他们做了什么事情，追求着怎样的目标，采取了何种措施等。在拥护经济的人眼里，他们是神，是英雄；可到了仇视经济的人眼中，他们又变成了妖魔鬼怪。然而无论是神化还是妖魔化，理性的思考和分析却从未出现过。

彼得·德鲁克是对管理做出正确理解的第一人，他使管理具备了可学习性，也在一定程度上使管理教学成为可能。德鲁克之所以能找到管理最本质、最核心的要素，是因为他没有满足于从前的陈腐观念，也不相信简单的问卷调查结果，他一生都在和管理者以及企业家一起工作、一起解决问题，同时观察他们。这正是他成功的原因。

彼得·德鲁克的方法其实很简单——提问：这个人获得了成功，是什么让他如此成功？他的成功源于何处？每个人都有其独特的魅力，是什么让他拥有这种独特魅力？德鲁克的这种研究创举是对管理实践的巨大贡献，他自身也成了新的学术标杆的代名词，只有少数佼佼者才能达到他所到达的高度。

管理本身不是学术研究，而且作为一种职业，它也不应该试图成为学术研究。管理是一种实践，一种“临床实践”。但是对管理的思考、领会、表述、探讨、求证，却无一不属于学术研究的范畴。这并不是为了经验主义而经验主义，也不是屈服于任何强势集团，更不是跟在主流观念后面人云亦云。当然，大学里的教与学不能和学术研究画上等号——学术研究的首要一点是清晰、准确、通俗易懂地口头和书面表达，严谨地探究、提出论据、验证并说明理由；这意味着必须反复讨论，坚持不懈地探索解决问题的更好方法。然而涉及管理，其首要任务是解决现实中出现的实际问题，而不是需要象牙塔里的学者冥思苦想的那些。

管理，与复杂性过招

情况越复杂，产生的能力等级越高。

——卡斯顿·布莱西

德国生物学家、遗传学家

不知大家还记不记得，之前提到斯塔福德·比尔的管理控制论著作时，我曾引用过这样一个句子："……在某种特定类型的系统之中……"那么，比尔指的特定类型的系统究竟是什么呢?

想要弄清楚什么是管理，至少必须先了解何谓复杂系统。如果对复杂性和系统性的本质缺乏最基本的认识，就无法对社会上各种组织机构的目标和职能要求做出理性恰当的评判。

只要认清管理及其现实复杂性，就可以很轻松地理解我的管理理论中那些引起争议的部分了，它们也是接下来的讨论对象。如若不然，则很难弄清楚这些部分的真实含义。比如，本书的后半部分会详细解释我之所以批判股东价值的原因，很大程度上就是由复杂性决定的。乍看之下，"股东价值"似乎是一个可行的解决之道，但是实践证明它是没有价值的甚至是有害的。股东价值和利润最大化的思路紧密相连，体现的是 20 世纪陈旧的、早已过时的一类思维方式。若接受了这种仅仅表面看起来可行的解决问题的方法，那么企业的正常运转则完全无从谈起。

为了不给读者的阅读带来不必要的麻烦，我会尽量减少使用控制论的专业词汇和概念。其实，在我的提纲、建议和问题解决方案中处处都融入了控制论和系统论的理念，因此这些建议和方案都符合控制论的原则，且呈现系统化的特征，不需要我多加赘述。碰到的时候，如有需要，我会通过一些提示稍作解释。

长久以来，复杂性一直属于使用频率很高的一类词汇，与复杂性相关的概念数不胜数，例如我们常常提到的复杂系统、复杂关联性、复杂问题等。在组织内部的管理会议或讨论中，不论会议的主题是市场、产品还是生产流程，几乎没有一次不涉及复杂性。既然如此，那么我们不禁要问，复杂性的概念究竟从何而来？它是在怎样的相互联系中产生的？它的重要性体现在哪些方面？

大多数人头脑中对复杂性都有一个直观认识，认为复杂性是与那些困难、难以理解、不明朗、混乱不清的东西联系在一起的。在处理日常生活中的问题时，这种直观认识或许已经足够了。可一旦涉及管理，就要求我们对复杂性的认识更加详细透彻。无论在何种组织类型中，这对于较高级别管理任务的完成也是不可或缺的。

从某种程度而言，我们可以将管理定义为一种驾驭复杂系统的能力，使复杂系统朝着预期方向发展，并且对其行为施加影响，直至实现既定目标。也可以这样说，**管理就是把“控制”**

植入系统中，并使系统始终处于“控制”之下。

使用“控制”这个词带有一定的风险性，因为有时候会受到一些人的严厉批评——这些人只要一听到“控制”，就会自动联想起强权、逼迫、暴力、统治等字眼。我们必须承认，“控制”确实能表达这些意思，但这只是其含义的一个方面。英语中的“control”以及德语中的“Kontrolle”还有另外一个完全不同的意思——规范、调节、掌控、引导。而这层意思才是控制论的真正研究对象，这就像是物理学中研究的“Kraft”（力）一样，这个词不是同样也有“力量、权力”的意思吗？另外，伟大的数学家诺伯特·维纳于1948年出版的控制论开山之作《控制论：或关于在动物和机器中控制和通信的科学》，其副标题不就已经恰如其分地诠释出此处“控制”一词的真实含义了吗？

什么是控制论

“控制论”（Kybernetik）这个词源于希腊词汇“Kybernetes”，原意是掌舵人，常出现在长官、总督、统治这些概念里。在这里，我们可以把控制论理解为掌舵人的艺术，或者直接理解为掌控的艺术，还可以推而广之，将其理解为引导、调节、控制的艺术。在这种艺术背后隐藏着深厚的科学根基，不过处理日常生活中问题时我们也许用不着这些，因此也无须多加关注，只有在真正棘手的问题出现后，惯常的理解不足以帮助我们找出解决问题的答案时，隐藏在背后的科学根基就变得重要且有意义了。

这里我们不得不再次提到控制论之父诺伯特·维纳。他是如何提出控制论的？他为什么把自己的作品命名为《控制论：

或关于在动物和机器中控制和通信的科学》？还有哪些人在这个领域也取得了成果？这些问题的答案本身就可以编写一部历史。我必须要说，控制论也许是20世纪最重要的学术成就，虽然这样伟大的成就没有引起公众的多少关注。与之相比，人们更加热衷于讨论诸如原子核物理等科学发现，但其实控制论才是推动历史车轮从20世纪向21世纪前进的真正动力。在21世纪，控制论的踪迹无处不在，它使我们的生活发生了翻天覆地的变化。没有控制论，就不会出现电脑和机器人，不会有电子学和信息科学，生物学以及基因技术的进步和突破更加无从谈起。虽然这种与控制论息息相关的发展也伴随着危机和挑战，但更重要的是，它带来了更加灿烂、前景更为广阔的机遇。想要规避危机抓住机遇，就一定离不开控制论。

唯有“控制论”及与其紧密相连的“系统科学”和“信息理论”，才能使我们正确理解、阐释，并系统化地应用大自然赐予我们的第三个基本变量——信息。在这一点上，目前人们仅仅“认识了”前两个基本变量，即物质和能量。这两个变量是自然科学的两大黄金学科物理和化学在启蒙运动时期的“研究对象”，无数学者和科学家试图借助这两个变量把世界上千奇百怪的现象和事物进行简化分类。毋庸置疑，这种研究方法为我们带来了认识上的长足进步，也促成了技术上的重大突破。

但是这种自然科学的基本理念并不能让真正有才华的学者满足。好像还是缺少一点什么，而且似乎还是很重要的东西。如果已知一种物质是由15千克煤、4千克氮、1千克石灰、0.5千克磷和硫黄、200克盐、150克氢氧化钾和氯酸盐，再加上15种其他元素以及足够量的水组成的，有人能猜出那是什么吗？实际上那什么也不是。

尽管受到传统自然科学思维方法及其逻辑基础的制约，但是学者至少还是领悟到了一个关键点，即形成物质的原料是一方面，但真正起决定作用的是各种原料的组织结构。这一点千真万确！

上面提到的“原料”指的是把一种物质拆解开所能得到的各个物质组成的部分。如果把使生物体之所以成为生物体的基本元素拿掉，则此种生物体也将不复存在。这里重要的不是各个物质的组成部分，而是它们之间的组织结构，比如肌肉，还有它们所呈现出的排列规则，以及令各部分形成某种排列规则的信息。生命的形成只有物质和能量还不够，更确切地说，生命是承载着信息的物质和能量。因此，《圣经 · 新约 · 约翰福音》中出现“太初有言”的说法也就并非偶然了，这个“言”即秩序信息和排列规则。如果不是这样，那么它为什么不干脆写成“太初有碳氧化物”呢？

控制论之所以重要，原因就在于此。控制论最重要的观点之一就是认为，相比较而言，物质和能量对于一个系统性格与能力的形成作用并不大，也就是说，系统是由哪些部分组成的并不重要。在这一点上起决定作用的是决定这些部分排列组合的信息。只有借助这些信息，各个组成部分才能构建起一个完整的系统。

科学飞速发展的今天，科技领域与信息学专业的进展和突破让许多人拍手叫好，津津乐道，然而当今社会意义最重大的发展并不来源于这两个领域——无须惊异，社会进步最强大的推动力其实源于生命科学，蕴藏在其发展进程中。而其中的重中之重则是专门研究大脑和中枢神经系统的神经学。生物体的正常运作，离不开中枢神经系统的引导、控制和调节。但如若没有控制论的概念和思维方式，这种大脑科学研究则根本无法想象。

控制论是推动神经学研究发展的强大助力，但是我们不能就此把它和神经学混为一谈。控制论是一门独立的科学，它建立在一个认知之上，即世界上存在着能控制所有系统正常运转的自然规律——无论这个系统是天然的还是人工的，都是隶属于生物、物理、技术范畴的，还是要划归到社会、经济领域，都必须遵循这种自然规律。也正是这些规律使控制论成了一门跨领域且在多个学科之间相互转化的研究科学，这一点和跨学科多少有些不同。这里我们不得不再次提到诺伯特·维纳的《控制论：或关于在动物和机器中控制和通信的科学》，这个副标题里实在包含了太多有价值的信息。比如借助“……在动物和机器中……”，维纳就一举跨越了自然界和人工创造之间的沟壑，从古典时期以来对复杂系统的理解局限也因此被一并打破了。

简单系统和复杂系统

上一节我们略微偏离主题，对控制论的学术和历史做了一番小小的回顾。现在我们重新回到主题“复杂性”上来。在控制论中，区分简单系统和复杂系统是必不可少的一个步骤。简单系统中不会出现重大问题，对其的规范、调节和引导比较简短，控制方式比较直接，指向性强。然而遗憾的是，真正严重和棘手的问题却往往毫不留情地出现在复杂系统之中。

什么东西需要控制？或者说得规范一点，控制对象是什么？简单来说，**需要控制的不是系统本身，而是系统的复杂性。**这样，控制论的核心问题就浮出了水面：怎样才能控制系统的复杂性？如何对一个复杂系统进行规范和调节？需要创建怎样的组织架构才能完全控制系统的复杂性？

以上这些问题凸显了控制论和复杂性的重大意义，但它们只说明了事实的一半，更加重要的另外一半则可以从一个广泛的认知中体现出来：简单系统中诞生不出高级能力，那里根本没有适宜高级能力生长的土壤。关于这一点，著名生物学家和遗传学家卡斯顿・布莱西在他那本通俗易懂且极具可读性的作品《生命之过渡阶段：无目标进化？》中的总结可谓恰如其分："情况越复杂，产生的能力等级越高。"

然而遗憾的是，这个问题往往被不自觉地忽视了。在许多相关作品中都可以找到那么一两个段落，告诫我们为了使系统处于控制之中，必须降低系统的复杂性。这只说出了真相的一半，伴随其而来的危险性则鲜少被提及，但这种危险强大到足以摧毁系统的本质属性和力量，甚至危及整个系统。因此，假如一种生物体想要学习更高级且富有挑战性的技能或其他知识，那么它自身至少要具备最低限度的复杂性，如若低于一定界限，它就无法学习更高级别的能力。不但学习能力是这样，感知能力、交流能力、思维和意识能力也是如此，而且这也适用于科技领域，例如在神经外科学或航天电子学领域，与更高的工作效率相对应的必然是更加复杂的系统。经验丰富的管理者并不会对此感到惊讶，他们很清楚，这就像是面对一个很有前景但情况错综复杂的市场一样，想要改造它，就必须使用相应的复杂工具和手段对症下药。

简化论的统治地位

管理文献、管理理论以及管理认识中暴露出的最大谬误就是无处不在的简化主义。比如，把管理简化成为仅仅是对人的管理，或者把管理和领导力摆在两个截然相反的对立面上，这些都是错误的做法。管理不同于典型的企业经济学思路，不能被简化成组织中一个纯粹的经济问题，也不能受到利润最大化的局限，就算是在经济组织的背景下，这也不是对待管理的正确态度。

管理是一项覆盖多层面、多维度的职能。它不能被简单缩减成组织中的某一个层面或维度，否则就会出现不稳定的情况，或者造成组织在发展的后续阶段容易脱离控制，最终导致经济上的崩溃。因此必须要从组织所有职能领域出发才能正确理解管理，如果只将其看作是财务、市场、会计、人事等职能部门的集合，则必然会产生消极的副作用。和简化论在其他领域的应用效果一样，管理中应用简化论也必然造成误解和混乱。以我们当前所经历的经济危机为例，其产生的根本原因并不是政府的错误决策，其根源在于各个企业所奉行的错误管理理念——企业存在的意义被生硬地缩减成了追逐股东利益和利润最大化。

其实，“非简化系统”的重要性在生活中有许多直观体现，比如在生物体的各个进化阶段和不同的生物类型上就能找到类似的例子。处于低等进化阶段的生物无法进行某些行为，而处于高等进化阶段的生物则恰恰因为它们自身的复杂性而具备了进行更高级、更复杂行为的能力。这又让我想起了前面提到过的那个例子：人是由许多元素组成的，但除了人外，还有很多生物也是由这些元素组成的。造成它们与人之间巨大差别的不是物质成分的不同，而是其组织结构的复杂性。

这个原理同样适用于企业。正是由于这个原因，管理者必须深入认识复杂性。越是高层的管理者，或者说越是想要进入高层的人，对复杂性的理解就必须越透彻。今天，各个企业高层管理目标的实现，都是以高层管理者对复杂状况炉火纯青的驾驭手段为前提的。驾驭复杂性，已经成为 21 世纪的黄金技能之一。

越复杂的系统，其行动的范围也就越大，也就是说，它在面对不断变化的市场走向、消费群体和供货商，应对竞争对手以及政策变动带来的挑战时，能够更加灵活应变。但是同时这也使系统管理变得更加困难，尤其是要从众多解决方案中找出一个正确乃至最佳方法应用到实践中，要求也相应变得更为严苛了。

我们以国际象棋为例，把这个问题变得直观一些：在一盘棋开始和结束的时候，走棋的招数只有那么有限的几种；下到高潮时，对弈的双方可以采取各种各样的方式应对对方的进攻，没有哪两个下棋的人所用的招数完全相同。这是国际象棋之所以有趣的原因，但是与此同时，整个游戏因此而更加复杂，对下棋的人的技艺要求也更高了。

和企业经营者相比，对弈的双方有一个明显的好处，即两人对全盘局势一目了然：棋子的数量是既定的，每个人都能够清楚地看到棋盘上出现的每个招式和每个变化，每走一步都要受到统一规则的制约，且不可反悔。单独拿出一枚棋子看，其变化性很低：士兵最小，皇后最大。但是如果将整个棋局视为一个整体，则可以衍生出无穷的变化。一局棋中可能出现的招数多达 10^{155} 种。如果你对数字不敏感，那么我们就换一种方式表达——1 后面跟着 155 个 0！如果还是不清楚的话，我们就来做一个简单的对比：要知道，据天文学家估计，银河系里的

星星数量才只有 10^{11} 颗。

管理：对高可变性系统的控制

国际象棋和经济运行之间存在着一些显而易见的相似性。因此在经济界我们也常常会听到“游戏参与者”或者“游戏规则”这类说法。但若仔细研究一下就会发现，两者的相似度其实并没有多高。国际象棋的复杂程度完全无法和经济运行相提并论。经济界不存在数量固定的“棋子”，也没有一成不变的规则，相反，每个企业、每个人时时刻刻都处在持续变化之中，且在绝大多数情况下没有任何人能占有完整的信息，即使是最周密的市场调查也无法网罗全面动态，比如现在这盘“棋”已经下到哪里了？下棋人的优势和劣势分别是什么？他们在整个棋局中发挥怎样的影响？作用是什么……诸如此类。在经济界，人们的判断几乎总是建立在揣摩和推测的基础上，有时他们甚至连自己正在下哪盘棋也搞不清楚。个人是如此，企业也面临着同样的问题。除了极个别情况外，企业很难了解自己的准确市场位置，也无法在短时间内做出调整，这一点即使在信息学如此发达的今天也没有任何改善。没有人能明明白白地说出，在各种影响因素的变化推动下，企业接下来会朝哪个方向发展。大部分信息都是不确定的，未知变数存在于每个角落，渗透到各个环节之中，一切都在变化。市场上可供每个参与者选择的行为方式可谓千变万化，程度和数量都远胜于国际象棋。而且，这种变化性完全是不可确定的。

毫不夸张地说，即使在一个很小的企业系统内部，其变化组合的种类数已经能达到天文数字了。这样的系统在专业术语中被称为“高可变性系统”。由此，管理的核心问题也应当随之做出变化：**怎样控制高可变性系统**。这里我们还要再一次引用斯塔福德·比尔的那句名言：“如果说控制论是有关控制的科学，那管理就是关于控制的职业——在某种特定的系统之中。”从系统复杂性的角度出发，无论本人愿意与否、是否知道，每个管理者其实都应当是一位控制论专家，充当起一个掌舵人的角色。不是每个人都知道世界上还有这么一门能帮助他们更好地完成工作任务的科学。而且和许多人想象的不一样，这门科学既不是工商管理，也不是经济学，而是控制论。

现实生活中可能导致复杂系统产生的情况多到数不胜数，我们不得不面对引导和控制如此庞杂的复杂系统的难题。怎样从根本上解决这些难题呢？该由谁，通过什么方式来控制、调节、引导这些复杂系统呢？要找到这些问题的答案，我们必须首先把目光转向自然界——一个司空见惯却又引人深思的现象：自然界没有管理者，也没有人对它进行调节，它自己管理、自己调节。自然界最根本的两大控制论法则就是自我管理和自我控制，这是自然界的普遍规律和功能法则。

控制论是一门适用于所有系统类型的跨领域科学，因此我们自然而然就会产生这样的想法，是不是在技术、经济、社会系统之中也能找到这一基本法则的影子？或者反过来，控制论可不可以在这些领域找到用武之地？例如，把控制论应用到汽车领域，就出现了诸如ABS（防抱死刹车系统）之类的先进技术，驾驶者得到了解放，那些以前需要手动控制调节的操作，现在都可以交给车体自带的电子控制系统来完成。在航空领域，控制论的作用表现得更加突出：我们今天乘坐的大部分飞机都是通过先进仪器自动导航飞行的，这已经是一个公开的秘密，不过飞行员可能不太喜欢听到这样的说法。因此现在我们知道了，风险不是出现在技术上，而是出现在人身上。

前面已经说过，自我管理和自我控制是与自然系统相生相伴的两大能力。但是地球上只有一个自然界，换句话说，在人类创造的系统中，例如，在技术、社会以及混合系统中，自我管理和自我控制不会自动出现，而是必须被“导入”。它们的设计必须呈现出系统化的特征，且有意识地以控制论的功能法则为导向，这也就是所谓的“系统设计”。因此，控制论管理战略的基本模式就是对企业进行行之有效的控制，使之能够尽可能地实现自我管理和调节。

这样一来，那些常常听到的看似可行、实则漏洞百出的论断就不攻自破了。当然，我们不可以把控制论在管理中的合理运用理解成给管理层放大假，让企业放任自流（很多人都是这么认为的）。对专业人士来说，“自由放任”从来不是促进企业管理、推动市场经济以及社会运转的良策。我认为关于这一点，没有人比弗里德里希·冯·哈耶克表述得更清楚了，他是自由主义中诞生的最杰出、最深刻的思想家。

另外，还有一个错误认识我也想在这里一并澄清：谁也没有说过，只要系统具备了自我组织的能力，就意味着万事大吉，一切尽在掌握中。这是不可能的。我们对控制论的正确理解应当建立在保守的基础上。对控制论准则的应用也只能量力而为。超出控制论能力范围的，我们当然要重新寻找其管理方法，否则对系统的管理就只能宣告失败，即系统脱离了控制。

必要多样性定律

上一种观点中直接导致一条核心自然规律被发掘出来——必要多样性定律，在英语中的表达为“the law of requisite variety”。这条定律的发现人是另外一位伟大的先行者、英国神经生理学家及控制论学家威廉姆·罗斯·艾什比。为了表彰他的卓越贡献，有些文献里直接把必要多样性定律称为“艾什比定律”。

我们并不清楚艾什比是怎样觉察到必要多样性定律的蛛丝马迹的，我们只知道在他 1956 年出版的著作《控制论导论》中已经对此做出了重要论述：“只有多样性才能摧毁多样性。”

为了方便理解，我们把这句话做一点微小的改变：**只有多样性才能吸收、融合多样性。**怎么解释呢？**一个系统能够进行何种程度的管理，取决于其本身以及现有管理手段的复杂性。**前面我已经说过，区分系统是简单还是复杂，是十分重要的一环。简单系统只需要简单的手段和工具就可以实现管理目标，复杂系统则需要投入复杂的手段和工具。

与万有引力定律这样的自然规律一样，必要多样性定律本质上也是自动发生的，不依赖于人的意志为转移，所以人们才很少注意到它。它属于我们这个世界的规律范畴，也是我们所遵循的行为准则。万有引力定律之所以广为人知并不是因为它的发现者是牛顿——牛顿只是发现它，查找它的关联性，并且最终把它系统地介绍给世人并为世人所用。艾什比定律也是一样的道理。

为了能在系统中植入管理，或者说把该系统纳入管理之中，我们需要多样性（或复杂性），且其数量（规模）至少要和系统本身拥有的一样多。通用电气公司的传奇总裁杰克 · 韦尔奇就曾这样说过："如果市场变化率大过企业变化率，那空气中就能嗅到灾难的气息。"这句话把韦尔奇对复杂系统的充分理解表现得淋漓尽致。他很清楚，通用电气想要获得长久的发展动力并且一直保持良好的管理，面临的最大挑战就来自于复杂性。因此，"必要多样性"意味着适应能力和进化能力，它们是保证组织持续健康向前发展的先决条件。

不论出于什么原因，一旦缺少多样性，系统就会在一定程度上脱离管理的轨道。这就好比同一个设备，你只对它发出两个指令，它就不可能做出三种反应；如果词汇表上只限定 3000 个字，那么谁也没法把莎士比亚的经典著作翻译成德语了。同样的道理，一个没有足够行动空间的人，也无法管理好一个复杂的企业系统。足球比赛的一方想要取得胜利，其球员的实力至少要和对方球员相当。这一点也同样适用于战场上的士兵、国际象棋手以及企业的管理者。感觉这种说法很老套吗？也许吧，听起来的确就像告诉你物体会在重力作用下产生的自由落体一样平淡无奇。尽管如此，若想在竞争激烈的经济界中获得成功，这却是颠扑不破的真理。

另外一个同样可以归到老生常谈行列的口号"保持简单"，也找到了能证明其正确性的确凿证据（该证据有明确的限定范围）：**如果我们能把一切事物都保持在简单的范围中，那么管理它们所要用到的控制、调节机制也可以相应得到简化。**但不利的一面是简单系统里无法产生高级的技能和能力。而在复杂的环境之中，顾客总是越来越挑剔，竞争对手也一直变大变强，这就迫使企业必须提高自身的应变能力和处理复杂情况的能力，否则面对如此激烈的局面，企业极易迷失方向，不知何去何从。

再举一个例子。从控制论的角度回顾过去几年的世界经济运行状况，我们可以很清楚地看到其追求的核心参数——股东价值，这构成了对多样性的严重制约，而且带来了巨大的风险。这种完全以财务数字为导向的简化主义做法过于简单草率，并不是管理复杂系统的可靠手段：经济界普遍存在的纯财政数字思路导致企业状况不断，麻烦层出不穷，葬送了企业的繁荣发展，损毁了企业的生存能力，造成了企业运营不稳定性的不断加剧。事实上，这种思路并不能带来财富和利润增长，相反，它只能带领企业走向危机和崩溃。

因此“保持简单”其实只说对了一半，只有在那些适宜简化的地方，它才能发挥作用。而它没有说出的另一半就是：学着应付复杂性。身处于这样一个越来越复杂的世界，我们应对复杂情况的能力越强，才能过上更好的生活。

新模式

在和复杂性打交道的过程中，我们不断寻求管理问题新的解决策略和模式。早在圣加仑管理模式创建之初，汉斯·乌尔里希就提出了这样一个问题：是否存在管理的基础科学？或者什么可以成为管理的基础科学？有人想当然地回答企业经济学，这又把思路拖回到经济上。前面已经解释过为什么必须舍弃这种想法，对此，乌尔里希做出了自己的论断，他认为这个基础科学应当是对一般系统理论特别是复杂系统控制论的粗略认识。其实在此之前，彼得·德鲁克在他的著作《明日的里程碑》以及题为“信息、沟通和理解”的论文中详细解释过两者的内在联系。

我个人认为，在企业经济学中，涉及管理问题的处理方法时有两种现象不容忽视，即停滞现象和无绩效经营。从这两种现象中产生不了任何推动经济前进的动力。事实上，复杂问题，特别是管理复杂系统的最有效的解决之道，起源于生物学、大脑研究以及物种进化理论。在科技领域中也有越来越多的人认识到这一点。例如由此诞生的仿生电子学，它将生物学和科学技术结合在一起，因而属于未来最有影响、潜力最大的新兴学科。

这里存在着一个看似简单、实则内涵深刻的基本思想：解决问题之前，必须先弄清所要解决的问题是什么。这个思路还可以更深入一步：自然界是否已经给出了类似问题的答案？有没有我们可以借鉴的经验？自然界就像一个大型科学实验室，在数十亿年的进化过程中凝结出了无数的珍贵成果和智慧结晶。在那些经受住残酷的物竞天择考验并且演化至今的生物身上，或许能够找到对我们有价值的东西。

因此，我所提出的众多管理问题的解决建议都遵循着这样的思维方式。

CHAPTER

第 3 章

管理为什么是重要的

世上没有不发达国家，只有缺乏治理的国家。

——彼得·德鲁克

现代管理学之父

如果将社会比喻成人体，那么管理就是保证其正常运转的最重要的器官。管理是每个国家、每个集体、每个组织中最关键的职能。脱离了管理，没有任何一个社会体系能够产生并维持下去。

管理也是竞争中的决胜因素。大到企业，小到个人，大量准确的管理知识储备是激烈竞争中的关键所在。有了管理，组织和个人才有效能。唯有通过管理，智慧、才华、天赋、学识才能诞生我们梦寐以求的东西——成果。

管理：最重要的社会职能

正如我一再强调的那样，管理不只是一个普通的社会职能——从整个外部环境角度理解，它是全部社会职能中最重要的那一个。至于对此人们是否高兴、是否欢迎，都是他们自己的事，无妨于以下这个无可争议的事实：一个社会中所有重要的东西都取决于管理是否专业，以及管理质量的高低。

一个组织如果绩效低迷，其内部管理必然是混乱无序的。虽然每当出现这种情况时，**人们往往会把责任推给管理者，**认为这是由于他们失职造成的，**但这其实是组织内部整个管理体系、管理机制以及管理理念上出现的深层次问题的外在表现。**特别是受到媒体高度关注的那些大型机构的高层管理事故，常常被归结成高管个人的错误。而与个人失误相比，更为重要的管理理念、思路、策略、机制等，则鲜有人提及。即使那些事故真的是由高管的个人疏失导致的，难道就不应该问一问，在规模如此庞大、社会影响力如此深远的机构里，这样不称职的人为什么能出现在最高权力层？是什么样的人事选拔、提升机制导致了这种结果？

就像前面提到过的，现代社会中最有价值的东西全都以这样或那样的方式取决于管理职能实施的质量。社会生活的富裕程度、生产效率的高低、创新能力的大小、社会资源的利用状况、社会成员的健康状况和受教育水平，无一不依赖于管理部门和管理者——他们的称呼可能千差万别，但只要是实际执行管理职能的人和部门，都属于这个范畴。

管理是最重要的竞争要素。几乎所有在“经济优势区域理论”中提到的竞争要素都毫无意义。同样，原材料的可支配性、交通便利性、周边常住人口数量，以及其他经济政策类因素的价值也十分有限。煞有介事地评判哪个行业好、哪个行业不好，纯粹是画蛇添足的无聊之举。行业没有好坏之分，但是企业管理却有好坏的区别。一个国家或社会中提供给所有企业的条件大体上都差不多，但是有些企业历久繁荣，另一些则深陷失败的泥潭，这当然不能责怪到行业不好或是政府施政不当头上，问题真正的症结出在管理上。

管理也是全球化进程中最重要的职能。全球化绝不等同于美国化，也不是只信奉弱肉强食的丛林法则的法律真空地带。我们期待全球进程能顺利持续下去，带来更多利惠而不是弊端，那就必须建立相应的管理机构。

管理：开启社会生存能力的密码

现在社会上出现了一种新的理解，即对每个独立的个人来说，管理是其从容生活、事业成功甚至个人幸福的关键。从17世纪开始的普遍义务教育，到了21世纪获得了新的补充和延伸，这种补充和延伸就是管理知识。直到不久之前，人们的生活还处在某些机构的控制下——生活的架构由它们规划和决定，生活物资也由它们负责供应。但是在很短的时间内，差不多就是最近20年内，一切都改变了，这些机构好像一下子影响尽失，对于人及生活的意义已完全丧失。

于是，我们不再期望能在一个大企业里一直工作到退休。在此之前，确实有些企业会让人产生这种期望，并且它们也把这作为自身的优势之一，然而现在这种优势不复存在了，因为再也没有人能打这种保票。工会也渐渐丧失了原有的意义，尽管它们和企业之间的谈判仍然与以前一样激烈。不仅如此，就连国家也从社会生活的方方面面抽身出来，这并不是因为它们施政更加谨慎，而是因为社会系统的组织形式和管理方法无法解决现实中出现的问题。在这里，资金短缺只是一个伴生现象，尤其是在面对众多无力解决的深层次难题时，更是一个冠冕堂皇的借口。宗教被人为赋予的那种塑造生活、指引人生方向的作用尚有待验证；新生力量的征兆几不可察……不论从哪一种社会团体来看，都能获得相似的结论。

当今社会，每个作为独立个体的社会人都对自己负完全责任。这也许正是如今“人际关系网”之所以广受热议的原因。每个人都必须具备社会生存能力，即使是在那些学校教会的技能派不上用处的地方，也必须保证自己对社会有“可用性”。每个人，特别是年轻人，必须管理好自己的人生。这种能力不是天生的，唯有通过后天学习才能掌握。

今时今日，教育和培训已远不能满足需要。**企业支付薪水给某个员工，并不是因为他拥有怎样的聪明才智，而是因为他运用自己的才智取得了成果。**谁能比其他人多懂一点管理，虽然不能说他一定可以获得成功，但至少与其他人相比，他已经掌握了成功的先决条件。相反，对管理一无所知或知之甚少的人，基本上注定要遭受到失败的打击。从这层意义上来说，**个人取得成功的关键就在于其管理能力——将所学知识转化为预期结果的能力。**如果我们将基因的排列组合比作生命的解码，那么同样道理，管理可称得上是开启社会生存能力的密码了。

CHAPTER

第 4 章

正确的管理具有普遍适用性

当鞋子合脚的时候，脚就会被忘了。

——印度谚语

我们需要掌握的管理从来都只有一种——正确的管理。在这一章中，我主要想和大家一起区分所谓正确的和错误的管理。读到这里，你也许会不以为然。乍听上去的确像是在老调重弹，但这看似寻常的做法意义却十分重大。通过做这样的区分，管理中的两大难题将迎刃而解，一系列令人头疼的混乱和误解也可以一并规避与澄清。相关的培训课程项目也就没必要参加了，这既节省了大量时间、金钱，又少了众多不必要的麻烦。

两种被忽视掉的区分

有两种区分常常被我们出于各种原因而忽略掉：一是正确的和错误的管理；二是好的和不好的管理。**管理正确和错误**

与否的评判依据是效能，而好与不好的区分依据则是效率，如图 4-1 所示。除此两种之外，我们甚至不需要用其他任何方法来区分管理了。

效能

效率	正　确	错　误
好	正确的管理得到了正确的执行，可以创造效能和效率	错误的管理得到了正确的执行，即错误的管理理念被坚决、彻底、有力地推广实施，这往往会造成可怕的灾难性后果
不好	正确的管理有可能由于错误的执行而失去了效率。这虽然很遗憾，但至少比错误的管理得到了正确的执行所造成的负面影响要小得多	错误的管理被错误地执行，这种情况造成的后果就无须赘言了

图　4-1

在这本书里涉及的正确与错误、好与不好，都不是道德意义上的好坏对错，而是指有效性以及与目标相符合的功能性，也就是说是绝对的价值中立。但是之后大家会看到，我绝不是在为任何价值中立的管理或者管理理论辩护。

我们之所以要做这样的区分，其最重要的作用在于明确学习方向，即只有好的正确的管理才是真正值得学习和借鉴的。学习正确的管理，然后不断加以完善，这就是通往效能、绩效乃至成功的最可靠、最平坦的捷径。

弄明白了上述两种区别，对于第三种区别的理解自然水到渠成。所以说，从教科书、课堂、研讨会和其他各种会议中听到和学到的那些东西，其实跟管理并没有什么关系，它们针对的大多是管理在不同情况下的应用。

通常情况下，对已知事物实施管理称为运营型管理，而对未知事物的管理则叫作创新型管理。事实上，管理未知事物所要用到的知识和管理已知事物的并没有什么不同，两者实际是同一种职能，只是涉及管理未知事物时，对管理知识的掌握必须更精准、更全面，管理者的掌控力和驾驭力必须更强。除此之外，这两类管理都针对共同的目标任务，使用相同的管理工具，遵循相同的基本原则，没有其他区别。

打个比方，那些决心挑战从未有人涉足过的未知高峰的人，对这座高峰的具体环境一无所知，尽管如此，他们还是要依靠自己从以往的登山经历中积累的知识和经验制订详细的登山计划，还是要用到以前的绳索、雪锤、脚扣这些攀爬器具，不会因为新爬一座山就把原来的经验和工具全部弃置不用。唯一不同的是，在攀登一座新山峰时，他们会格外重视准备工作——器械是否全备，安全措施是否周全，人员体力是否充沛等。总而言之，要确保自己处于最佳状态，为攀爬创造一个最有利的氛围。所以，在他们眼中不存在这座山或那座山、爬过的山或没有爬过的山的区别。在他们心目中，新的攀登其实是向着更大难度、更高级别进发的无畏挑战。

再举一个例子：驾驶汽车。一旦掌握了驾驶技术，开车的过程都是一样的。虽然开车的时间地点各有不同，比如在大城市里交通不太拥堵的时候，有人在马路上潇洒疾驰，而到了周五下午下班的高峰时期，有人则被困在车流中龟速爬行，但无论何种情况，刹车、离合、加油、控制方向盘这些驾驶汽车的具体步骤没有任何改变，发生变化的只是周围环境，而事故、疲劳、压力、危险等一系列突发状况也正是产生于这种改变之中。

解决表象问题的可靠方法

一涉及现实中出现的实际问题，我们总是习惯于迅速、不假思索地罗列出很多不同的管理类型。事实上这既无益于管理本身，也解决不了实际问题。这真算得上是错上加错，错误翻倍了。

通过区分管理以及管理在具体情况下的应用，许多管理的表象问题都可以被一举解决。据我所知还没有人做过这种区分，而为了避免混乱情况的发生，它却是至关重要的。

之前我建议对管理做三种区分，只要按照我的建议去做，视野就会变得清晰，这也是有效地把其他多余的管理类型剔除的唯一途径。

这样一来，大多数被过分渲染的管理类型，例如国际管理、跨文化管理、全球化管理、可视化管理、网络化管理等，都失去了被夸大的影响力，缩回原本正常的大小，因此也就没有理由必须进行与此相关的专门培训了。

世界上有许多国际化或全球化运营的企业，没有国际化或全球化的管理。管理面对的现实环境可能千差万别，但是正确管理的实质却万变不离其宗。当然也必须承认，如果一个人要被委派到中国工作，那他必须对中国的具体国情、历史文化、典型行为方式和社会惯例、风俗习惯都有足够的了解。这并不仅仅适用于管理者，哪怕只是想去中国旅行的游客，对这些基本信息也应该做到心中有数。

因此，我们可以分辨管理是正确的还是错误的、好的还是不好的、有效的还是无效的，却不可以把它区分成国内的或是国际的、单一文化的或是跨文化的。有一种观点认为，跨国企业中的管理人才必须掌握一门甚至多门外语，对外汇及其他货币计量单位了如指掌。现在我们知道了，这种观点既不值得多费笔墨，又与管理没什么关系。

错误可以各不相同，但正确的只有一种

相信经过以上区分，另外一个盘踞在管理领域数十年的问题也可以得以解决了。

在实际生活中，不好的或错误的管理总是千变万化，而好的正确的管理却始终如一。这并不取决于管理所处的国家和文化差异，也不由所管理组织的类型、规模和业务决定。真正正确的管理是普遍的，能够以不变应万变。

这里需要注意的一点是，我并没有说所有的管理都具有普遍性和恒定性。我的关注点始终落在正确的管理上。抓住了正确的管理就意味着抓住了问题的关键，但直到今天，这一点都一直为大多数人所忽略。

让我来举个例子，我们常说运动无国界。高尔夫球比赛、网球比赛、象棋比赛，无论在哪个国家，处于何种文化背景下，比赛规则都只有一种。当然如果只是为了娱乐，我们也可以用千千万万的其他方式打高尔夫球、下象棋，可是只要是比赛，涉及规则，那些玩法就不能用了，全世界只有一种正确打法。同样的道理，**正确的管理也没有国别和文化的差异，只此一种。**

我的这种普遍性理论常常会招来强烈的有时甚至是充满攻击性的批判。一些人固执地认为，管理必然依赖于文化或其他影响因素。这种观点深深扎根于这类人群的头脑之中，他们甚至认为这是天经地义的，没有必要再思考、观察、论证了。这

非常可笑，而且我必须要指出的是，意大利人和德国人的管理方式没什么两样，虽然他们和我们属于完全不同的两个民族。意大利人热情洋溢、说话声音很大且喜欢用手势语（这些都是对意大利人的一些固有看法）。当然不是每个意大利人都是这样的，尤其在商界，也活跃着不少说话声音很轻且不爱打手势的意大利人。但又怎么样呢？这无论如何也不是管理的主要方面。

在管理中，对“什么”和“怎么样”的区分，以及上面提到过的“正确”与“错误”的区分，才是关键所在。在实施正确的管理这件事上，喜欢用手势语的意大利人和不爱用手势语的德国人没什么区别，他们做的都是相同的事情。比如说，不论是在意大利还是在德国，但凡是管理得当的企业，我们都可以发现一些互通的东西——经营目标明确、工作效率高、公司会议准备充足、管理运转流畅。也许意大利公司的会议会比德国公司的气氛更热烈一些，但这并不是重点，重要的是双方的会议都做足了事前准备且证明是高产高效的。

经营模式和管理不是一回事

为了避免出现另外一种潜在的错误观点，我们首先要承认，企业获取经营绩效的方式是多种多样的，也就是说，即使在不同的经营模式和经营战略的指导下，企业也可以获得具体业务经营上的成功。管理上的成功秘诀却与这种经营模式和经营战略的差异性截然相反，这一点我在第 10 章“企业战略”中还要详细解释。我从来没说过，通往成功的路只有一条，想要成功，企业就必须走这条路。但是不论经营模式如何不同，帮助企业走向成功的管理都是一样的。

举个例子来说，一家业绩很好的高档轿车专营商和一家同样运营良好的低档轿车公司所使用的管理方法是相同的。这两家公司的产品、生产流程、经营战略等可以大不相同，但是通向优异业绩和良好运营的唯一道路只能是“好的正确的管理”。㊀

对以上观点做一些合理的修改之后，它也同样适用于所有国家和文化。想要到达真理的彼岸，就必须对表象和实质加以区分。那些企业经济学和管理学中的传奇之所以能够流传如此长的时间，主要是学术水平或至少是理解的问题。

管理的有效性和专业性规则具有一般普遍性，这一点和语法规则比较相似——全世界说好英语的方法只有一种，因此无论在哪里，听到的标准流畅的英语都是一样的。对此的证明就在于，除了文化水平较高的人外（比如英国语言文学专家），几乎到处都能听到人们说着不规范的英语（或者有语法错误，或者表达方式不对，或者发音有误）。但我们讨论的对象是国际英语、跨文化英语——或者再回到之前高尔夫球的那个例子，重点是高尔夫球比赛规则——在这里，是不是语言专家或者是不是专业高尔夫球员，根本没有意义。

重要但令人不快的结果

认真分析和考虑实际情况，具有深远意义：第一，这样做

㊀ 这个非常典型的例子是卡尔·冯·克劳塞维茨的《战争论》中众多被引用和分析的例子之一。真正读懂这个例子的人，一定会惊奇地发现，当时的管理和现在的管理具有很多相似性。注意，我并没有说领导军队，我说的是管理。要知道《战争论》不是一本新作，早在19世纪20年代它就出版了，因此我们更要惊叹克劳塞维茨在这本书中所展现出的高超的洞察力和观察角度以及卓越的语言表达能力了。

能使我们从庞杂纷繁的管理类型和流行管理模式的迷宫中顺利挣脱出去，增加问题的透明度，使之变得清楚明确，而且还能帮助我们区分什么是正确的，什么是错误的；第二，对员工的相关教育培训可以因此得到极大的简化；第三，对企业来说，这也能节省时间成本和资金成本。

正如之前提到过的那样，现在我们不必再花上几年时间学习一种新式管理类型以及伴随而来的新要求和新理念，我们应当学会的管理只有一种，即好的正确的管理，凭此一项，就能获得相当专业的管理能力。这种能力足以应付各种不同的具体情况。

然而，“正确”与“错误”、“好”与“不好”，这样的区分也会带来不受欢迎的“副作用”：相当一部分目前正在进行的实证研究因为这种区分而变得多此一举。无数研究项目都在试图弄清楚，管理者在实际生活中的具体行为是怎样的，为了取得最准确的结果，它们还从组织类型、行业、国家、文化背景几个角度分别加以研究，其结果包含了无数的可能性。那么我们从中能获得什么呢？基本上什么也获得不了。因为这些研究或多或少都是错误的，得出的结论只不过能证明目前对管理相关培训的需求的确非常旺盛罢了。

另外一个令人不快的结果是，众多与国际化管理、跨文化管理等相关的教席以及专业方向也因此变得毫无意义，应当可直接被删掉。最严重的影响发生在企业内部和企业大学中，在那里，大量培训计划需要被抛弃，剩下的绝大部分都要重新设计培训方案。不仅如此，还有相当多的管理培训及与质量监管相关的职位也成了画蛇添足。不过也并不意味着坐在这些位子上的人只能卷铺盖走人——实施好的正确的管理需要大量人才，他们则恰好可以借这个机会重新为自己的才能开辟另外一方舞台。

变不规范为规范的勇气

要实施正确的管理，必须要有向不规范宣战、变不规范为规范的勇气。正如同魔鬼憎恨上帝手中的圣水一样，**规范性是经验主义最深恶痛绝的东西。**可涉及管理——跟工程学或者法学中的情况没两样，这却没有丝毫理由。我们之所以反对那种在很大程度上占据着主导地位的传统实证科学观点，是因为它们总是透露着一种早已过时的、会把人带入歧途的“完美理性”倾向。真正有探讨价值的应当是“经验 – 规范主义”（名字听起来可能有点儿自相矛盾，但这只是语言表达的问题），这是一种由目标决定的功能性方法。要弄清这一点，我们可以求助于汉斯 · 艾尔伯特，他已经在其作品中对与此相关的原则机理问题做了详细分析，并且找到了我个人认为非常令人满意的解决之策。

如此一来，那些搞建筑搞技术的人自然要问，什么才是一座桥、一台造纸机或是一架飞机的正确构造呢？根据不同的实际情况，桥梁、造纸机和飞机都有可能出现多种构造，但这个构造正确与否，只能由其功能、材料和静力学规则决定。所以没必要额外花费力气告诉法拉利的工程师如何造一辆 F1 方程式赛车，他们会根据以上的规则自己找出答案。另外，仿生电子学中的设计、制造、构造图纸中遵循的最高标准就是自然法则。自然界中的一切生物现象，例如，蜻蜓震动双翼、鲑鱼产卵、麋鹿发情等都受到自然法则的约束和规范，不受约束的生物全都灭绝了。

现在我们回过头来看看本章开始时的那句印度谚语。把其中的含义引申到管理上，意思就是，**正确的管理如果得到了很好的（即所谓专业化的）实施，则身处其中的人几乎完全察觉不到管理的存在——其效果正如一双合脚的鞋子**。在我们还没有注意到的时候，好的正确的管理就已经在发挥作用了，不仅可以避免那些由于错误管理导致的摩擦和冲突，其他所有麻烦特别是所谓流行管理模式造成的那些问题，也可以因此得到有效化解。

MANAGEMENT

02

第二部分

管理的有效性：人员管理与经营管理

CHAPTER

第 5 章

人员管理：好的正确的管理之标准模式

在本章中，我会着重为大家介绍正确管理的标准模式，也可以说是管理绩效和有效管理的标准模式，这些叫法可以相互替换。之所以选择介绍这样的标准模式和相关理论，是因为它们是从无数面向管理层的咨询以及培训服务中总结出来的，是经过了实践检验的正确经验。其中，有效管理模式是圣加仑管理模式雏形的一个组成部分。（详情具体参见新版《管理成就生活》[⊖]中的第 1 章和最后一章。）

标准模式之逻辑

首先我们很有必要回顾一下《管理成就生活》一书的主导思想，即管理必须被理解成为一种职业。在那本书里我已经介绍过，每一种职业都包含各不相同的四大显著特征：

⊖ 此书中文版已由机械工业出版社出版。

- 此种职业必须完成的任务是什么；
- 为了完成任务可以利用哪些工具；
- 其所遵循的基本原则是怎样的、任务完成的质量和有效性是怎样的；
- 需要为工作任务负怎样的责任。

在以上四大显著特征中，前两个特征组成了职业绩效和职业竞争力不可缺少的前提条件。这不仅针对管理者，对于每个想在职场上有所作为的人都是如此。在这里，我们着重把目光锁定在管理的技能特征上，但是并不排除管理还会呈现出其他特征，只是出于职业范畴以及技能专业性的考虑，我们暂不研究它们。如有需要，完全可以在技能基础上继续添加扩充。我们还是从基础的起步比较好，不要没学会走就想跑。

首先说明一点，管理学中基本上不存在统一性。其实，就连"管理学"这个名称本身也是有争议的，它不像物理学或化学那样有一个明确统一的范畴，因而也不能像谈论物理和化学那样谈论它。在管理学中到处充斥着随意性和任意妄为的态度。每个人都可以随意创建自己的理论，而大多数人也正是这么做的。在管理学的世界里，借鉴前人经验的做法并不流行，连贯性也从来不是评判理论好坏与否的标准。

各种理论交汇在一起，导致的结果类似于一场系统性的大讨论。这种讨论的作用十分重大，在各种思想的激烈碰撞中，错误被摒弃，正确被保留，最终导向了一致的思路和进步。但是从另一个角度看，迄今为止管理学中尚未出现所谓的必然性。我希望读者首先对这一点能保持清醒的认识。

因此，以下的观点和建议并不符合惯常的学术观点。在

“管理任务”这一点上，或许还存在一定程度的一致（其实从根本上来看，仍然是完全不同的看法），可是一旦涉及管理工具和基本原则，则是大相径庭。必须要说明的一点是，我所代表的管理理论来源于我本人的亲身经历，是我在过去 30 年里和不同行业、不同规模的企业以及企业中各个级别的管理者共同合作过程中摸索提炼出的，是我个人认为对于指导实践最有价值的经验总结。

即使在管理学中不存在庄严的学术统一性，当然这也不应成为一个借口。我们也有充足的理由相信，一个管理者如果没有掌握刚才提到的原则和工具，没有充分理解管理任务，那么工作绩效则无从谈起，他本人也不可能具备职业竞争力。再次提醒各位注意，我对管理的探讨总是从有效性和专业技能的角度出发，至于管理者聪明与否、赶不赶时髦、是不是受欢迎，这些都不重要，他的工作绩效才是最关键的。

每次一提到管理任务和工具，许多管理者的反应都是“都明白了”“常常听到”或者“都做完了”。我在这里想要提出一个小小的建议：还是低调、保守一些比较好。你也许的确常常听到这些词，但这并不表示你已经“都明白了”或者“都做完了”。几乎没有人没听说过这些概念，但是它们所指的具体内容究竟是什么，就必须要具体问题具体分析了。也就是说，只知道这些说法并不意味着掌握了它所表示的内容——事实不仅不是这样，而且差得还很远。

让我们借助图 5-1 来解释一下管理作为一种职业所具备的基本要素有哪些，以及这些要素发挥协同作用的必要逻辑是怎样的。

图 5-1 展示的标准模式由五个层次组成，其中管理任务包括五个部分，管理工具有七个环节。第一个层次表示管理者的

责任，这是管理有效性的规范和道德要求。20 世纪 90 年代中期一系列管理层丑闻的爆发，引起了人们对经济道德、企业道德以及管理道德的关注，对此的讨论之声不绝于耳。其实这早已不是新鲜话题了，每隔一段时间它都会伴随着某些刺激性事件的爆发重新回归公众的视线之内。在我看来，除了彼得 · 乌尔希里的相关著作之外，其他大多数讨论都是对原有论调的反复咀嚼，并没有新观点产生。最终，讨论的焦点都会落到如何有效地确定责任。我认为要回答这个问题，关键就在于对管理者的职责重新进行有效规范，否则不但会违反谨慎经营原则，而且由此还会导致更糟糕的结果，即整个企业的崩塌。

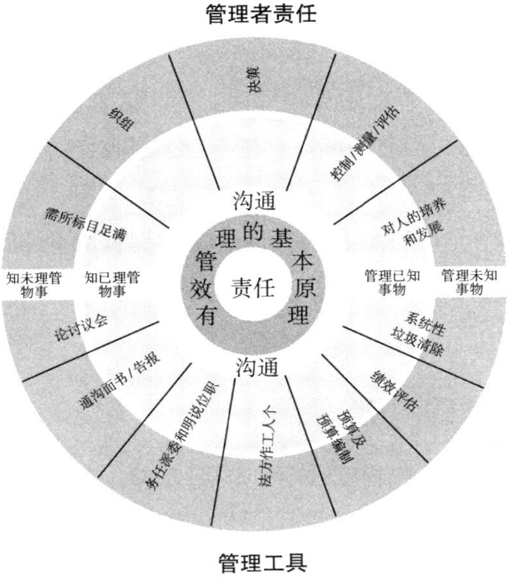

图 5-1　管理有效性的标准模式

第二个层次包括有效管理的六大基本原则。这六大原则的作用是规范管理任务完成的质量以及管理工具的使用状况。广义上说，它们属于整个正确管理控制论范畴，是其中举足轻重的一环。其着眼点不在于管理者是什么样或应当是什么样的，而在于管理者的行为，即他们应当怎样做。

第三个层次“沟通”是一种重要的媒介手段，在知识社会里尤其如此。虽然这也是被人们挂在嘴边的话题，但其实大多数人对“沟通”的理解并不深入。控制论的出现使我们对沟通的认识有了突破性进展，但这种突破没有大规模地投入实践，为更多的人所知晓。只有一个特例，即斯塔福德·比尔的“统整方法”，如今已经得到了应用。“统整方法”是一个经过缜密的数学推论证明的最优化的沟通流程，当遇到复杂问题时，通过对相关知识的合理运用，可以在尽可能短的时间里把大多数人的意见导向一致。这一点已经在千千万万的实例中得到了验证。

接下来就到了管理任务和管理工具。前者包含了管理中的五项最核心的任务，后者则涵盖了在我看来最有效的七种管理工具。

此外图 5-1 还透露出一个值得注意的信息：管理任务和管理工具的两个作用对象是一样的，即对已知事物和未知事物的管理，也就是运营型管理和创新型管理。

所有的管理者都需要……

在确定完成何种管理任务、运用何种工具以及遵循怎样的基本原则之前，我们必须先问一个问题：什么是所有的管理者都需要的（管理者必须掌握的最低标准是什么）？这个标准必须是对所有领域、所有行业以及各级管理层都普遍适用的。

正是出于这个原因，上面提到的模式原则上可以应用到所有组织机构中，这种普遍适用性的基础就在于其强大的兼容性，这是保证组织正常运转的唯一途径。当然，除此之外不同企业可能还有自己单独的特点、要素和目标，但是最低标准也要包括这五项任务、七种工具和六大基本原则，因为这些要素奠定了人员管理和组织管理有效性的基础，在管理中起决定作用。另外，兼容性还包含另外一层含义：管理有效性的标准模式不是“在所有组织机构中”普遍适用，而是可以“对所有组织机构”普遍适用，即“所有组织机构”是该管理模式的实施对象。比如，“目标”可以分为想要提高工作效率的人为自己设定的个人目标，和作为整体出现的企业目标；“组织”可以理解为组织个人周围环境，也可以理解为组织整个机构的周围环境。剩下的几个管理任务以及模式罗列出的其他要素也是相同的情况。[一]

管理任务

1. 满足目标所需

没有目标就没有管理。这样一条确凿的准则，现在受到的质疑却似乎越来越多，并且大有形成潮流之势。我必须指出，这种质疑根本站不住脚。请注意，我在这里说的是“满足目标所需”，而不是“商定目标”或“预先制定目标”。目标是否需要商定或预先制定，要看具体情况的要求，在这一点上没有教条可循。从这层意义上来说，“满足目标所需”这一任务就是要

[一] 我将尽可能简要地对以下几点进行讲解，详细内容请参见《管理成就生活》。

迎合目标，弄清楚目标究竟是不是存在，严格来说是，是否存在清晰明确的目标。

2. 组织

各级管理者都必须在自己的职权范围内对工作结构和流程进行组织、规划。在这一点上，他们是亲力亲为还是寻求专业人士的帮助，尚属次要问题（有时候寻求专业人士的帮助还是很有必要的）。重点在于“组织”被包含在他们的职责范围内，即他们必须对组织工作加以安排，使之呈现出合理、良好的运行态势，并且对可能发生的结果承担责任。这是管理者不能免除的一项任务。

3. 决策

不论处于何种等级和地位的管理者，都享有决策权。换言之，**没有决策权的人，都不是管理者。**就像人们看到的那样，决策并不是管理的唯一任务，但它是最关键的。在决策过程中，所有任务、资源都被整合到一起，以求尽可能切中问题的要害，抓住事件的核心。

4. 控制

有些人认为，把“控制”当作管理任务的做法已经过时了，代表的是一种不合时宜的陈旧观点，更有甚者将其直接排除在外。在我看来，这种做法有害无利。控制是管理的基本任务之一。我们能做的只是选择要这样控制还是那样控制，而不是要不要控制。说得具体点，你可以选择那种使激励性毁灭殆尽的糟糕控制方法，也可以选择其他好的控制方法。但是无论如何，“控制”必然要进行，这一点是无可争议的。

控制的基础是测量和评估。只要能测量的，都要测量。只不过有一点：严格意义上的测量未必时时都行得通。所以评价和评估也成了控制任务中的一环。这样一来，控制中常常出现的主观性过强的问题也就不那么突出了。剩下的问题——随意性和恣意妄为虽然更加麻烦，但是也可以因此限定在一定的范围界限内。

5. 对人的培养和发展

最后一项管理任务是对人的培养和发展。我在这里使用的表述是“人”，而不是“员工”。以上罗列的所有管理任务都非常重要，但是对人的培养和发展算得上是重中之重。这可能也是因为相比其他任务而言，对于绝大多数管理者来说这项任务都更加艰巨，更加难以完成。

在这里，我们不能把“对人的培养和发展”与“对人的激励”画上等号。这是常常混淆的两个部分，其实基本上没有共同之处。对人的培养和发展中最核心的要求就是接受人的本来面貌，不加以改变，尽可能地利用他们的长处。也就是说，要发扬他们的优点，把他们的缺点最小化。这并不是要求人必须改正自身的所有缺点（这种要求几乎也是无法实现的），而是要把人安排到最合适的位置上，使他们的优点获得最大化利用，他们的缺点产生的消极作用尽可能小。这其实很好理解，就像登山队队长会不会唱歌和登山没有关系一样，或者即使有恐高症也并不妨碍小提琴手演奏出优美的乐曲。

剩下的其他管理任务

以上五项管理任务是必须完成的最低标准，而不是可以选择的最低标准，因此自然不可能面面俱到，一并囊括所有管理任务。各个组织机构可以在此基础上根据自己的目标另行补充。只是我认为，如果不完成这基本的五项任务，就无法实施有效管理，也不会得到预期的结果。如果对这五项任务置之不理，幸运的话，短期内或许还不会出现什么严重问题，但不要存在侥幸心理，长此以往问题和麻烦就一定会自动找上门来。

至于补充其他管理任务，我建议一定要谨慎行事。大多数时候，额外补充只会带来许多不必要的麻烦而不是更多的好处。例如过去几年里盛行的一种思想，即“强化人的能力”或“赋予人权力”是管理的一项任务。在我看来这对实际发展并无贡献，因为这两点都属于对人的培养和发展范畴；且要实现这两点，也都离不开妥善处理目标以及合理组织安排。

再举一个所谓“新管理任务”的例子，即要求管理者必须能让他的员工感到快乐。这个观点听起来十分罗曼蒂克，但和管理绩效无关。究其原因，首先，企业日常经营中的大部分事情都是一遍又一遍地重复，相当乏味。如果每天都能在常规性的譬如核对账单、质检或修改经营计划等工作中感到快乐，需要充满激情和天赋才行。即使创新活动能够带来新鲜感和满足感，也只能在最初的那段时间中得以维持，一旦付诸行动，快乐的感觉将很快淹没在艰苦的工作中。其次，在企业的正常运作中，快乐不是必不可少的（有则最好，没有也无妨）。企业真正需要的是效率、生产力、持久力和毅力，以及认真严谨和精益求精的工作态度。

另外我认为“创新”也同样不能作为一项独立的管理任务。创新应当算到企业经营任务中。一旦涉及创新，就必须设定目标，还要根据目标进行组织、安排、决策等。尽管如此，它仍不能被纳入管理的任务列表中。因为在实现创新的过程中，目标、组织、安排、决策这些任务不是最重要的，最重要的应当是如何格外完善和精确地完成这些任务。大多数情况下，这才是造成困难的主要原因。关于这一点，我有几个特别提示，在第 14 章“创新与转变”中再来探讨。

接下来特别要说明的一点是，经常被划归到管理任务范畴的“激励”和“沟通”，并没有出现在管理有效性的标准模式之中。我有意把这两点排除在外，不是因为它们不重要，而是因为相对于管理任务，它们更应当被划归到其他类别中。

我们试着换个角度看待“沟通”，即不把它作为一项管理任务，而是视为一种实现管理任务的媒介和手段，这样，我们对“沟通”的理解就更加透彻了。让我用“货币”来做个类比：企业运营需要用到货币，处处与货币打交道，在这里，货币起到的是媒介或流通工具的作用。企业中信息和沟通（当然，两者之间还是有区别的）的作用也是如此。沟通本身不能成为一个独立的目标，必然要为了什么而沟通，比如为了目标，为了做出更好的决策或者为了编制预算等。这些任务的完成都离不开沟通环节，但沟通本身不是管理者的职责。

从过去到现在，“激励”一直都是个悬而未决的问题。越想实现激励，出现的困难和不明确性就越大。在我看来，激励有点像沙漠中的流沙——表面看上去一切正常，但是如果要刨开它的根看一看，就会发现它完全没有根。

既然现在无法做到更深入、更清晰地认识“激励”，那么我建议不要把它作为狭义上的管理任务来理解，而是将其看作之前提到的那五项基本管理任务完成以后所出现的必然结果。也许我们应该舍弃“激励”这个词，因为我思考得越久就越感到怀疑，一个人真的能被另外一个人激励吗？有些人很幸运，他们能实现自我激励。或者这样说，在没有障碍和阻拦的情况下，大部分人都能在一定程度上实现自我激励。相当多的人用“责任感”代替激励，这其实已经足够了，责任感已经让他们得到的比想象中更多，走得比想象中更远。

如果管理者能够谨慎、细致、充分地完成前面所罗列的管理任务，那么大多数情况下他就用不着再苦恼如何激励员工的问题了。我相信，在那种情况下，绝大部分员工都无须额外激励。而对于那些依然我行我素的人，我建议也不必再浪费更多的时间，或许换一份工作对他们来说才是更好的。

管理工具

每次在讨论课上谈到“管理工具”这个话题之前，我总是先问学生一个问题：他们眼中的管理工具应该是哪些？总会有人说一些特别复杂的东西，比如投资评估、按现值计算的现金流量分析、网络计划技术、市场调研以及回归分析等，计算机、IT技术自然也要算在其中。

不可否认，以上这些都是工具。但它们不是一般性的管理工具，而是专业人士需要用到的专业工具。没错，每个企业都要有专业人才负责投资评估、按现值计算的现金流量分析这类专业性很强的工作，但不是每个管理者都需要具备这样的专业素质，因为他们有时几乎完全用不到。

那什么才是管理者必须掌握并且经常用到的工具呢？或者换一个问法更合适：这一层意义上讲的管理工具是什么？答案很简单：会议、报告、职位说明和委派任务、个人工作方法、预算及预算编制、绩效评估以及系统性垃圾清除。

（1）会议。管理层的大部分时间都是在各种各样的会议上度过的。即使再怎么缩短会议长度，它们还是占据了管理者相当大的一部分工作时间。因此，从管理者自身、其他与会者以及公司利益的角度来考虑，至少要保证这些会议是有价值、有效率、有成果的。要达到这个要求，必须把握住两个关键点：会前做好充足的准备，会后及时总结修改。

（2）报告。我在这里使用“报告”一词指代所有以书面形式出现的文字，无论是纸质的还是电子版的都包括在内，具体来说主要包括业务信件往来、报价、通知、备忘录、文件记录、提纲等。如果说在会议中主要用到的是口头表达，那么报告的语言表达方式就是文字、图片、表格。即使日后纸质报告会完全被电子版报告所取代，其实本质内容也不会改变。因此我们想要获得有效性，就必须把报告当成广义上的管理工具来看待。

（3）职位说明和委派任务。在组织中每个人都有自己的岗位。这不取决于组织类型，也就是说，不论是平级组织还是垂直组织，是职能型组织、编制型组织还是矩形组织，组织中的关系是严肃还是轻松——只要是组织，它其中必然存在不同的职位分工，这也正是需要说明的对象，职位的结构必须确定，逻辑必须理顺。在经济界，人们往往投入大笔资金进行产品设计，这没有错，却很少有人关注职位说明。缺乏合理的职位说明，往往是造成绩效不佳和生产效率低的根源之一，同时也是导致逆向激励出现的最常见的一大原因。随着信息学的发展，组织中职位的流动性越大，通过电脑终端、电传等工具与办公室联系的 SOHO 们特别是脑力劳动者的人数越多，我们越有必要进行详细的职位说明和规划。

与“职位说明”任务密切相关的另外两个要素是委派任务

与监管。职位在一定程度上是静态的，每个职位上所委派的不同任务则是组织一大重要的活力源泉。

（4）个人工作方法。在组织内部，没有什么能比个人工作方法更具专属化和自我化了，也没有什么能像个人工作方法这样从最开始就打上了偶然性的烙印。高效能者所使用的工作方法和低效能者的方法之间的区别就像白天与黑夜那么明显，这一点对那些具有创造力的人才是适用的（或者说恰恰适用于他们）。这听起来与普遍的观点背道而驰，却在众多伟人和精英的传记中一再得到证实。最高的智商、最卓越的天资、最渊博的学识，倘若无法借助行之有效的方法转化成生产力和效能，则毫无价值。另外，并不是所有高效能的员工都以相同的方法工作，恰恰相反，他们的工作方法千差万别，重要的是，每种方法都是系统化且有条理的。

（5）预算及预算编制。从事艺术和自由职业的人似乎用不着编制预算（不过还是有很多人有自己的预算，至少是时间上的预算）。但可以肯定的是，企业中没有任何一个管理者能离得开预算。只要是管理者，就至少要掌握编制预算的初级知识。在组织内部，预算属于最重要的整合和调控工具，其作用在某种程度上可以看作集方向盘、油门、离合器和刹车于一体。

（6）绩效评估。管理者不仅要能带领员工创造绩效，对绩效负责，还要对其进行评估。管理者之所以需要"绩效评估"这一工具，不是为了百分百实现既定目标（这也是不可能的），而是为了杜绝恣意妄为的情况发生。和其他几个工具一样，绩效评估也同样可简可繁、可粗可细。我本人坚决反对大企业常用的那套复杂且无意义的绩效评估系统。事实上，即使是大企业中的绝大部分管理者也都对那套复杂的评估系统持否定态度——原因不言而喻。他们之所以仍旧使用它并不是因为信服，而是因为不得不用。另外，几乎没有管理者会否认绩效评估的重要性。他们深刻明白这样一个道理：没有评估，就没有绩效；没有绩效，进步和发展就更加无从谈起了。

（7）系统性垃圾清除。每个生物体内都有一套清除废物、废渣、毒素的系统。同样，每个组织、每个管理者也需要这样一套流程，以确保组织能够持续由内而外地、系统地进行自我修复和更新。这就需要用到一种简单工具，也就是我这里所提到的“系统性垃圾清除”。只有在那些没有这种简单工具或使用后不起作用的地方，才有必要采取更加强劲的措施，比如非生产型费用价值分析等。想要让组织保持年轻、苗条、充满活力，最简便的办法就是：“别再做错误的事！”也就是所谓的垃圾清除。

管理的基本原则

职业必备的第三大特征就是其所遵循的基本原则。在企业中，管理基本原则应当促进管理者的行为方式朝着期望且有效的目标迈进，以求能一举满足企业发展和个人发展的要求。特别是当管理层也需要像具体执行部门那样进行更进一步的劳动分工时，组织的分散化程度越高，由此导致的实施管理任务或被吸纳进管理层发挥协同作用的人数就越多，管理基本原则的作用也就越重要。

毋庸置疑，管理基本原则有怎样的具体内容，主要取决于价值观。反过来，价值观又受到组织中居于主导地位的基本管理认知的制约。另外，领导方式、激励方式和伦理道德因素也会对其产生影响。

因此在实际生活中，我们能见到各种各样管理基本原则的具体版本，它们的叫法各不相同，内容也不尽一致。还要补充的一点是，凡是被划归到管理基本原则范畴中的要素及要素组合，绝不仅仅具备基本原则的特征，它们也同样属于“管理任务”和“管理工具”两大类别。直到今天，学术界仍没有创造出具有指导性和约束力的管理理论，哪怕一个能让各方达成共识的概念也没有，正因为如此，才导致了管理基本原则的版本鱼龙混杂、层出不穷。

以下介绍的原则是基础性的管理基本原则，其主要遵循不论在何种组织类型中都必须重视的两项标准：其一，管理者的行为绩效；其二，管理实施的质量。这两项标准构成了管理专业性的根基，规范着管理任务的完成和管理工具的运用，同时也是管理有效性的核心要素。我建议大家也把这两个标准当作“实用性企业文化的本质”来理解。

“什么样”还是“怎么做”

长久以来，管理学界一直想要找出优秀管理者的理想模式。在很多专家学者的头脑中，管理者成功的秘诀必然和他们的某些特定性格、能力以及个人因素联系在一起。

按照这个思路，学术界做了大量研究，也创造出了相当数量的所谓“理想模式”，但是不论挑出哪一个来看，这些模式都只能停留在纸上，现实中并不存在。每个人都是不一样的，成功的管理者创造绩效的途径也千差万别：他们中有些人严格遵循分析、估算、系统化逻辑，另外一些则靠着灵光一现的直觉办事，思维极度跳跃；有些人的确拥有令人羡慕的才智，但更多人的才智停留在平均水平上；有些人是名副其实的工作狂，也有一些人更愿意享受轻松惬意的生活；有些人性格开朗外向、交际能力极佳，也有些人表现得较为内向、保守，甚至木讷害羞。

这样看来，绩效和成功的关系与以上这些特点并无深层联系。管理者是什么样的人并不特别重要，重要的是他们是怎么做的。现在我们可以回答题目中的那个问题了："什么样"是其次的，"怎么做"才是起决定作用的。一个人，特别是管理者行动效率的高低，不依赖于个人性格、品质、行为方式这些因素。

一个成功的管理者的行为——做什么，为什么做，在哪里做，总是基于一定的规则。在这里，我特别摘出其中最关键的六条介绍给大家。成功管理的核心就隐藏在这六条规则之中。正因为如此，我也把它们视为管理基本原则的核心和基础。当然，涉及具体情况时，可以根据需要对这六条原则进行延伸和补充。

（1）关注结果。对结果的关注是成功管理者共同的典型思维和行动方向。他们总对结果表现得兴趣十足，有时结果甚至是他们唯一感兴趣的东西。和结果相比，其他一切都是次要的，或者完全吸引不了他们的目光。有些时候，他们对结果的追求几乎已经达到了病态的程度。无论如何，他们真正的兴趣点就是结果。

显而易见，对于大多数人来说，"以结果为导向"就不是那么理所当然的事情了。就算每天每个组织中的每个人全部都工作得很努力，那也不能说明他们就一定能取得结果。否则我们就用不着费心费神地寻找那些诸如"在目标指导下的管理"之类的有效管理方法了。

经验丰富的主管和经理想必都有这样的体会：想让组织里

的其他人也和他们自己一样以目标和结果为导向，那实在太困难了。人的本性更倾向于对投入的重视。相比产出和结果来说，人们更愿意将大部分注意力集中在工作消耗、个人投入的精力和努力上。

想要用“产出导向性”取代“投入导向性”其实并不难。如果结果的好坏完全由某个人或者他所在的小组工作努力程度决定，那么这个人就会不自觉地关注结果，因为在这种情况下，个人努力和结果之间存在着明确直观的关联性。但是这个方法对组织的规模有一定限制，换言之，它并不是对世界上的所有组织机构都适用，特别是在大型组织中，个人努力和结果的关联性变得非常薄弱，有时甚至消失不见，这一方法就完全派不上用场了。比如大型机构中的普通员工、研发工程师，制药公司中的研究人员、人力资源师，还有其他一些职业，他们的个人努力通常需要过好几年才能看得到成果。因此我们也就无须因为他们更加重视投入而感到惊讶了，相反，应该更加理解才对。

要把“以结果为导向”的思维和行为方式推而广之，需要系统、连贯、持之以恒的努力。这也正是我们之所以要把它纳入管理基本原则的原因。毕竟，**结果是对每个管理者及其工作绩效唯一起决定作用的评判标准**。这意味着我们关注的既不是工作的整个过程，也不是个人为之付出的努力和心血——只有努力工作得出的最终结果才是我们真正想要的。

（2）对整体做贡献。不用说大家也都知道，只取得结果是不够的，只有好的正确的结果才对我们有用。那么，什么才是正确的结果，每个企业对这一点都有不同的理解。总体来说，只有当人们随着时间的流逝慢慢从与自己直接相关的职责或专业领域中跳出来，把目光扩展到企业整体上的时候，才可以找到什么是企业想要的正确结果。因此就产生了一个十分重要的问题："为了有益于整体或者为了能对整体做出贡献，我应该怎么做？"

如今，有关全局观以及如何把组织看作是一个整体的讨论越来越多。尽管如此，这些讨论并没有促成实质性的进步，或者说至少进步的幅度没有达到一个复杂经济体必须达到的最低要求。职业分工以及专业类别的划分越精细，整体目标就越容易被忽略，因而就越有可能出现结果与整体目标毫无关联性的危险状况。为了避免这种情况发生，必须通过不断干预组织内部结构并进行有意识的协调，反过来，这又迫使我们不得不对组织进行集中管理，即使没有哪个参与者真的愿意这么做。

为了尽可能地防止此类问题出现，我们必须一再追问，个人能对整体做出怎样的贡献？这也对机构内部自我调节、自我协调、自我组织功能做出了解释。组织的这种自发能力并非来自某种神秘力量或计算机系统，而是取决于组织中绝大多数人在透彻理解组织整体目标的基础上，自觉地对自己的行动加以调整，以服务于组织全局利益的实现。

这也是从"专才"变成"通才"的唯一途径。也就是说，我们不应当要求一位专家对除了他本专业之外的其他专业领域也同样了如指掌，而是应当促使他，必要时甚至"强迫"他把自己的专业和全局目标联系起来，把自己的专业技能融合到整体之中。只有这样的专家，才是高效能的、企业真正需要的人。

一般而言，机构的规模越大，就越难解答刚才提到的那个"贡献问题"。对于管理者来说，想要找到这个问题明确的、具有说服力且通俗易懂的答案（不论是为了他自己还是为了其他员工），都不是一件容易的事。这个问题的答案也告诉了我们该如何迈出从效率到绩效这关键的一步，对此彼得·德鲁克有更加简单明了的阐述：从正确做事到只做正确的事。

因此德鲁克也把“贡献问题”作为管理层和管理者概念的定义标准。从现代管理学角度以及与社会结构相宜与否的意义上来看，管理者的等级、地位、收入、声望、头衔、管理员工数目等这些外在属性，对于其管理职能的发挥毫无用处。

在所有“管理者”和“管理”的相关定义中，只有强调把是否有益于组织全局作为评判标准的定义才是最好的。在这里，首要评判准则并非权利，而是特定职能：它能够达到广义上的资源有效利用，也能够创造条件使每个人的优点都服务于整体利益，这样所产生的效益大于各部分效益之和，还能对整个组织的正常运转以及目标实现做出卓越贡献。

想要尽善尽美地完成管理任务，唯一出发点就是“个体对整体的贡献”。只要牢牢把握住这一点，就能在不断变化的具体环境下高效利用所有可以利用的资源，而且只把资源投入到正确的事情中，即能产生绩效的地方。

这样的说法似乎过于笼统，但不论听起来多么含糊不清或不完善，我们都必须记住一点，唯有将注意力集中在对整个组织的贡献上，才有机会识别组织中各个阶层具体的正确目标，根据目标决定使用何种正确的工具，找出相应的评判尺度，并且在组织中营造相互信任和公平的氛围。我们可以再换一种方式提出管理，这必须首先解决至关重要的“贡献问题”：“我对整体的贡献在哪儿”以及“我的下级对整体做了怎样的贡献”或者“他们能做出怎样的贡献”。

其实，想要快捷地找到以上问题的答案，并非不可实现。

卓有成效的管理者之所以能和普通管理者或一般员工区分开来，就在于他们对这个答案的质量提出了最高要求，并且基本上从来不会满足于某个现成答案。倘若我们对预期贡献进行一番深入细致的分析，就会找出一系列问题。比如我们常常会发现，组织的目标并不明确，因而也就无法据此有目的地确定组织内部各个部门、分支应该做出怎样的贡献。因此"贡献问题"的答案基本上只能通过深入思考以及与同事、上级、下级的深层次互动一点一点地摸索出来。

不过在现实生活中，我们也常常注意到另外一个事实：**想要对一个结构复杂的组织做出贡献，首先要掌握的技能就是权衡之法，求取平衡，营造均势状态，以及融合和整合的艺术。**对"贡献问题"的解答从来不局限于某个单一视角，而是必须融合多个视角进行综合考量，需要做出妥协的地方就做出妥协，此外还要把优势与劣势联系起来。所以在这里我们又可以找到优秀管理者的另外一个特征：他们总是知道怎样在无法避免的模糊性和不确定性中求取生存，在局势不明朗的地方不被表面的清晰性和虚假的确定性所迷惑。

（3）聚焦关键。如果一个人致力于追求结果以及个人对整体的贡献，那他很快就会发现，他无法在很多不同的领域同时做这两件事。这意味着，想要不违背前面两条管理基本原则，就必须做到专注。谁也无法同时在多个领域维持长久的成功。关于这一点，德鲁克早就在其著作中给出了提示："如果真的存在取得绩效的秘诀，那么这秘诀只能是'专注'。卓有成效的领导者会首先集中火力对付最紧迫的问题，而且一次只对付一个。"

聚焦关键——这一原则的重要性不会因为管理者每天不得

不面对大量各种各样的棘手情况而改变。环顾四周，几乎没有其他任何一种职业会像管理这样时时刻刻都面临着力量被分裂或分散的危险，不过这也恰恰是“聚焦关键”之所以重要的原因：想要获得成果，就必须把注意力集中到少数关键事物上。一个人也许可以同时做好几百件事情，但是真正能取得成绩的只有其中的几件。遵循“聚焦关键”原则，会把我们自动引导到轻重缓急的区分上去，管理的专业性也因此得以保证。

此外，聚焦关键原则对于脑力劳动者的意义格外重大。脑力劳动者是组织内部人数增长最快的群体，他们的工作改变或取代了传统的体力劳动，代表着历史潮流的发展方向。但是与此同时这里也出现了一个问题，那就是脑力劳动者必须在长时间不被打扰的环境中工作。一旦被打扰，他们需要时间让注意力重新回到工作中，因而原本计划的工作时间就会被一再延迟。从这个意义上说，“专注”对他们更加重要。

随着过去100多年科学技术的发展与进步，体力劳动的产出效率早已大不如前，传统意义上的产业工人基本上已经“消亡”了。虽然在今后10～20年，他们仍然会在就业人群中占据一定比重（就像现在从事农业的人比重为3%～5%），但是这个数字会越来越小，也越来越不重要。今天绝大多数经济效益的产生都来自脑力劳动者的辛勤工作。而他们取得成功的关键就是必须把自己的目光专注于少数几个核心领域。

（4）利用优势。在正确理解个人对整体贡献的基础上关注结果，且一次只专注于一个关键领域，以上三点是到目前为止已经分析过的管理有效性的基本原则。下面我们来谈谈另外一个不应忘记的事实：并非人人都拥有相同的工作效率。换句话说，每个人都有自己的优势和劣势，而且这个人的优劣势可能与那个人的优劣势完全不同。正是基于这样的原因，我们才有必要在以上三条原则之外补充一个新的原则——利用优势。

当今社会，各种企业、组织所面临的生产和创效压力越来越大，为了保证自己在激烈的竞争中不至于被淘汰，许多行业纷纷对员工提出始终保持最高工作效率的要求。然而与此相矛盾的是，在企业工作的千千万万的人只是普通人而已，谁也不能保证自己每时每刻都能达到最高的工作效率。因此这个要求虽然必要，但也未免太过强人所难了。

一方面要保证稳定持续的最高工作效率，一方面又要能为普通人所接受，想要解决这个矛盾，我们只剩下一条路可走，那就是严格遵循“利用现有优势”这一原则。**整体工作效率的提高要求组织中绝大多数人尽可能好地完成自己的工作，而要做到这一点，就必须让每个人能充分发挥自己的长处，利用自己的优势。**

谁也不会期望自己能在那些不擅长的领域和薄弱环节上做出突出成绩，或者取得骄人的业绩。即使偶然会有这样的想法，也只能是暂时的，若是长久要求如此，则十分不人道。但是如果要求一个人在他所擅长的领域持续保持高效率，无论如何也算不上不人道了。更让人高兴的是，在人们专长的领域，高效和成果对他们来说易如反掌，根本没有必要额外强行规定他们必须要达到怎样的效率。这是因为对于许多人来说，把自己的优势转化为理想的结果，实在不是什么困难的事。

（5）信任。另外一个对于组织管理的有效性、工作效率的提高以及好坏管理区分的基本原则就是所谓的“信任”。我们常常会注意到这样一种情况：如果以教科书作为标准，有一些管理者的做法与那些书本教条完全背道而驰，但是他们在自己职责范围中享有极高的地位和声誉；另外一些人，他们的行为完全符合课本上的标准模式，并且切实严格遵照所学理论模式行事，却总是逃脱不出失败或困难重重的境地。这种情况要怎么解释呢？

道理其实很简单，前一种管理者之所以成功，是因为他们在员工与员工之间、上级与下级之间营造了一种相互信任的氛围。一旦建立了这样一个相互信赖的基础，那他们的管理也会变得强有力，即建立起了坚实的管理环境，也为了应对每天发生的各种管理纰漏，这是必需的。大部分管理失误的出现都不是人们希望看到的，而且大多数时候，人们往往还没有注意到，它就已经发生了。毕竟，在庞杂烦琐的日常经营中出现错误的机会实在太多了。

因此对我们而言，重要的不是有没有犯错，而是犯的错究竟有多严重。只有在坚实而强有力的信任的基础上，人们才能迅速发现错误。当然在此过程中，员工可能会遭受挫折，有时甚至会生气、不理智。不过在情绪激动的同时，他们也知道，他们可以信任自己的老板。在处理和其他同事的关系时，也是相同的道理。

值得注意的是，市面上教人如何激励员工的书五花八门，但是几乎没有哪一本是教人做到如何相互信任的。组织中的信任问题虽然意义十分重大，但它却属于研究得最少的方面。但凡优秀的管理者，其行为必然遵循这样一个原则："相比处于话题中心的'员工激励'，'相互信任'才是问题的关键所在。"因此，他们一方面努力营造相互信任的氛围，一方面全力清除一切阻碍信任的消极因素。

虽然目前我们对于相互信任了解得并不透彻，但仍然可以断定，相互信任并不是一个单纯的心理学问题。良好的人际关系、人与人之间奇妙的“化学反应”以及共同的生活经历和心路历程，这些都在促进相互信任的过程中发挥着积极有益的作用。尽管如此，它们仍只能算得上是信任的“附赠品”罢了。相互信任的必然结果就是可靠性和可预见性的产生。也就是说，每个人都能知道，他可以在什么程度上依赖上司和同事。在这里，健全的人格是十分必要的，也就是说，必须要说话算话，言出必行。

（6）正面思考。即使没有人逼迫他们，优秀的管理者也总是倾向于以一种积极而富有建设性的方式思考问题。他们并非天真的乐观主义者，也不总是憧憬着有奇迹发生。他们只是从自己的人生经历中渐渐明白了一个道理：再糟糕的事情中也能找出好的一面。当然，正面思考并不能保证他们一定能获得成功，但是他们深知，消极的态度只会把成功推得更远，而乐观积极的态度至少还能带来一线希望。

优秀的管理者灵活驾驭自己的思维方式、调整自己的心态和期望值的能力在以下两个方面的意义格外重大：其一，他们的注意力从问题本身转移到了机遇和利用机遇上来；其二，实现了由外部激励到自我激励的转化。

我们都知道，管理者每天都要解决一大堆问题和麻烦，清除众多阻挡组织前进步伐的障碍，然而即使做到了这些，也不能说他们就获得了成功，更不能说企业实现了效益。成功和效益的产生必须建立在尽可能利用一切可以利用的机会和契机的基础之上，而这又是以积极正面的思维方式为前提的。困境中是否隐藏着机遇？能否从中找出可为我所用的有利因素？一个优秀的管理者，他嘴上可能没有这样问，但是在心里一定会这样反复考虑。

同样，正面思维也能让管理者不再期望来自外部的激励，他们可以实现自我激励。即使情况经过分析之后得出的结论是“非常糟糕”，他们也不会丧失信心，而是更加积极地逆向思维：要改变这种不利局面，我能做什么？

如果我们不是从心理学的研究中了解到现实中确实存在所谓“皮格马利翁效应”㊀和“预言自我实现”现象的话，那么下面这个说法听起来的确过于异想天开、一厢情愿，甚至是带有神秘主义的天真想法：积极的期待可以促成我们想要的结果，或者至少使其发生的概率变大。或许从自然科学的角度出发，这种想法无异于天方夜谭，但是在人与人相互关系构成的社会科学中，它的确是可以实现的。

管理的质量

就像在导言中提到过的那样，以上六条管理基本原则的主要作用是确保管理任务执行的质量。它们都是从对管理者行为的长期观察实践过程中推导和总结出来的。

在个别情况下，还会有一些其他原则被吸纳进来，这或许来源于企业结构，或许是出于历史的考虑，又或许服务于某个特定的组织目标，无论如何，都是从企业各自的特点出发从而

㊀ “皮格马利翁效应”又称“罗森塔尔效应”或“期待效应”，由美国著名心理学家罗森塔尔和雅格布森在小学教学上予以验证提出。它是指人心中怎么想、怎么相信，就会怎么成就。期望什么，就会得到什么；得到的不是想要的，而是期待的。只要充满自信地期待，相信事情会顺利进行，事情一定会顺利进行。相反，如果相信事情不断受到阻力，这些阻力就会产生。“皮格马利翁效应”认为，当对某件事情怀着非常强烈期望的时候，所期望的事物就会出现；对一个人传递积极的期望，就会使他进步得更快，发展得更好。反之，向一个人传递消极的期望则会使人自暴自弃，放弃努力。——译者注

引出的。不过要注意的是，一旦涉及原则的扩充，一定要坚持宁缺毋滥的谨慎态度。

我前面也说过，上面所讲的六条管理基本原则构成了企业文化的核心。或者不要说得那么冠冕堂皇（虽然这是管理学的常态），它们从两个方面促成了好的、正确的、有效的管理：第一，通常情况下，除了这六条原则之外我们不再需要其他原则，但若缺少它们，就不可能出现好的管理，更不用说兼具实用性、持久性、能够抵御困难挑战的企业文化了；第二，也是更为重要的一点，没有这六条原则我们就永远不可能成功地管理组织，即使组织拥有其他所有必要原则，管理上也不能成功。

在以上两个方面中存在着一个共同的重要因素——可持续性。当然我们也不能排除这样的情况：在短期条件有利的情况下，忽视其中的某条原则，甚至六条原则都放弃，也没有造成多么严重的直接后果。但是一旦延伸至长期规划中，这种忽视必定后患无穷，没有例外。

因此，这六条原则必须放在一个整体中观察，并且同时应用于管理中。它们之间也不存在相互替代性，因此也没必要权衡遵循哪条，不遵循哪条。它们共同构成了一套行为规范准则，目的是在组织中建立有效的、专业化的管理。

除此之外，这六条原则还帮助我们排除了大量不必要的多余的"管理理论"，因而也构成了所谓"理解精简性"的基础。毕竟，我们没有时间和精力把所有关于管理学的书籍和言论都学习一遍，当然这也是没有必要的。哪些管理理论值得学习，哪些可以弃置一边，需要经过一个严格的审查过程，而有效管理所遵循的基本原则就是审查的标准。

细心的读者也许已经发现了，这六条基本原则其实是可以学习的，因为它们都十分通俗易懂，只是执行起来比较困难。不过这没有关系，我们可以在理解的基础上把它们变成自己的东西之后再学习如何应用。对于那些缺乏管理天赋的人来说，它们能在一定程度上弥补天赋的欠缺。而对于那些天生的管理者来说，应用这些原则能帮助他们把自己的才华发挥到最大限度。

管理模式的扩充

在对管理有效性模式进行扩充时一定要保持审慎的态度，这一点十分重要。[㊀]劳心劳力地罗列一大长串主观臆想中有价值的管理任务、管理工具，并不是什么高明的主意。真正有价值的诀窍在于使自己的目光始终专注在那些核心的、具有普遍性的关键要素上。

然而如今在实际管理操作中出现的最突出问题就是上面讲的“列清单”，而且这种罗列基本上完全建立在充满任意性、毫无说服力的逻辑基础上。在具体情况下，如果有充足的理由必须把某项任务（如“计划”）添加到管理任务中，也未尝不可。碰上这种情况，我会把它穿插在一两个任务之间，即“满足目标所需”和“组织”中间，这样就不会破坏掉之前的逻辑链。但如果是一般情况，我则更倾向于把“计划”理解成为第一个任务“满足目标所需”的一部分。

管理任务与具体经营任务：一个被忽视的区分

管理任务与具体经营任务必须分开看待。长久以来，由于企业经济学、工商管理学以及管理学之间的界限划分并不明确，

㊀ 原因详见我的另一本书《管理成就生活》。

致使管理任务很少与具体经营任务相区别，从而产生了极大的混乱。另外，那种认为管理属于或仅属于经济领域的错误思想，也在一定程度上加剧了这种混乱局面。

生产型经济企业典型的具体经营任务主要包括采购、物流、生产、市场、销售、会计、财务、人事等。这些任务的完成和对这些任务的管理不是一回事，用到的也不是相同的知识和经验。现实中不是有很多这样的例子吗？一名优秀的财务专家，到了管理岗位上却成了失败的主管；反过来，最出色的经理也许对财务专业一窍不通，但对市场或人事工作了如指掌。即使是最有才华、经验最丰富的管理者也无法解决实际经营中出现的所有问题，而且与人们习以为常的想法相反，也并不是任何一种组织中的管理工作都是他能胜任的。

组织的具体经营任务由组织的类型决定。不同行业的经济企业从事的具体业务各不相同。比如“物流”，在银行和保险公司中它的作用就很小，有时完全不需要；在生产性企业中它的作用则十分突出。再举个例子，服务性行业中几乎不存在严格意义上的“研发”，但在制药企业中“研发”却是极其重要的一环，而到了汽车企业中，“研发”虽然也非常重要，但是其内容和性质又完全是另外一回事了。

相同的情况还表现在，“市场营销”这一任务在奢侈品企业、机械制造业、钢铁工业以及耐用消费品行业中扮演着不同的角色。同样，时装公司和贸易折扣公司的营销策略也不会相同。

一般来说，完成不同的具体经营任务需要高度专业化的知识和技能、针对性极强的工作方法以及与实际情况相符合的专门经验。与此相反，无论具体业务怎么变化，管理任务始终是之前介绍过的那几项。

不知大家是否还记得我之前说的，管理是从资源到成果的转化。每一项具体经营任务都需要管理，只有通过管理，才能从以资源形式出现的专业知识中取得成果，专业知识的效用也因此得以体现。在历史发展进程中，管理任务和具体经营任务总是紧密、不可分割且不加区分地联系在一起。过去，手工业者没有做过这种区分，因为他们在学习手艺时总是同时学习这两个点，也就是说，一边掌握具体的业务知识，一边吸收如何用这些知识和经验取得想要的结果。

学习内容和实际应用重合得越多，就越有必要学会怎样将两者相互转化，这也就是我们所说的学会怎样进行管理。

让我们回到刚才“市场营销”那个例子中。为了完成“市场营销”这一具体经营任务，必须首先设定一个正确目标。这既需要市场相关的专业知识，又需要管理知识。之后还要进行有效的组织、决策工作，需要对市场活动进行相应的监督和引导，还要培养专业的市场人才，促进他们的发展。每个环节都要同时用到市场与管理两个方面的知识和经验，二者缺一不可。这一点也同样适用于其他具体经营任务。我们可以用图 5-2 表示这种普遍的关联性。

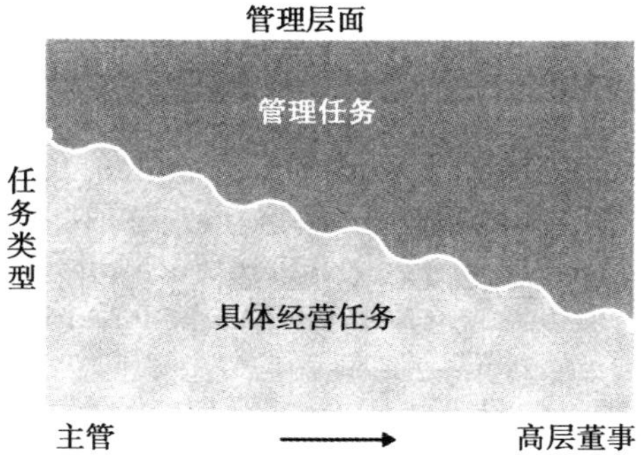

图 5-2　管理任务和具体经营任务的区分

如图 5-2 所示，管理任务和具体经营任务这两种任务类型被区分开来（注意：是区分，不是分割）。中间的波浪线表示这种区分并不十分严格，两者常常相互流动（譬如具体经营任务中的“人事”和管理任务中的“对人的培养和发展”）。在涉及企业战略、结构和文化问题时，流动同样很普遍。区分的重要性并不会因为这种流动性而减弱，相反，恰恰因为如此而被加强了。

此外这还表明，从主管级到最高决策层之间的所有管理层中，都应当或者说必须同时存在这两种任务类型。只不过主管负责的可能大部分是具体经营任务，管理任务只占很小一部分，而高层董事则恰好相反，他们主要负责管理任务。正如之后在第 13 章“企业管理者”中还要继续探讨的那样，我强烈建议高层管理者不要只把自己局限在管理任务中，还应负责一两个具体业务部门，否则在很短时间内他们就会与现实脱节。

应用范围的特殊性

前面已经提到过，每个组织中都面临着不同的具体经营任务，根据其经营目标的不同，任务也会呈现出差异性。到目前为止我所讲的都是经济类企业中的具体经营任务，其他类型的组织和机构中当然还会有其他的业务类型，比如医院、学校、剧院、交响乐团、行政部门、政治团体等也都有它们自己必须要完成的任务。在这些组织和机构中也同样需要管理，而且它们的管理任务和经济类企业都一样。

因此，组织与组织间最引人注目的差别看似只关乎管理，其实差别的产生不在于管理任务的不同，而在于机构具体经营任务的区别。图 5-3 在图 5-2 的基础上向我们展示了不同机构类型中典型的特殊性。

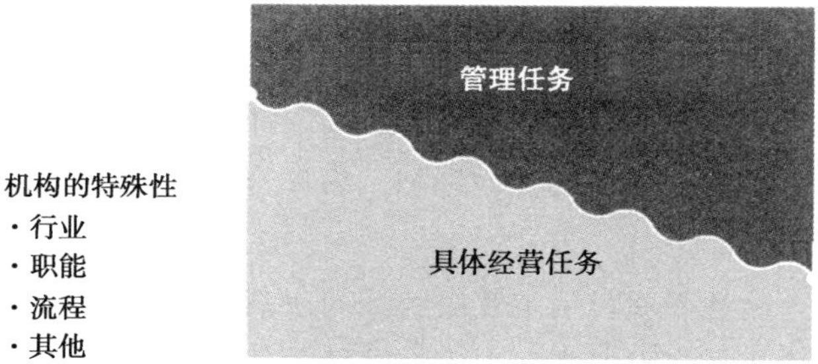

图 5-3　机构的特殊性

具体经营业务的特殊性主要取决于以下几点：相关机构、行业（涉及经济企业时）、职能、流程以及机构所处的现实环境。一家企业从国有转变为私有之后，或是综合性医院细分成专科性医院之后，它的经营任务也会随之发生相应的改变。

因此这种特殊性与管理没有直接关系，而是更多地体现在实际经营业务中。但是在管理任务的完成过程中，必须考虑到这种特殊性，因为这涉及一个应用问题。

为了弄清楚管理的应用特殊性，我们有必要再向前迈一步。例如管理的目标群体是有经验还是没经验的，是年长还是年轻的，是高学历还是低学历的，这是有区别的。此外还要考虑到目标群体的生活状态，当然还有健康状况。同样，狭义上的文化和宗教价值观以及风俗习惯也应当纳入考虑范围内，如图 5-4 所示。

泛泛地谈论文化的特殊性只会造成企业文化的混乱。我个人认为，文化的特殊性与严格意义上的企业文化其实基本上毫无关系，它总是与单个的具体情况联系在一起。因此我更倾向于研究每种现实环境中出现的特殊性，也就是在每次完成管理任务的具体过程中产生影响的具体情况特殊性。鉴于具体情况发生变化的概率非常大也非常迅速，最好不要把它看作企业文化问题。现在我们把上面讲的两种特殊性联系起来，如图 5-5 所示。

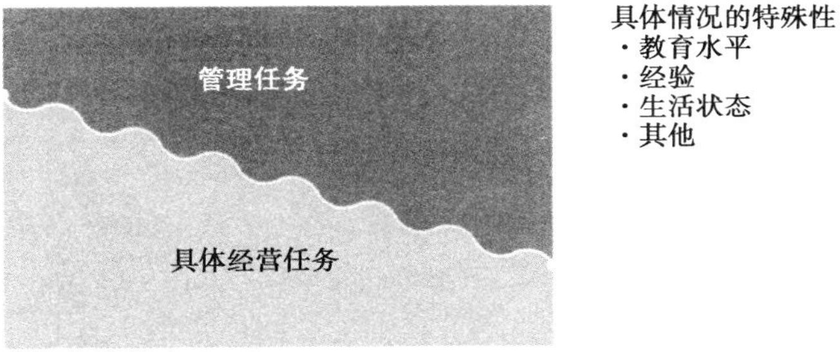

图 5-4　管理的应用特殊性

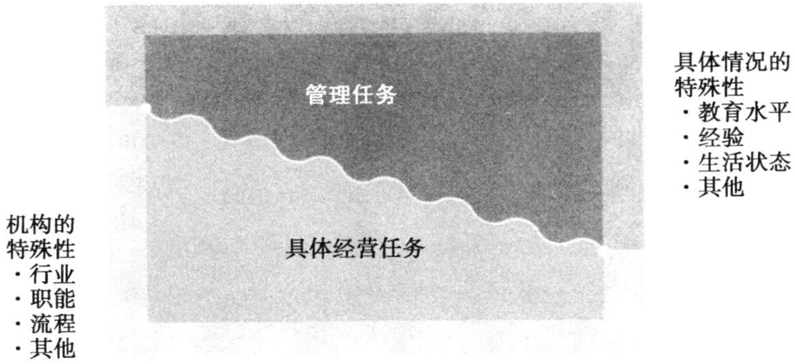

图 5-5　应用范围特殊性一览

五个实际应用范围

除了以上提到的优势外，管理有效性的标准模式还有其他好处。图 5-6 向我们展示了标准模式的五个直接应用的范围和领域。我在第 1 章中已经讲过，在很多人心目中，管理仍然只被理解成对员工（下属）的管理。虽然对员工的管理的确是管理的应用范围之一，但它既不是最主要的，也不是最困难的。

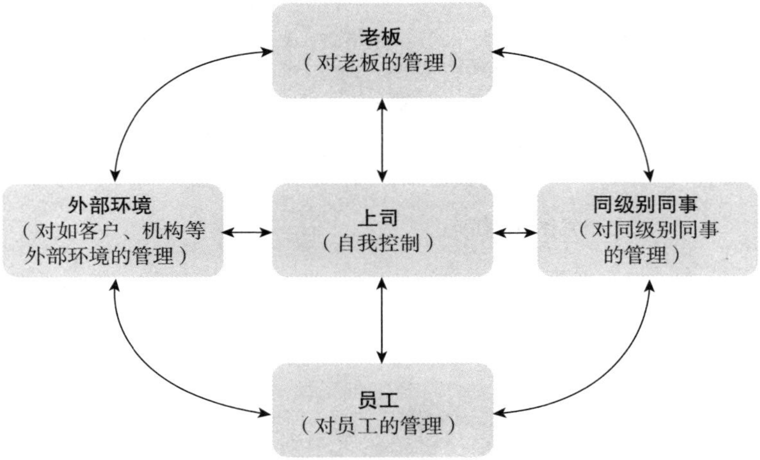

图 5-6　管理的应用范围

在我过去 30 年的管理学教授和咨询师的职业生涯中，从没有谁向我抱怨过他碰到最困难的问题出现在对员工的管理上。但与此形成鲜明反差的是，恰恰是这个问题——对员工的管理，几乎是所有管理培训和管理学文献中唯一关心的主题。不需要老板就可以自我控制的员工是最好的，他们是企业运转良好的一个最重要的因素。

在整个管理网络中，相比对员工的管理，其他几个方面更加难以管理。说得再详细点儿，这是因为其他部分中不存在自由处决权——而每个组织中的员工（至少原则上）都有这种权力。

对其他部分的管理不仅更困难，同时也更重要，因为相对于对组织内部员工的管理，更大范围和意义上的成功更多地取决于对另外这些部分的管理。现在我们把这几个部分按照重要性和管理的难度做以下排列（见图 5-7）。

- 自我控制；
- 对老板的管理；
- 根据机构所处的工作位置对外部环境的管理（例如顾客、供应商、股东等）；
- 对同级别同事的管理；
- 对员工的管理。

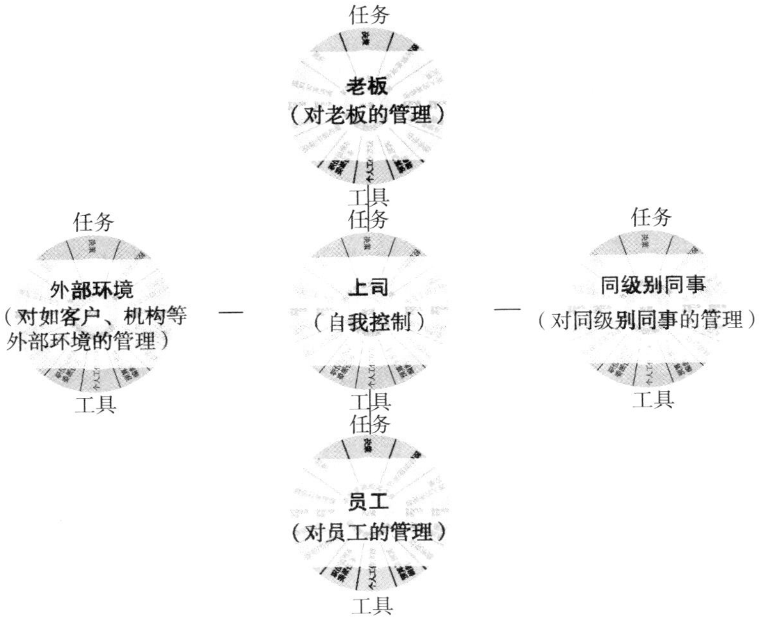

图 5-7 可以应用于所有管理范围的有效管理标准模式

从概念上讲，有效管理的标准模式可以应用到图 5-6 中出现的所有管理范围中，由此自发产生的相互作用力将给企业或机构带来巨大的自我组织能力，这种能力是借助其他任何措施和手段都不能达到的。

有效管理的标准模式中包含的规则如果得到了高级决策层的重视和遵守，企业或机构内部就会出现一种自发或自我生成的秩序，换句话说，企业或组织具备了自我组织能力，这种能力对于创造绩效十分有利。

但要说明的一点是，并不是组织中的所有主管和经理都必须严格按照这一模式组织管理工作，事实上只要关键的那一部分这样做就足够了。通常来说，管理层中有最终发言权的人数比例很少超过 30%。

在正确的自我组织能力产生的同时，众多管理问题也一并得以解决。这些问题一下子都消失不见了，这是因为它们其实只是些表象问题。我们一直在说的“激励”问题就是其中之一。另外，按照这种标准模式管理企业，也就无须担心企业文化的问题了。因为在其应用过程中，企业内部会自发形成讲求效率、重视绩效和高度责任感的工作氛围，这些都是正确的企业文化中最核心的价值要素。我们也可以这样说：**正确的企业文化就是有效管理。**

CHAPTER

第 6 章

经营管理：综合性管理系统

前面已经提到过，我建议的管理标准模式不仅对某个人或小部分人有效，它也适用于整个机构及其核心部门：只需要对第 5 章中的图 5-7 做一点小小的改动就可以完成这种转变，即用“机构”代替“外部环境”这一概念就可以了（见图 6-1）。

之所以把特殊概念应用到一般性框架上，是为了更加便于应用。因此对整个机构进行正确、有效的管理需要一个基于标准模式之上的、更全面的参照系，或者说更大的“版图”，以帮助我们在引入和应用整个管理系统时更加注重实用性。20 世纪 70 年代早期，德语区的第一个，在我看来也是唯一一个称得上广泛、全面的管理模式在圣加仑诞生了。1975～1980 年，我把这个模式投入实际应用中，使之接受实践的检验，并不断对其进行调整和完善。与此相关的第一本出版物收录在瑞士人民银行 1981 年出版的“方针指导”系列中。如果将有效管理标准模式和综合性管理系统合并起来，则差不多涵盖了 90% 的实际应用情况。遇到特殊情况时可能还需要做一些必要的补充，但这种补充必须建立在审慎思考的逻辑基础上——如此重要的一点却往往被忽略了。

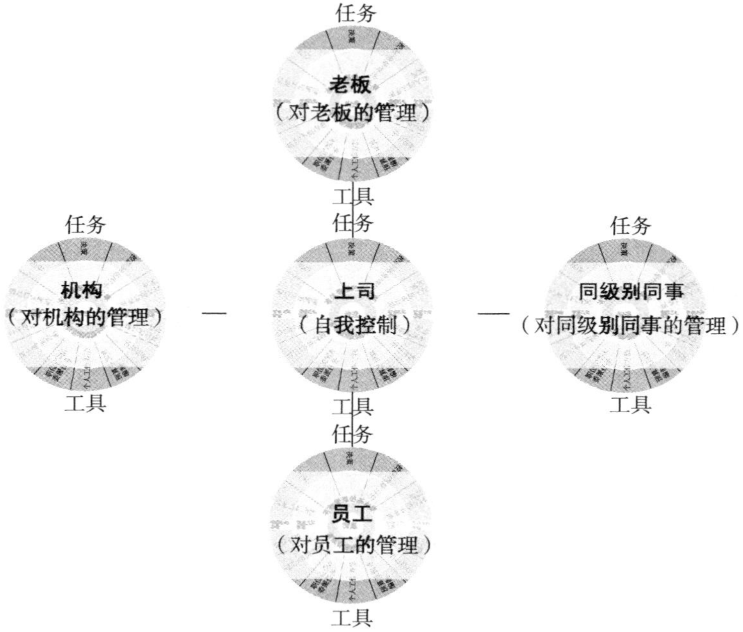

图 6-1　用“机构”代替“外部环境”

在导言中提到的综合性管理系统（可简写为 IMS）对所有组织类型都具有普遍适用性。也就是说，它不仅可以在经济类企业中找到用武之地，而且在非营利性机构、政府部门以及非政府组织中也能发挥巨大作用。

与其广泛适用性相对应的是，这套管理系统中的要素对于所有组织也是相同的。只不过在非经济类企业中对它们的叫法会有一些小小的改变。

乍看上去，综合性管理系统似乎显得非常复杂。在一定程度上，我们也的确可以称其为复杂，而且从控制论的角度来看这也是必要的。但就像其他控制论系统一样，这种看似复杂的管理系统把握起来其实简单得令人惊讶，如图 6-2 所示。

管理者凭借自己的经验很快就能理解图 6-2 中看似复杂的条条框框和方向箭头所表达的意思。这个图可以帮助他们理解各个要素和机制，更容易地理顺它们之间的内在关联。这就好比查阅地图，管理者也可以学会从整体上理解各部分的功能，然后再从部分中把握整体功能，另外这也符合系统化思维的要求。

综合性管理系统的功能：从目标到结果

想要正确理解和设计一个系统，必须牢牢把握住“功能性”这个出发点。我们对综合性管理系统的功能已经有了准确的界定：管理“决定盈亏的单元（EVE）”。综合性管理系统中囊括了所有对决定盈亏的单元管理所必需的要素，也就是说，对决定盈亏的单元形成、引导、发展不可或缺的全部关键点都出现在了综合性管理系统中。也就是说，本质上通过好的正确的管理能够实现从企业目标到预期结果的转化，如图 6-3 所示。

管理的基本要素：决定盈亏的单元

什么是决定盈亏的单元？它是一个能创造经济效益、基本平衡收支的组织体。在这里，是否真的能达到基本收支平衡并非决定因素。在经济领域中，我们可以用一个更形象的概念代替它，即“业务经营”，因此管理也相应转化成了“经营管理”。

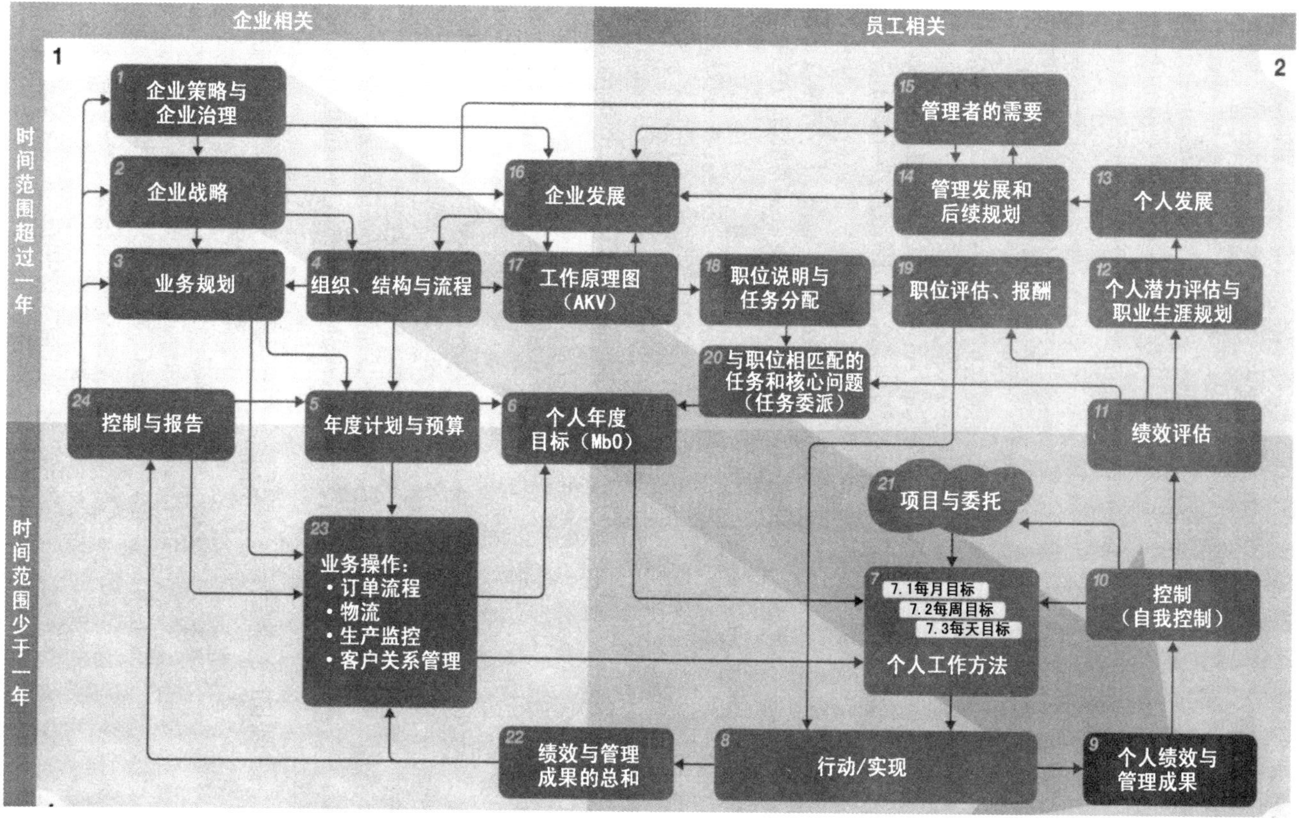

图 6-2　综合性管理系统（IMS）

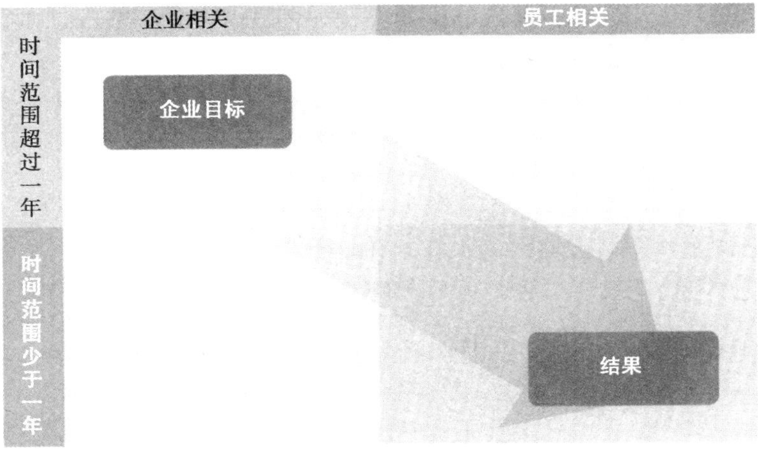

图 6-3　针对“决定盈亏的单元”的管理

目前无论是在理论还是实践中都还没有形成对这种组织体的统一称谓。虽然叫法各不相同，但其“基本收支平衡力”的标准始终非常明确。

首先，“决定盈亏的单元”可以是作为整体出现的企业。在这里，企业的法律形式并不重要，它可以是分支、子公司、业务区域，也可以是战略单元、市场中心、性能中心、利润中心以及成果中心。也就是说，它是经济成果最终出现的单元，这是它的“底线”，它也是决定业绩好坏、企业经营成败的核心部分，因此对它的管理，无论是从人员管理还是从业务管理的意义上来说都至关重要。也正因为如此，我用的是“决定盈亏的单元”这个一般性的概念，这样就可以避免受到现实中五花八门的称谓的影响，从而进一步探索它们背后共通的意义。

可以这样说，“决定盈亏的单元”是一个基本单位，组织的目标通过它的活动得以实现。组织中的其他单元都在它的运转过程中发挥辅助功能。需要注意的是，“决定盈亏的单元”并不必然存在。有一些部门的重要性特别突出，显而易见它们可以是决定盈亏的单元，但在其余大多数情况下决定权还是会落到人的手上，也就是说，由人来辨别、决定哪些部门可以担当起对盈亏负责这个重任，哪些部门不能。

因此，掌管这些核心单元的管理者，不论其头衔和称呼怎么变化，他们都处于企业最重要的职位上，因而他们必须要接受过专门的教育和培训。无论他们所管理的“决定盈亏的单元”是大是小，处于哪个层面，他们的职责基本上都是一样的，即经营管理。

综合性管理系统并不是专门针对诸如市场、开发、人事等专门的职能部门所研发的管理系统，虽然能对上述部门发挥作用，但只有经过相应的修改和调整之后才能将其应用到这些具体部门中。

整合的范围

对各个环节（要素、组成部分）进行整合使之成为一个整体，必须遵循一定的逻辑顺序，并且会涉及很多个层面。综合性管理系统只通过一个很简单的方式就成功实现了多个层面的整合，即实现了企业相关要素和员工相关要素、短期影响因素和长期影响因素、静态要素和动态要素的整合。不仅如此，借助最为重要的投入产出关系分析，该管理系统中所有环节之间的相互作用也能做到一目了然。

例如，“公司策略”和各个阶段的“规划”这样的环节，本身就是高度复杂的子系统。但在某种程度上，它们又可以很简单，也很容易实现。在这里，我们需要用到一些表格、小手册等很有用的辅助工具，当然现在这些都已经实现电子化了。

当涉及综合性管理系统的应用时，企业的规模是次要的。各个组织需要的管理工具本质相同。企业规模的大小，以及更为重要的一点——企业的复杂性，共同决定了各个环节的组织结构。比如在复杂的大型企业中，必须制定详细庞大的发展战略，而简单的小规模企业往往只做出几个带有战略性质的决策即可，大多数时候甚至连记录环节也可以省略。这就好比小型飞机只能适用于几种特定的飞行目的，需要用到的工具也只有几种；承担跨洲飞行任务的大型飞机则需要广阔的飞行空间和更加复杂的器具。

综合性管理系统一览表

公司策略与公司治理界定了企业经营的目标。如果理解和表达无误，那么可以说这两者构成了企业整体实力的中心环节。这就好比发动机是汽车的动力核心，标注什么样的马力数并不重要，重要的是汽车在马路上能够达到的实际功率，说到底就是究竟跑得快还是慢。在管理系统中也是同一个道理：起决定作用的并非政策、治理、战略，而是通过推行政策、实施治理、执行战略所能得到的东西，也就是我们常说的结果。

让我们回到刚才关于汽车的例子。要把汽车发动机的马力数值转化成实际功率，更确切地说，转化成能够适应各种路况和天气的实际功率，需要借助许多复杂的技术。变速箱、传动轴、万向节、底盘和轮胎必须达到最佳协调状态，并且经过了仔细校准。有些时候根据情况还可能需要四轮驱动器、减速器、差速锁动装置以及其他先进的电子控制设备。管理也正是如此。

图 6-4 向我们展示了综合性管理系统中最重要的组成部分。

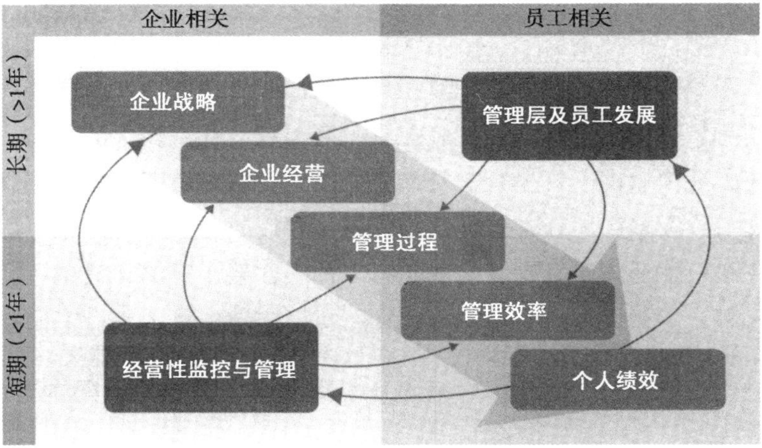

图 6-4　综合性管理系统一览表

综合性管理系统的逻辑和要素

在接下来对综合性管理系统的介绍中，有一些细节是不能忽略的。但如果是初次阅读相关内容的读者，则可以跳过下面四段，只要清楚图 6-4 综合性管理系统一览表就足够了。

综合性管理系统中有着清晰的逻辑顺序，我们可以将其用坐标系表示出来。在之前的综合性管理系统图表（见图 6-2）中有一条纵轴和一条横轴。横轴的左半边出现的管理要素主要涉及作为整体出现的企业，右半边更多地侧重于员工个体。纵轴的划分依据则是时间范畴：纵轴上半部分表示超过一年，下半部分表示少于一年，即着重针对当前经营年度。

根据此坐标系，图 6-2 可以按照顺时针方向划分为 1、2、3、4 四个区域，其划分依据就是不同的具体事务和时间范围。其中的所有要素都按照从 1 ～ 24 的顺序编号，如图 6-5 所示。

区域 1 中出现的都是时间范围超过一年且与企业整体相关的要素。起到定位和指向作用的是“公司策略与公司治理（1）”“企业战略（2）”和“业务规划（3）”三个子系统。

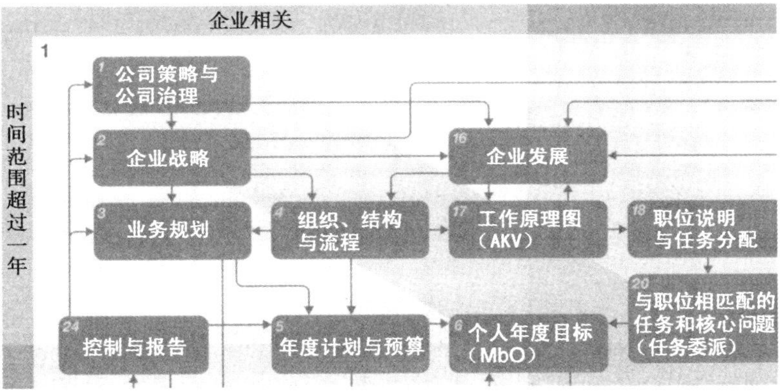

图 6-5　区域 1：长期、企业相关

在这个区域中，要素的时间界限都是开放性的，它们都取决于各自具体业务及其时间节奏，因而只能具体问题具体分析。比如，汽车行业时间范围的设定和时装行业或者软件开发行业肯定是不一样的。

在实际操作中，公司策略和战略常常被当成同一个要素看待。但如果企业有好几个业务分支，则必须把两者区分开来。公司策略应当是对所有区域都适用，公司治理、领导构成、经营使命这些都属于政策范畴。

接下来就到了第 4 个要素“组织、结构与流程（4）”。我们都知道，是战略决定结构，而不是结构决定战略，这是一条基本规律。因此要素（4）必然受到企业战略的制约。从这里出发，有很多箭头延伸到了区域 2 和 4 中。这一方面是因为结果最终要落实到某个具体员工身上，另一方面是因为还要考虑到它们在较短时间范围内的变化。

“组织”任务在区域 2（长期、员工相关）中的开展要借助要素“工作原理图（AKV）（17）”。我们看到，横轴恰好纵穿“工作原理图（AKV）（17）”，表示这个要素既与员工相关，又与企业相关。在战略中还会衍生出组织长期发展的要求，但同时也取决于“企业发展（16）”，其所需的投入则来自“管理发展和后续规划（14）”。

显而易见，区域 1 中的各个要素呈现出一种静态特征，随着时间的推移，变化十分缓慢。其成果必须能转移到运作时间较短、流动性更强的子系统中。其实现方式就是把“业务规划（3）”转化为“年度计划与预算（5）”以及各岗位上的“个人年度目标（MbO）（6）”。

从“个人年度目标（MbO）”附近的箭头密集度可以看出，它是管理有效性的关键要素，是确保长短时间周期以及与企业和员工相关的重要工具。

1954 年，彼得 · 德鲁克提出了那个我们如今耳熟能详的管理学概念“个人目标管理”（MbO）（以及自我控制）。现在我把这个概念用于个体管理，即把年度目标具体到个人，或者叫作个体化的年度目标，德语中称之为“Führen mit Zielen”。鉴于每个组织都有自己的目标，其目标实现的时间范围和具体化程度都不同，因此我们必须事先确定好，应该针对哪一种目标实施“目标管理”？要知道在英语中表示目标的四个词“aim”“objective”“goal”和“target”含义其实并不相同，但在德语的词汇中没有这么细致的区分。

如图 6-6 所示，从“工作原理图（AKV）（17）”出发，“职位说明与任务分配（18）”把组织架构导向了个体化。通过这种方式，抽象的整体架构落实到了每个具体职位及处于该具体职位的员工身上。由此引出了“职位评估、报酬（19）”，即某职位在整个职位结构中的对应位置以及与之相匹配的薪酬水平。从此处出发，箭头又把我们带向了各个具体职位的工作任务，以及一般情况下基于各种特殊情况出现的有关职位本身、职位责任人和年度绩效考核的一些核心问题。“与职位相匹配的任务和核心问题（任务委派）（20）”连同组织年度计划和预算中涉及各具体职位的内容，共同决定了各职位责任人在个人年度计划中的投入量。

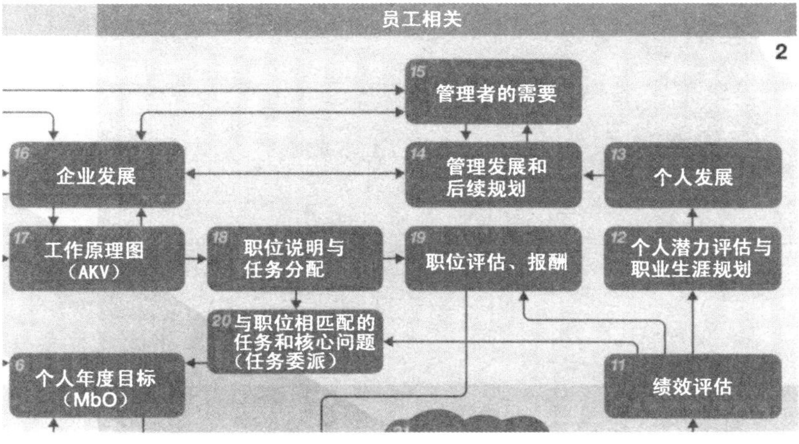

图 6-6　区域 2：长期、员工相关

时间轴线上的另外一个因素是“绩效评估（11）”，通过控制个人业绩和管理成果，我们可以得到绩效评估的投入量。绩效评估的结果可以帮助企业弄清现有薪酬结构框架内的“职位评估、报酬（19）”水平、“个人潜力评估与职业生涯规划（12）”，以及前面提到过的各职位相关核心问题。

依据个人潜力评估的结果，每个员工都可以制订自己的“个人发展（13）”计划。这些个人计划是企业整体“管理发展和后续规划（14）”的基本组成部分，而后者又是由“管理者的需要（15）”决定的（“管理者的需要（15）”来源于坐标系区域1中的“企业战略（2）”）。

如图6-7所示，我们首先来看那些在圣加仑管理模式中被归结到“管理方法学”范畴的要素，这里主要是指把年度目标落实到具体管理行动中，并由此转化成“个人绩效和管理成果（9）”，以及企业目标所达到的最终结果，也就是顾客付钱从企业处购买的产品或服务。

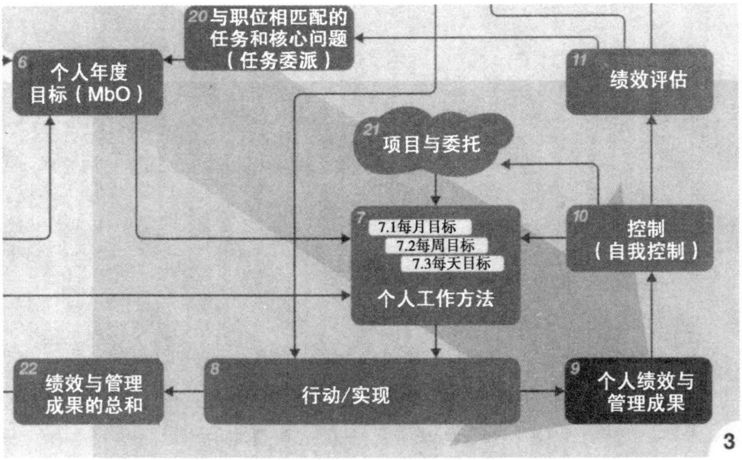

图6-7 区域3：短期、员工相关

在这里，“个人工作方法（7）”意义尤其重大。它将整体年度目标细化成年度内的短期目标，这些短期目标直接服务于对任务执行情况的引导和控制。通常短期目标可分为“每月目标（7.1）”“每周目标（7.2）”“每日目标（7.3）”，它们决定了个人行为的投入量。针对具体情况，并非必须制订以上全部计划。其制订的依据是每个职位及该职位的年度计划要求。另外，薪酬水平对员工个人行为的影响巨大，这一点就无须过多解释了吧！

员工相关的“控制（自我控制）（10）”以及坐标系区域4中的“业务操作体系”处于不断变化之中。根据这种实际情况的变化，要素（7）能够帮助我们把年度目标转化成可操作的具体计划。要素（10）里还有一个写着“自我控制”的小括号。正如刚才提到的，德鲁克总是把“目标管理”和“自我控制”两个概念联在一起使用。基本思想就是，使尽可能多的员工具备自我控制和自我管理的能力，这取决于两个前提：一是目标明确；二是关于目标实现情况的信息充足。但是我认为在此基础上还需要有“控制”一环，因为有时候必须对员工自我控制的情况进行调控和监管。当然，这并不是强制性的。

接下来就到了另外一个投入量——由上级委派分配的短期“项目与委托（21）”。这里指的不是那些需要特别规划且多个部门共同合作的大型项目，而是众多必不可少的小项目。它们不需要复杂的规划，只是需要一些诸如项目委托、工程进度和成本监控这类实用的简单工具就可以完成。

这些小项目小委托可以使年度计划适应不断变化实际情况的要求。这个要素之所以重要，是因为在确定年度目标时（通常是年底），我们往往只关注当时现有的信息。而在接下去的几个月里，实际情况可能会发生戏剧性的重大变化，也许需要立刻采取行动。那种认为年度目标一旦确定就不得更改的想法，无论如何也不应该出现了。

区域3中要素的重要性毋庸置疑。毫不夸张地说，它们决定了一个企业的经营效益。如果这些要素无法正常运转，那管理系统的其他部分更加无法发挥作用。

在大多数企业中，大规模的合理化及生产力储备不只出现在生产环节，在行政部门和管理层中同样存在。如果考虑到这一点，我们就会知道，这些要素在实践中远远没有得到足够的重视。

区域4主要涉及的是短期且与企业相关的要素，如图6-8所示，其中居于主导地位的是“业务操作（23）”体系。其投入量来自业务计划和年度规划，之后又转化成区域3中的员工个人短期工作计划。

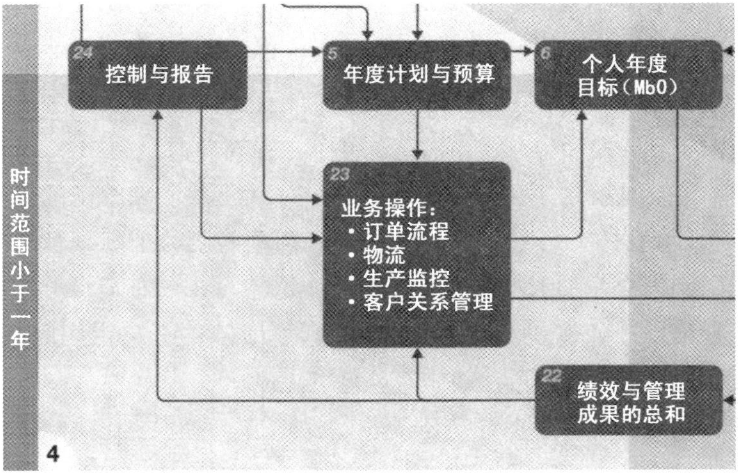

图6-8　区域4：短期、企业相关

经营体系控制着企业的经营流程。按照特定标准把这个区域里取得的结果累加起来，就得到了“绩效与管理成果的总和

（22）”，它为经营体系和“控制与报告（24）”提供投入量。由此出发，经过相应的运作之后，又可以与短期区域以及区域 1 中的长期要素联系起来。

就像我在开始时说的那样，想要建立一个“决定盈亏的单元（EVE）”，有以上所有的管理要素以及它们之间的相互关系就足够了。我们不需要其他更多要素，但也不能比这还少。总而言之，这些要素都是必不可少的，且已经能够充分满足要求。

还缺少什么

外部环境因素

有时我们会听到这样的批评：综合性管理系统中缺少外部环境因素，因而它只能算是一个封闭模式，不能归到开放系统的行列之中。

这种批评其实很容易被驳斥掉，因为外部环境因素是我故意省略掉的。之所以要这样做，原因有两个：第一点是专业管理者都了解，要想保证公司策略和发展战略的合理性和实际操作性，必须把环境因素考虑在内。如果缺少对所要进行管理的现实环境的清醒认识，那么政策和战略从何谈起？比如众所周知的“SWOT 分析法”[⊖]就是制定战略的一个组成部分。

⊖ “SWOT 分析法”（也称 TOWS 分析法、道斯矩阵）即态势分析法，20 世纪 80 年代初由美国旧金山大学的管理学教授韦里克提出，经常被用于企业战略制定、竞争对手分析等场合。SWOT 分析，包括分析企业的优势（strength）、劣势（weakness）、机会（opportunity）和威胁（threats），因此实际上是将对企业内外部条件的各方面内容进行综合和概括，进而分析组织的优劣势、面临的机会和威胁的一种方法。通过 SWOT 分析，可以帮助企业把资源和行动聚集在自己的强项和有最多机会的地方。——译者注

第二点也是更为重要的一点：环境因素的影响不只体现在公司策略环节，在其他很多环节也发挥着作用，但每个环节需要考虑的环境因素侧重点各有不同。譬如在业务规划、预算制定、年度目标确定以及个人的工作方法安排上，基本都离不开对环境因素的考虑。从逻辑上说，所有管理都是强制性地以现实环境为导向的。因此，把这样一个无论如何都要考虑的必然因素，再画蛇添足地添加到图 6-2 中，除了让图看起来臃肿外，没有任何意义。

具体经营业务

另外一个经常听到的批评是，这个模式中缺少一些重要的管理任务，比如市场、研发、财务、人事等。对于这个问题在第 1 章里我们就已经解释过了，现在再重复一遍：以上列举的这些任务被想当然地误认为是管理任务，它们实际上是一种特定的组织类型，即经济类企业的具体经营任务。即使扩展到所有组织机构中比较，它们也属于具体经营业务，而非管理任务范畴。因此，它们当然不能被包括在管理模式中。

突出特性

下面这个问题可以说问得最有价值：在综合性管理系统中，沟通、激励、文化、学习这些要素体现在哪里？对这个问题的解答属于高校管理学研究的任务。这些要素和综合性管理系统中所罗列的那些并不属于同一个类别。我们无法从“执行”“创造”“调控”的意义上对它们直接施加影响。它们类似于生物学上的“突出特性”（这也是生物学最伟大的发现之一）。任何复杂系统都有这些特性，企业和管理体系也不例外。这些“突出特性”作为系统属性，产生于要素的相互作用中，也就是说，在各要素相互作用之前，它们并未出现，也不存在于各要素内。

下面我们来举两个例子：在人体中可以看到骨骼、器官、神经细胞，却看不到本意上的意识、动机和学习能力，但是众所周知，人是有意识、有动机、有学习能力的。同样的道理，大家都知道汽车有功率，而且还可以测量，但是在汽车内部，我们能看到汽缸、阀门、变速箱等各种各样的装置，却看不到马力。因此不论是人体还是汽车，各个器官、部件在相互联动和相互作用中产生的新要素，当然要归属到其他类别。

现在我们再把目光转回组织，在制定、规划战略及监控战略实施情况的过程中出现的沟通、激励、文化等要素必然也属于其他类别。如果忽略了这种逻辑类别的区分，那么和以往任何时候一样，都将会导致严重的混乱和误解。

综合性管理系统的引入

综合性管理系统是一个包含众多封闭循环结构的系统，它作为一个整体同样也是一个封闭循环，因此既可以从整个系统入手，也可以从某个关键点开始引入。这是环形结构和系统的优势所在。相对于圆环而言，直线的劣势在于它必须有起止点，即使开始和结束相隔无限距离也是如此。

因此，重要的不是从哪里开始，而是取决于现实状况和相应的目标。无论从哪里开始，必须依次完成整个循环，不忽略其中的任何一个要素，这才是真正需要注意的。

在实际引入综合性管理系统时，无须担心顺序问题，这是一个很大的优势。所以，不必因为公司策略和战略的编号是 1

和 2 就一定要从它们开始，我们完全可以直接从企业进一步的发展所必需的环节入手。但在通常情况下，从战略开始是比较合理且目标性较强的做法。而一般人不会想到，从老板和员工的个人工作方法入手才是最好、最重要的出发点。一方面，因为个人工作方法往往存在普遍欠缺的现象，另一方面，在这一点上取得的成果迅速而直观。另外一个目的性较强的起点是根据目标进行管理，即“目标管理”。

不论引入管理系统时组织处于何种发展阶段，重要的是，要素必须是和谐匹配的，也就是说，它们和接下来的发展步骤必须相互兼容。在综合性管理系统中，甚至早在第一代圣加仑管理模式时已经能保证做到这一点。

原则上，管理有效性的标准模式以及综合性管理系统这两个模式已经足够解决现实中出现的所有管理问题，并且能成功完成对所有机构类型的管理。

我前面已经说过很多次，只有要素和概念是不够的，因为要素和概念的含义并不确定，有时这些含义甚至自相矛盾。好的正确的管理不会局限于表面，而总是与要素或概念的内涵联系在一起。比如“战略”一词可以从许多角度加以理解，即使它已经在综合性管理系统框架下被定义了，也仍是如此（更何况综合性管理系统并没有对它下定义）。

管理有效性标准模式的要素内涵详见《管理成就生活》一书。在综合性管理系统的要素中，凡是涉及一般性、综合性管理的，其内涵将在下一部分以及本系列图书的其他卷中进行介绍。届时我会从一个全新的视角介绍综合性管理系统的已有要素，及其上下文关联，特别是内涵，都将有新的调整和修改。

MANAGEMENT

03

第三部分

综合性管理职能

CHAPTER

第 7 章

综合性管理的基本模式

为了能清楚地解释综合性管理，我们需要借助图 7-1。从我的经验来看，这个模式涵盖了全部的基本要素，它们的相互作用也一目了然，因而是最容易理解、最具实用性的版本。这是一个全面的模式，它既对所谓不受约束的整体论思想做出了限制，又避免了与近几年越来越走向极端尤其是在“股东价值”上达到高潮的简化主义观点混淆不清。

在“综合性管理”的整体概念下，我把所有机构共通的要素、任务都总结进来，无论何种类型组织机构的正常运转，都离不开它们。所有管理者、专业人士至少要对这些领域保持最基本的认识。而那些想要投身综合性管理事业的管理者和“通才”，则需要广泛、详细、深入地了解和掌握这些要素及任务。我认为，这样就可以消除专才和通才之间的矛盾。即使是通才也必须有专长的一面，但是与专才不同，通才更专注于全局，专注于整个机构的全局。更确切地说，根据管理学的定义，他们专门从事于设计、控制和促进复杂、高效的社会体系的发展。

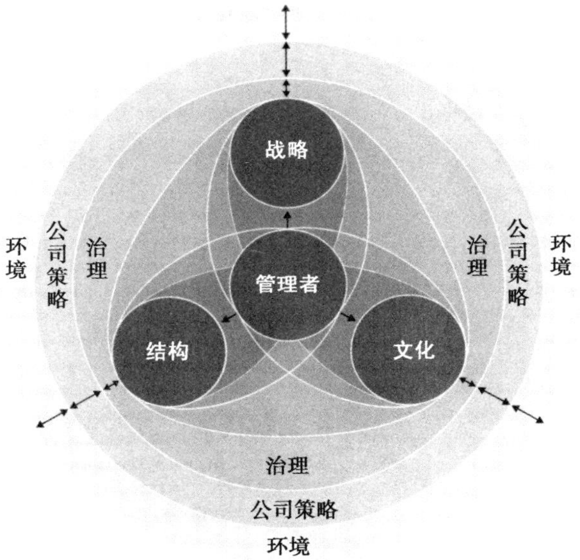

图 7-1　综合性管理

有这样一句说法：专才研究得越来越少，得到的越来越多；通才研究得越来越多，得到的越来越少。这当然带有戏谑的成分，并没有切中问题的核心。挖苦、贬低这两种人才或是偏向一方排挤另一方的做法，对谁都没有好处。我们既需要专才，也需要通才。因此应当详细地说明，为了完成任务，哪一种人才必须掌握何种知识，具备何种技能。这一点对于两种人才的教育和培养都是十分重要的。

综合管理各个层次之间的内在联系其实十分简单：每个机构都是在一定的具体环境下实现目标、达成目的的。因此必须分析、掌握环境因素，否则目标就无法合理实现。

每个机构都要根据各自的环境因素做出相应的治理决策。这些决策涵盖了机构运行的根本宗旨、最高价值观和原则，对于机构的整体运作，以及机构与基本环境要素的关系等，都会打下明显的决策烙印。

接下来就要确定“战略”了，也就是要根据具体环境对企业进行定位，确认行动范围，找出实现根本经营宗旨所必不可少的工具、手段、措施和最高目标。这里的“战略”指的是广义上的“战略”，企业目标也包括在其中。鉴于机构类型的多样化，广义上的“战略”出现在每个机构中时都或多或少会出现不匹配的情况，因而需要根据实际情况做出调整，但是无论怎样调整，这个职能要素都是不可或缺的。

有了战略，接下来每个机构都需要建立一个可行的、强有力的“组织架构”，其最重要的作用就是在所有可能出现的现实条件下保证机构职能得以顺利执行。组织架构决定了机构职能的执行能力和生存能力，也是通向成功的保证。

下一个综合性管理的要素是“文化”。文化必须以绩效、责任和有效性为导向，并且在人的承受力范围之内。这里专门把文化挑出来讨论，并非与上一章“突出特性”中的说法相矛盾。文化是突出特性，但这并不妨碍我们探讨它的内涵。

在图 7-1 中，处于正中心的要素是“管理者”，他们将在战略、结构和文化的制定、形成、实现方面做出特殊贡献。他们的行动指南是管理有效性的标准模式。

至于特定的具体业务和职能领域，这些部分虽然不属于综合性管理范畴，但是普遍存在，从经济企业到歌剧院，每个机构中都有各自相应的具体业务和特定职能。

每个机构都有其各自的受益者，即顾客。随着今天垄断企业的数量越来越少，受益者的选择余地大大增加。竞争对手和市场的出现，促使每个机构都去了解自己的顾客，洞悉市场变化，掌握基本的营销知识。为了创造绩效、保证组织的正常运转，“人”是不可缺少的，于是出现了专门负责“人”的人事部门；组织的运行离不开“钱”，于是有了专门负责“钱”的财务部门；每个组织在运营过程中都会产生成本，于是又出现了成本控制部门；最后，身处这样一个到处充斥着数据和信息的社会中，信息学的基础知识也同样不可或缺。

管理者至少要对以上这些具体业务具有最基本的认识。他们没有必要成为这些领域的专家，也完全不需要对所有具体业务都了如指掌，但是最起码，他们要对这些具体业务有所了解，以保证在和这些领域的专业人才对话时不露怯，也不会让专业人士产生对牛弹琴的感觉！

CHAPTER

第8章

外部环境

踢向系统的球，总是会被系统踢回来。

管理必须与所要管理的组织的外部环境联系起来。无法很好地把握外部环境，则失去了实施正确管理的契机——毕竟如果连适应都做不到，那就更不用说对其进行改造和重组了。在谈到外部环境时，我所用到的两个概念——“Umwelt”和“Umfeld”的意思都是一样的。只是“Umwelt”侧重更多的是自然生态环境，考虑到我们所要管理的都是处于社会环境中的组织和机构，所以其意思覆盖面就显得不那么全面了。

任何一个组织都不能凌驾于其所处的外部环境之上。无数生动的历史案例一再向我们证明，无论组织是大是小、是强是弱，如果总是逆周围环境特别是逆周围环境的变化而动，那么它永远不可能获得成功。哪怕是迄今为止规模最大、影响力最广的组织，哪怕拥有垄断权，也不能保证外部环境长久对自己有利。

出现上述情况的原因主要有两点：一是我们已经讨论过的

复杂性；二是由于自我组织导致的持续变化，这同样也是不可避免的。对于想要处理好复杂性、复杂系统以及其原理的管理者而言，周围环境就是能够化解他们燃眉之急最有说服力的例证。即使他们都是“保持简单”理念的坚决拥护者，那他们也必须承认，一旦涉及企业或其他任何组织的外部环境问题，“简单”的效用将立刻荡然无存。

外部环境的模式类别

我们这里所说的“外部环境”指的是那些对具体机构意义重大或者说可能意义重大的要素，这些要素已知与否、原则上能否为人们所认知，都无关紧要。有两个看似矛盾的方面需要我们特别注意：一是对周围环境的认知原则上存在一定的界限，这就对管理提出了十分具体的要求；二是能为人所认知的，实际上比大多数管理者所能想象到的且应用到企业管理中的要多得多，也重要得多。

图 8-1 向我们展示了企业外部环境的基本组成要素，以及这些基本组成要素的双重结构，即它们的组织结构（供应商、媒体等）和功能结构（环境层面）。这个模式最早出现在圣加仑管理模式的最初版本中，其有效性和实用性已经在实践中得到了验证。至于如今被某些坚决支持股东利益论的伪改革派当作重大进步大肆鼓吹的“基于利益相关者”相关理论，也同样包含在内。我们可以看到，早在圣加仑管理模式创建之初，已经对此形成了普遍共识。但是在管理中，所有层面（包括那些暂时没有用到的层面）每隔几年都要更新一次，若非如此，大部分层面都将与不断向前发展的认知水平脱节。

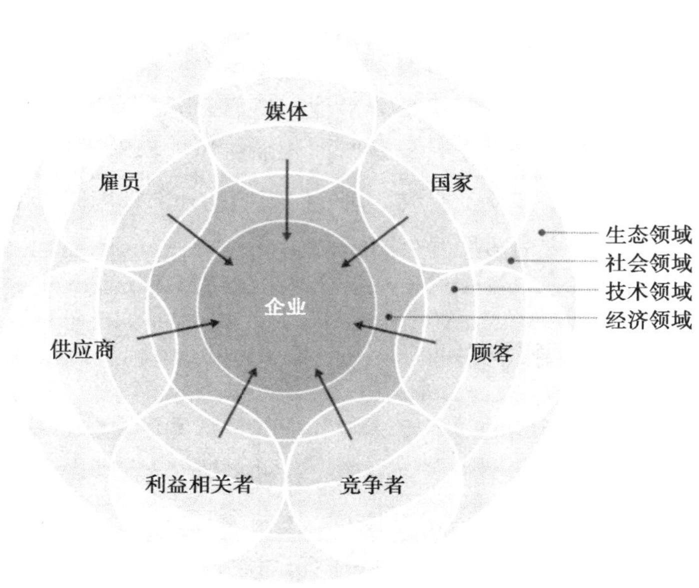

图 8-1 企业外部环境的基本组成要素

与原先的版本相比，我做了两项改动：第一，我把媒体因素加了进来，原因是媒体现在的影响力远远大于以前；第二，我把顾客特别标注了出来，这样做是为了把他们和其他潜在的利益相关者明确区分开。虽然顾客属于周围环境因素，但是正如我在公司治理一章中所讲的那样，他们并不是利益相关者。

经济理解

图 8-1 清楚地表明，在进行周围环境分析时需要从多角度加以考虑。接下来讨论的重心将放在最为重要的经济方面，原

因是我个人认为尤其在这几个经济方面，普遍存在着认识不足或错误认识盛行的情况。错误管理观念的传播与这些方面有直接关系。不过我并不是在暗示其他的环境类别不重要，恰恰相反，它们也非常重要，我们将在本系列图书的其他相关专题卷中详细论述它们。

最终，所有环境要素的影响都会在经济领域集中体现出来。一个机构的经营运作、目标实现、资金的流进流出，都会牵扯到环境因素。人们可能会觉得遗憾，但这就是事实。所以，正确管理的关键一步就是必须深入、透彻地理解经济是如何运作的。

更加令人遗憾的是，当前的主流经济理论对于企业管理基本上不起作用，因为其中大多数都只针对具体问题和特殊案例，表达上不知所云，内容上也没有联系。哪怕是其中最基本的假设，也和管理者面临的现实情况几乎毫无联系。甚至在有些特别极端的情况下，还可能起到误导的反向作用，比如新自由主义观点和在美国居于主导地位的“新财富论”就是两个典型的例子。它们和“新经济”理论一样，都是错误的。让人惊讶的是，就是这样一种带有偏执教条性质的胡言乱语，竟然几乎被所有经济学家、媒体、顾问还有管理者奉为圭臬。我的立场刚好与他们截然相反，从一开始我就坚决与这些论调划清界限。

新自由主义：对自由主义的误读

渐渐盛行起来的新自由主义实在是对真正的自由主义的最大讽刺，历史上唯一一次向全世界证明真正的自由主义社会和经济秩序优点的大好时机，就这样错失了。新自由主义者从不放过任何机会向人们大肆鼓吹他们的理论如何正确，如何完美。而实际上他们传播的错误思想谬之千里，任何真正的自由主义者都会嗤之以鼻。在他们的误导下，民众的失望情绪蔓延，经济敌视情绪日益高涨。

我之所以说得如此直白、丝毫不加掩饰，是因为我是企业经济自由论的坚决拥护者，并且我认为，在所有市场机制能够发挥作用的地方，应当放任其发挥作用。

新自由主义越是难以为大众所接受，就越表明它所强调的几个核心观点都是错误的。真正的自由主义者从来都不害怕承认错误，并且总是抱着一种虚心改正错误的开放态度，随时愿意为改正错误而努力。新自由主义者则刚好相反，除了充满教条意味之外，没有任何说服力。以这种方式所能得到的结果，与人们的期望南辕北辙，不仅如此，还为社会主义思想的复兴铺平了道路，事实上很多国家已经开始了这个进程。

第二次世界大战期间，新自由主义被错误地当成能够解决一切问题的“灵丹妙药”。这种理论导致了整个社会的经济化，更确切地说，它导致的是一种最单纯、最简单的经济化。然而自由主义不是经济理论，而是一种社会理论，它的中心环节不是经济总量的大小，更不是财务数字或利润的多少。真正的自由主义是有关社会的理论，其核心价值是个人自由。因此今天新自由主义的所谓“股东价值”和“价值增长”这些新变种，不会为真正的自由主义经济学权威所接受。同样，他们也不会考虑解除管制的问题，因为他们深刻了解这样一个事实：作为最高自由价值观的个人自由，如果缺少了规则的约束，根本无法实现。因此他们倡导“重新管制”，其目的不是废除规则，而是用正确的规则取代错误的规则。

在彻底认清了自由社会的运作规律之后，真正的自由主义思想家——弗里德里希・冯・哈耶克、路德维希・冯・米塞斯、威廉汉姆・勒普克，以及在他们之前的苏格兰伦理学家，努力找寻着以下这些问题的答案：在一个自由社会中“经济”必须担负起怎样的职能？从事经济活动的出发点应当是哪些？在今天的新自由主义者特别是各种经济协会管事以及商业说客身上，我们看不到这样的思考痕迹。就连信奉新自由主义的企业发言人以及企业管理者也很少能对这两个问题形成一点儿自己的见解。

现在我们知道了，思考的出发点应当是社会而非经济。社会运转不畅，经济就会随之运转不畅，从而导致企业无法正常运转。在一个腐朽的社会体制中，仍旧可以做生意赚钱，却不会有企业管理的存在。根据我的经验，相信很多人对这一点有过切身体会。

在所有要素中，市场遭到错误解读或严重歪曲的频繁度最高。伟大的市场经济、繁荣的市场经济……类似对市场经济的吹捧不断传入我们的耳朵。说这种话的人，要么是处于特权阶层，要么是因为他完全不理解什么是真正的市场经济。没有一个自由主义经济学家，特别是弗里德里希・冯・哈耶克，会把市场当作是解决所有经济和社会协调管理问题的好方案，市场甚至都不能算是一个解决方案。在他们眼里，市场是一个糟糕的主意，但同时也得出另外一个结论，即其他所有已知的方案更加糟糕，所以他们下决心寻找真正好的解决途径。正是这样的信念与努力为他们赢得了信任和威望。

凡是声称市场可以实现增长以及国民生产总值最大化的人，

都犯了一个共同的错误。关于这一点，洞察力最为敏锐的自由主义者弗里德里希・冯・哈耶克已经有过言简意赅的论断："我们通过市场经济所能达到的所谓'最大化'，不能简单定义为一定数量产品的总和。"

忽视市场的弱点会产生三个不利影响：第一，过分强求市场必须实现某种结果；第二，阻碍了寻找更好解决途径的尝试；第三，加剧了经济问题中普遍存在的无知现象。比如其中一个典型的错误观点认为，市场能够有效地纠正大企业里出现的管理错误。

新自由主义者宣称，市场能够"有效地校准一切"。可我不得不说，这些人实在是太天真了，新自由主义者对市场寄予了过高的期望，在他们心目中，市场不可或缺。但实际情况是，市场不会创造经济利益，不会阻止错误的发生，它只会惩罚错误；市场也不会改正错误——这里的"改正"不能按照惯常的意思去理解，市场只会在确认"病人"死亡之后帮忙联系"殡葬馆"。对于今天的社会和经济发展程度而言，这种程度太过原始。因此，就像我之前说得那样，我们需要好的正确的管理，不仅是为了更好地管理组织，也是为了弥补市场体系本身固有的缺陷。

新自由主义者犯的另外一个错误是提倡以自我为中心的自私论观点，任何真正的自由主义者都不会这样做。新自由主义者声称亚当・斯密也是自私论的代表，这种说法纯属信口雌黄。自由主义不是建立在人性自私的基础之上的，其发生作用的基础不是人的私欲。恰恰相反，自由主义正是要构建一个体系，让人们在其中可以自由地表达自己的想法，做自己想做的事，自由地设定目标，自由地为实现目标而努力。当然，真正的自由主义者说的话有时也容易引起误解，比如，“即使最具破坏性的行为，只要处于它自身推崇的秩序之内（其中也包括法律秩序），也会对社会产生积极影响”。其实完全可以说得简单一些：自由主义能够让坏人对社会造成的危害降低到最小。

真正的自由主义不追求利润，更不追求利润的最大化。**市场经济和资本主义绝对不能用利润来定义，它们真正的定义标准是流动性。**谁在到期时能付得出钱，谁就有继续玩游戏的资格。至于他的钱是从哪里来的，股东可没什么兴趣知道。

最后一个错误：真正的自由主义不会把所有要求都强加到经济上，不会苛求经济一举达成所有目标。最后，所有的目标往往都是非经济性质的，关于这一点没有人比弗里德里希·冯·哈耶克表述得更清楚了：“理性的人通过他们的具体活动所能达到的最终目标，绝不可能以经济结果的形式出现。严格意义上来说并不存在所谓的‘经济动机’，有的只是经济因素，它们为追求其他目标创造了前提。而那些常听到的关于‘经济动机’的错误说法，只是希望能实现任意目标的诉求，其他什么也不是。”如果我们不总是强迫经济界必须一切都服从于纯粹的经济数据，而是允许他们相信自己的感觉和理性，那么一定有相当多的经济界权威会站到反对自由经济体系的阵营中。**自由主义真正的要求是人人都对自己的行为负责，这一点也同样适用于管理者。**

有必要寻找新的经济理解角度吗

答案是，有必要！不仅新自由主义的立场值得质疑，如今整个经济理解角度——除去几个少数特例，从本质上看都是错误的。比如对经济的解释仍旧还是从交换的角度出发，但是直到今天也没有任何一个时代能够证明确实存在过交换经济。

接下来我要着重介绍加纳·汉索翰和奥托·施泰格的观点。他们用确凿的论据向我们证明，到目前为止，我们基本上还不曾有过真正意义上的经济理论，我们有的只不过是暂时性的所有权生产性利用理论，而经济之所以需要所有权，不是为了利用它们，而是看中了它们抵押贷款的能力。

债务压力成为经济驱动力：是愿望还是必须

为什么我们不能准确无误地解读那些每天发生的经济事件呢？因为大部分解读在很短的时间里就被赶超和取代，剩下一部分则与其他专家的观点相对立。所以为了在成千上万矛盾的评论和建议的洪流中保持清醒的头脑，偶尔回想一下经济以及从事经济活动的基本事实，确实很有必要。

人们为什么工作？为什么要从事经济活动？为什么要按照某种特定的方式从事经济活动？这些问题正如大多人所想，已经是无人不知的废话了吗？

心理因素

一般情况下，我们都是把工作和经济活动当成一种人类追求和意愿的特定形式来解释的，即为了满足需求，这是常常听到的说法。作为消费者，人追求的是效用，或者说是达成愿望；作为企业家，人追求的是利润、增长，或两者兼具；作为员工，工作是因为有工作的动机和诉求；而作为管理者，因为自己责任支持和鼓励创新。如果以上成立，那么所谓的经济驱动力，显而易见全部都是心理因素。

上面的话听上去很可行，在很大程度上也是流行的观点。但是事实情况真是如此吗？意志、愿望、追求这些主观因素真的能解释经济生活中的全部负荷和压力吗？如果真是如此，那人们又为什么要承担这些压力而不逃脱呢？有人会说是因为竞争的存在。然而这就是真相的全部吗？

被迫从事经济活动

有一个常常被轻视甚至无视的问题：人们之所以工作、从事经济活动，并非他们想要这么做，而是因为他们必须这么做。也就是说，他们是处于强制之下，被迫为之的。

那么这种强制性从何而来呢？事实就是，人和企业身上都背负着不得不偿还的"债务"，这些债务的数额和时限都是既定的。说得简单一点：他们都有债要还。强制性源于之前缔结的债务契约，由于债务契约没有得到履行而造成了追索、抵押，最终导致破产。毕竟因无力偿还债务而从自由人变成农奴的那段历史，并没有过去多少年。

人们自愿缔结的那一部分债务关系当然也可以有意识地避免。比如，可以通过分期付款或是信用卡消费的方式推迟还款或推迟购买行为。债务关系一旦成立，就必然会毫无悬念地生成强制偿还义务，债务人就必须全权承担起偿还债务的责任。要知道，需要偿还的不只有本金，还有相应的利息。

非自愿承担的债务关系和强制性额外偿付义务

绝大部分债务契约都是非自愿缔结的。在所有生产和工作之前，都必须进行预先融资。总是先有生产，再有顾客；先工作，再付报酬。在找到顾客之前，必须先贷款，确保生产得以顺利进行。同样的道理，今天使用信用卡买了东西，到月底发薪水之前，都要背负着这笔债务。信用卡和以前赊销账的作用相同，只不过要昂贵得多。就是这种预先融资导致了强制性债务关系的缔结，并且随之产生了附加成本，即利息。

与经济理论中的相关观点不同，人不只是买方和卖方、消费者和生产者、雇用者和被雇用者，他们同时还是债权人和债务人。无论债务人有怎样的意志、愿望、动机，他都必须生产出与债务等同的价值，而假如没有这层债务关系的压力，他或许根本无法表现出这样的工作效率；此外，他还不得不额外多生产一些价值，以便能偿还债务关系附带的利息。值得注意的是，在那些绝对债务和相对债务都达到最大化的地方，很少有人提到造成经济上忙碌局面和经济压力的根本原因。所以现在我们知道了，经济事件发生的原因与心理动机、目标、愿望、计划等完全没有关系。

所有债务关系的总和加上其附带产生的利息，等于为了避免失败或破产而必须履行的最低偿付义务之和。这才是经济增长的真正原因，也是忙碌、压力大、为生存担忧产生的根源，同时也是绩效、生产力和创新力量的源泉。这个原因不取决于心理因素，但是心理因素（如追求利益、贪婪等）当然也能起到强化或加剧的作用。

如果债务人不能生产出必要的价值，则债务必须被清算。如果债务人无力偿付，债权人就有了一笔无法得到偿付因而不得不注销的坏账。因此在偿付之前把债务人逼迫到仅够维持最低生存标准的做法，对双方都没有好处。

经济增长是之前产生债务的必然结果。如果增长回落或者出现负增长，不仅会造成国民生产总值和收入的大幅缩水，更加严重但很少有人注意到的后果在于——资产负债表中将会出现价值调整的需求。

从这个意义上讲，不能把市场简单地看作供给和需求集中交汇的场所了，市场存在更为重要的作用在于，身负债务的生产者试图在此收集到足够清偿债务的必要手段（即资金）。在金融体系牢不可破的幻象崩塌之时，人们对这一点会有更深刻的感受。

因此，问题不是出在人们过于膨胀的消费需求上。其实这种需求特别是针对日常生活中的需求，可以减少到很低的程度，只要人们受到减少需求的压力。与此相比，人们不能回避的是之前欠下的债务。伴随这些债务而来的利息和在复利的基础上不断增加，且这种增加并不取决于债务人的经济生产能力。

在这一点上，不论企业以及企业中的人是否具有创新精神、工作是否富有成效（或者至少他们想成为这样的企业或人），是起不到任何作用的。因为债务关系是一种不依赖于人的意志为转移的客观义务，与其捆绑出现的利息也是如此。

不完整的循环

生产企业的直接成本以经营支出的形式重新流回到市场之

中，表面看来，生产企业似乎通过这种方式创造了购买力和需求。但这只是表面现象，之前已经说过，所有生产企业，或者扩展到所有的经济体，都必须预先筹集资金。预先筹集的这笔资金虽然可以在宏观经济循环中体现出来，但从来不会提前存在。因此，总的来说，经济总是负债的。

从这一点上看，有时会被用来解释经济交易的复式会计（企业经济学角度），可能造成一种危险的误导。虽然预先融资的成本、风险、利润都会被估算并且记入账簿，但是在需求循环中它们并不存在。这些部分虽然看似是确凿存在的经济事实，但实际上它们只是会计上的想象而已，成本的出现始终是由预先负债造成的。所以，生产企业从来没有像某些经济理论所说的那样创造过需求，而且永远也不会。

正如之前提到过的那样，自愿或非自愿形成的债务关系以及伴随其出现的利息偿还义务才是经济活动的关键动力和压力来源。这种观点的基础就是所谓的“债务经济学”。债务经济学的最先提出者是加纳·汉索翰，之后汉索翰和同事奥托·施泰格以及后来的保罗·马丁对其进行了深层次的发展和延伸，从中得出了一系列结论：从上面的角度出发，“资金”是一种可以循环的负债，这一点适用于资金的所有表现形式。以纸币为例，我们可以很清楚地看到，纸币实际就是各国央行发行的债券证书。因此，我们孜孜以求的经济动力并不产生于经济政策中，而是来源于强制或自愿缔结的债务关系和不可撤销且关乎生存的服务义务，即消除债务以及偿还利息的义务。

和许多经济理论所持论调相反，经济发展的原因、方向和动力，并不是更多利润、福利，这些未来才有可能出现的东西，而是存在于过去，确切地说存在于之前产生的债务关系上。

从这层意思上看，并不是银行体系创造了货币，货币真正的创造者是个人购买力。一开始，购买并不需要支付，因此也不需要货币，它只需要借贷。银行体系使借贷和债务循环变得更简单。此外再加上国家这个似乎十分值得信赖的债务人，很快就会出现信贷过剩和经济繁荣时期，但如果对已经产生的债务没有偿还意愿，或者不存在偿还可能性，繁荣就必然会走向通货紧缩和萧条，这是不可避免的。1990 年以来的日本经济就是一个很现实的例子。只有从这个角度才能理解那时日本的经济泡沫，其产生的原因就是 20 世纪 80 年代的过剩现象。从 1993 年开始美国经济出现了过剩，因此美国也很有可能陷入与日本相似甚至更糟糕的经济困境中。

膨胀和萧条

货币经济的活力不仅蕴藏在膨胀中，而且也会出现在其对立面收缩和萧条本身固有的危险中。资产负债表中每一美元的债务，都是另外一张资产负债表中的债权，反之亦然。但是也有这样的情况，一项债务衍生出了多项其他债务，结果导致债权无法收回。比如由于无法取得利息而只能通过新债务融资，本质上就属于这种情况。由此就导致了复利效应的产生，与之密切相连的赤字也开始随之出现了。

如此一来，经济增长就不再来源于价值创造，而是来源于能反映无法收回债权的会计流程中。借助所谓的“证券化”，这种事实的真实一面被掩盖了。只剩下建立在“博傻理论”㊀基础上的价值调整风险。这是什么意思呢？比如，人们将某些债务人群体（譬如住房抵押贷款人）的债权集中起来，将它们分成适宜的份额并以证券形式确认下来，然后在交易所中出售。通过这种方式，债务转化成了有价证券。汇率有可能维持一段时间不变化，这时人们任凭供求关系发挥作用。一旦汇率上升，一切都进入了正常轨道。不论是因为获得了汇兑利润或红利，还是因为把风险转移给了别人，所有参与者都赚到了钱。汇兑利润只是一种体现在纸上的利润，将其变为现实的方法只能依靠出售，也就是说，把它卖给愿意花更高价钱购买它的人。从某种程度上说，就是一个傻瓜必须找到更傻的傻瓜，更傻的傻瓜再去找比他还傻的傻瓜的过程。只有这样，游戏才能继续下去。

直到有一天，这个过程进行不下去了，因为再也找不到“更傻的傻瓜”，再也不存在新的偿债能力。此时，为了能够清偿债务，整个经济都处于由之前缔结的债务关系所造成的筹措流动性的逼迫和压力之下。其造成的后果通常是实物资产开始缩水。在此之前，实物资产价格攀升的绝大部分原因要归结到前期借贷的杠杆效应上，只有相当有限的一部分是由经济效益

㊀ 在资本市场中（如股票、期货市场），人们之所以完全不管某个东西的真实价值而愿意花高价购买，是因为他们预期会有一个更大的笨蛋会花更高的价格从他们那儿把它买走。“博傻理论”所要揭示的就是投机行为背后的动机，投机行为的关键是判断“有没有比自己更大的笨蛋”，只要自己不是最大的笨蛋，那么自己就一定是赢家，只是赢多赢少的问题。如果再没有一个愿意出更高价格的更大的傻瓜来做你的“下家”，那么你就成了最大的傻瓜。可以这样说，任何一个投机者信奉的无非是“最大的笨蛋”理论。其游戏规则就像接力棒，只要不是接最后一棒都有利可图，做多者有利润可赚，做空者减少损失，只有接到最后一棒者倒霉。——译者注

和价值创造带来的。

在这种情况下，追加款项义务和后期担保义务将膨胀到惊人的地步，这是因为实物资产或股票、投资证书等有价证券都不足以偿付债务或用于抵押担保。因此，越来越多的债务成了死账，越来越多的债权不得不被注销，越来越多的企业和个人难逃破产的命运。

届时人们会发现，经济中没有价值，只有价格。一个商品的价值等于下个人为了得到该商品所愿意支付的价格。倘若这个人出的钱比商品原所有人支付的价格高，则该商品的“价值”上升；反之，则“价值”下降，商品的价值与用“估价方法”估算出的结果完全没有关系。20 世纪 90 年代，这种估价方法深受青睐，它在确定谈判基础价格时的确能起到一些作用，但与真正的“价值”没有一点儿关系，因为真正的价值根本不存在。

货币主义者会非常吃惊地看到，随着越来越多债务无法清偿，如果央行的政策不变，那么即使大规模下调利息，货币量的增长率以及贷款需求仍然会下降，甚至还有可能出现负增长。

通货膨胀与通货紧缩

随着债务逐渐被清偿，“货币灭失”进程也拉开了序幕，其表现方式并不是通货膨胀，而是通货紧缩。**在通货膨胀中，被摧毁的是货币的购买力，而在通货紧缩中被摧毁的是流通中可供使用的货币总量。**在这种时候，清偿能力成了最重要的同时也是最稀缺的东西。与通货膨胀中货币失去价值不同，在通货紧缩时，货币的价值反而增加了。但是人们手头可用的货币量越来越少，因为从现在起，货币量的基础，即之前的循环债务，必须被强制清偿。与此同时，由于可用于新负债抵押的实物资产价格的下降，因此生成新负债的余地越来越小。

因此，经济发展的动力着重体现在以下两个方面：一是借助目前通用的理论，特别是前面提到的心理因素无法解释的冲击力（经济政策无法对其加以引导和管理）。现在无论是追求利润、贪婪与否、是否能满足人类需求，都无关紧要。人们的行为既没有动机可循，也无法解释清楚，驱使人们这么做的就是债务的强制性影响。国家在负债中所占的比重越大，其支持性的干预力度越小，这种冲击力和必然性也就越大，因为在此之前一切都还运转正常的时候，为了人为地制造或维持某个富裕水平，国家的贷款空间已经被消耗殆尽了。

优越的美国经济：一个美丽的传说

放眼世界经济格局，美国的经济走势总是格外吸引我们的注意。美国不仅被视为世界经济的火车头，而且是其他许多国家学习和模仿的榜样与典范。人们相信，世界经济发展的命脉全然系于美国一身。如果不能正确评价美国经济，那么也永远无法正确评估其他国家的经济形势。

美国经济究竟有多美好

大多数人认为，美国经济在经历了 2000～2001 年极短时间的衰退之后已经迅速恢复。持这种观点的人也包括美国联邦储备委员会前主席格林斯潘。这些人认为这是对美国经济优势、灵活性以及稳固性的有力证明，几乎所有媒体报纸、电视、互

联网都在传播这一观点。[⊖]

大部分人相信，美国经济发展健康、强盛，且远远优越于其他国家，因此美国理所当然地应该成为所有国家经济政策和管理活动的行为标尺。然而在我看来，这种观点是一个致命性的错误。我之所以这样说，有以下三个原因：第一，就像我常说的那样，向公众披露的经济数据有很多不真实的成分；第二，也是令人惊讶的一点，居然没有人把这次的数据与之前的衰退和复苏数据做过比对，其实只要稍作对比就可以清楚地发现，此次复苏的力度之薄弱令人担忧；第三，同时也是最重要的一点，美国经济存在深层次的结构缺陷，这是多年以来在错误的管理和失败的经济政策下畸形发展的产物。但是在主流经济讨论中，以上三个原因或者直接被忽略掉，或者在涉及构建“新模式”的讨论时被当成毫无意义的。这有点类似于美国前财政部长奥尼尔声称贸易赤字无关紧要。然而这种对现实视而不见的做法十分危险，而且也是盲目乐观的表现。所以我相信，美国经济并非迎来了繁荣的复苏，而是一系列已经排上危机聚焦所在日程。

总的来说，美国经济中存在着结构缺陷，这也是欧洲经济学家最大的担忧。因为它带来了众多麻烦，比如实物资产被大规模高估、债务总额达到战后最大值、荒唐的贷款负债消费习惯、最低的储蓄率、净投资降至战后最低、贸易赤字达到最高点、急剧攀升的外债、企业资产负债表不良、收益率降至战后最低点、就业人数不断增加、金融体系的畸形发展……如此一

⊖ 这里有一个突出的相反例子，即芝加哥的美国西北大学罗伯特・戈登教授，长久以来他一直坚定地驳斥数字，特别是生产率提高的数字有效性。

来，不仅美国经济陷入了尴尬的僵局，大多数具有代表性的美国经济理论也是如此。

事实摆在眼前，谁也不能否认。虽然不能否认，但还是有人对它们之间的关联性提出反驳，在美国，持这种驳斥意见的经济学家不在少数。他们干脆创建了一个新模式，即所谓的“资产－财富驱动型经济”。这种思维方式的核心就是，自20世纪90年代中期以来，人们就一直处在“新经济”胡言乱语的蒙蔽之中。新经济标榜“这一次一切都不同了”，在这个“正当理由”的庇护下，美国经济的所有结构缺陷很快都被经济学家用虚假的理论粉饰一新，譬如所谓的“失业型复苏”，还有被解释成了“财富效应”的储蓄不足，诸如此类。

2003年的平静和复苏局面使得激进经济理论再一次被当作“才智的极限”：即使收入减少，人们也必须继续过度消费。由此产生的债务不足为惧，因为他们所持有的股票和房地产处于升值之中，即会越来越值钱，因此可以用来抵押贷更多钱。

这就是所谓的“资产－财富驱动型经济”。谁要是不这样做，谁就是傻瓜；谁要是表现出不理解，谁就是无知。我必须承认，照这种说法，我真是又傻又无知！这些虚假理论中充斥着冲动的情绪、文字游戏以及毫无依据的鼓吹，从头到尾都没有站得住脚的论据。

此外，这种错误的思维方式也阻碍了美国认清自己的真正优势、迅速修正20世纪90年代犯下的错误，消除其损害。赋予错误的学术理论以合法地位，使其能够堂而皇之地登堂入室，经济继续在原先错误的老路上越滑越远。这就是衰退时期债务不仅没有消除反而到来的原因。**“以毒攻毒”的政策得到推行，这就好比用更多酒精治疗酗酒症。**

美国的财富理论及其错误

大约在 20 世纪 80 年代中期出现的“财富创造理论”是一个危险的谎言。首先，它造成了大量混乱，一方面否定投机泡沫，另一方面又承认其虚假合理性；其次，它给美国联邦储备委员会的作为找了一个很好的借口。他们声称，泡沫不能提前预见，只能在发生以后才能认识到。之后，它又导致政策别无出路，被迫制造越来越多的泡沫，以确保经济不会崩塌。

“财富创造理论”的实质观点认为，国家或经济政策的任务是确保资产的市场价值稳步增长。在此之前人们普遍认为，通向富裕的道路十分漫长，因为必须先储蓄才有钱投资。但是现在可以通过保持资产价格不断升高的方式，缩短这个距离。比如将这个理论应用到贷款上，人们可以轻松贷款，其担保就是资产价值的增加。贷来的钱可以用于消费，也可以购买更多资产，反过来又促进了价值的进一步增长。因此经济政策的目标就是通过价值增值实现经济增长。而实际的经济增长，即通过生产产品和服务带来的增长，不是经济政策的目标，或者最多算是次要目标。

这就是美国经济、政界和企业管理思路的中心思想。它给了股东价值、价值增值战略以及由此产生不可避免的过剩现象。

我们可以很容易地发现这种理论的荒谬之处。首先，它像是一张免费入场券，要求人们无限度地负债，而这只有满足了以下两个条件才能发挥作用：持续的低利率和从不下跌的股价，同时还要保证没有重大的调整和修正。然而真相是，它就如同一颗定时炸弹，正如我们已经看到的那样，哪怕只有微小的行情波动，也会引发灾难性的后果。

其次，这种理论给了无节制消费一个看似正当的理由——在美国，无节制消费已经上升到了爱国义务和责任的高度。普遍的观点认为，即使企业不再进行投资，消费也能保持经济继续发展。因此借点钱不成问题，重要的是借来的钱花在哪里了。在美国，过度消费贷款抽走了原本应该用于投资的资金，个人储蓄被视为多此一举。资产价值在不断增加，使得无节制消费看起来并无坏处。这种论调解释了美国为什么会出现储蓄不足的情况，却忽略了美国的投资率同样低得惊人，它所造成的后果将是灾难性的。

最后，虽然能够保证个体富裕，但是社会共同富裕却无从谈起，因为新买主支付的价格过高。最初买进的人可能赚得到钱，但是刚刚买进的人花的钱却越来越多。需要注意的是，资产的利润只写在纸上，想要将其变为现实，就必须把它卖出去。如果很多人同时这样做，那么价格就会下降，从而出现撞车的局面。

这就是缺少微观和宏观综合考虑的典型情况。对个例行得通甚至是必要的东西，放到整体经济中来很有可能产生有害的影响，反过来再波及本来行得通的个例。比如，一个公司裁员以节省成本，是很经济的做法，但是如果所有公司都裁员，则经济无论如何也健康不起来，走向衰退是必然的。这个微观－宏观问题对于许多人，甚至是大多数人，还有企业家和管理者来说，才是真正应当弄清楚的关键所在。

美国的财富理论建立在这样的判断之上：如无重大挫折，股价将一直升高；一个泡沫破裂了，在其他部门还会有新的投机泡沫存在，以保证担保价值被源源不断地生产出来，也就是说，股市泡沫破灭后，还有证券泡沫，之后还有盛行于美国房地产业的最新泡沫以及相关的融资和信贷扩张。

因此，非但不能消除泡沫，并且如果泡沫不能自发生成，还应当人为制造。之前已经说过，美国联邦储备委员会前主席格林斯潘在整个 20 世纪 90 年代都坚持认为，投机泡沫不能前瞻，只能事后发现，这也是美联储之所以采取不干涉态度的理由。就这一点而言，令人惊讶的是古典经济学对经济泡沫早已做过明确的界定，有两种泡沫必须要加以区分。第一种是资产泡沫。如果一种商品（譬如股票）的价格在过度信贷的驱使下上涨到了与该商品的经济回报不再有任何合理关联性的地步，就出现了资产泡沫。典型的例子就是过高估计股价和股息收益率极低的矛盾。这两点都是可以提前发现的。

第二种泡沫出现时，整个经济（不是分块市场）都在制造泡沫，也就是出现了“泡沫经济”。其产生原因是过度的信贷扩张引发的过度消费，从而导致贷款的进一步膨胀。现在的问题是，贷款膨胀会带来什么结果？需求都流向了哪里？日本的实际教训告诉我们，20 年前的房地产和股市投机引发了紧缩性衰退，一直持续到今天。现在同样的事情正在美国上演，此外还伴随个人消费狂欢，因此形势更加危险。这一点也可以提前预见到。

事实上，美国的这种财富理论会扩大贫困人口的范围，它只能带来极端和幻想，却对一个经济体实际收入增长和生产力提高没有任何作用。这一点从美国经济结构的缺陷上清晰可见。

真财富？假财富？

股价上升和房地产价格升高都不会给人们带来财富。通常经济学家一致的观点认为，财富产生于生产性资本、工厂、机器、基础设施、技术技能和教育的有机组合。在经济学中，资产价格升高除了被当成是一个警示信号外，几乎从来不会引起人们的注意。即使经济学家的意见分歧再大，他们也都同意只有投资才能创造财富。而用来投资的资金，就是没有被消费掉的资金，也就是储蓄起来的那一部分钱。投资支出能产生收益，这个收益在投资生产出的商品卖掉以后才能得到。

通过投资创造财富能带来更多的工作岗位和就业，进一步创造更多的需求，但投资是与储蓄相对应的。在一个健康的经济体中，储蓄能对信贷扩张起到有效的制约作用。

真正的财富创造能产生成千上万积极影响，与此相对，依照美国财富理论出现的虚假繁荣却不能带来任何有利影响：市场估价上升产生的财富利润，只有在大规模抵押贷款和出售资产时才能实现。但前提是必须先找到一个愿意支付这个高价且真的付诸行动的人。因此这只是一个资产转移效应，而非经济收益效应。

另外一种情况

放眼全球，无论何处的经济形势似乎都显示出了即将迎来黎明的征兆。在德国，甚至整个欧洲，乐观的情绪虽然比较缓和，但仍一直在增加；亚洲的经济形势一片大好；而在美国，今天的形势比 2000 年年初股价大幅下跌之前还要好。大部分地区的景气指数都接近或达到了历史最高点，有一些甚至创下了空前的纪录。美国经济被视为最具实力的经济体，人们期待美国经济能焕发出对世界经济的增长起到决定作用的推动力和活力。

如果实际情况真的就像表面看上去那样，则是一件十分美妙的事情。但是事实也有可能完全不似这般美好。谁也无法预测未来会发生什么变化，所以实际的管理操作不能建立在假设和想象上，而总是和具体方案联系在一起的。多数人的观点并不能令人信服，股市里不就有这么一个颠扑不破的真理吗——股价开始逆转的时候，正是公众情绪最高涨的时候。因此，目前看起来十分乐观的经济形势，还可能有另外一种解读方式：世界范围内的股市繁荣很可能马上就要到头了。普遍的观点认为，此次股市繁荣的原因是新的“牛市”的到来。但如果这种繁荣只是“熊市反弹”呢？如果真是这样，那么可以预想，接下来股价将一路走低，而且跌幅会比大多数人想象得更低更严重。还有一点与主流看法相反，即房地产、贵金属甚至原材料的价格也都会下降。

如果真的出现这种局面，经济不会增长，也没有发生通货膨胀的潜在危险。真正需要担心的是经济收紧和通货紧缩。可以预测此时利率将持续上升，因为当出现大量破产的债务人之后，人们对央行能力的信任度就会降低。

当这一切发生时，美国将褪去经济中心的光环，不再是富裕和繁荣的代表，而变成滋生可以预见的经济危机的温床。之所以会变成这样，之前已经提到过：股票和房地产的实际价值被严重高估；和国民生产总值相关的总负债达到最大值；实际经济部门的盈利率降至最低；战后以来净投资缩减至最小值；金融体系已经接近极限。

此外，自 1997 年以来，由完全的信贷消费创造的国民生产总值比重高达 90%，而比较健康、合理的比重应为 60%~70%。与现在盛行的“财富驱动型消费”理论相悖，财富不会从投机性收益中产生，而是要靠实实在在的净投资实现，而用于投资的钱就来自于国民经济的储蓄。

现在我们再回到刚才描述的情形中。在那种情况下，国家财政赤字和贸易赤字将严重泛滥。我们会发现，即使美元贬值，也只能稍稍减少贸易赤字，这是因为美国几乎没有可以出口的东西：几架飞机、半导体，或是提供几种加起来价值在1000亿美元左右的金融服务——而赤字缺口已经上升到了5000亿美元的高度。

还有一点需要想清楚的是，如果美国进口1000亿美元的产品（比如能源），这1000亿不再全部能用“美元”支付，而是一部分要用“欧元”支付，甚至也许不久之后要用“元”来支付，这对于美国来说究竟意味着什么？人们会渐渐认识到，这也许才是对伊拉克发动进攻的真正原因。美国想要的不单纯是石油，而是石油美元。萨达姆希望用“石油欧元”代替美元，其他的产油国也不愿意一直被盘剥。此外，这种局面中还要预见到一点，俄罗斯将以欧元计算其能源供应，这样一来俄罗斯政府就不再依赖于尤科斯集团[⊖]，因为他们想回到社会化程度较高的国家经济时代。这样一来就可以更加清楚地认识到，这是历史上第一次出现了有资格取代美元充当世界货币的另外一种选择，但是没有谁会为此大肆庆祝狂欢，而是已经在摩拳擦掌，下一次战争的指挥棒将不再是武器，而是货币。

和战后经历的五次衰退相比，目前美国经济的复苏力度是最弱的，而辅助其复苏的工具——退税减税、国家开支、降低利率，却是美国历史上最强的一次投入。美国经济的高增长率似乎能向其他国家证明自己的强大，但是这些数据都是按年计算的，而且对其的估算往往过高，必须把它们除以4得到的数

⊖ 曾是俄罗斯最大的石油集团。——译者注

字才有价值。只举一个最典型的例子——2003 年第三季度增长率高达 8.2%，被视为衰退期结束、新一轮经济复苏开始的转折点，但是这个数字除以 4 以后，也就是降到差不多 2.05%，就没有什么值得欢欣鼓舞的了。还有一点需要调整的是通过所谓“内涵定价法”统计出来的比实际膨胀 10 倍的信息技术产业投资。所以这个似乎给全世界送去复苏信号的第三季度，其实际增长率只有 1% 多一点。由此我们可以得出结论，过去 10 年里的美国经济增长率数字都要向下调整两个百分点，这样得到的真实数字也许只比欧洲的经济增长率稍微高一点点，或者不分上下。我们不禁要问，同样都是如此低迷的增长率，为什么美国就被当作是值得模仿和学习的榜样，而欧洲特别是德国则被认为是在走下坡路？

CHAPTER

第 9 章

公司策略与公司治理

在这一章里我想要和大家探讨的是，什么才是真正的“公司治理”。与现在流行的观点相反，公司治理最重要的任务不是让股东变得越来越富有，而是对公司进行好的正确的管理。因此不能仅把它当成一个法律问题进行思考，尽管一定程度上人们也的确试图这么做。

我在 20 世纪 90 年代出版的与公司治理相关作品中提出的观点，是我和成千上万身处管理这个职业的人在管理课堂上讨论总结出的精华。股市繁荣、新经济还有看起来似乎占据优势的美国经济走势，被大肆鼓吹成了所谓的“崭新的终极真理”，但并不能消除我的疑虑。在我看来，它们完全是错误的。

过去 15 年里，公司治理一直是广受议论的热门话题。在各种各样的相关讨论中诞生了无数公司治理类型。这些五花八门的类型正是造成经济发展历史上最严重危害的根源。那些愚不可及的管理哲学被嫁接到了同样愚蠢的新自由主义经济理论上。而对经济和企业管理的正确、理性的思考却被排挤到一边。

在我看来，在各种对公司治理如火如荼的讨论中诞生的所谓“股东价值”“价值提升”以及“基于利益相关者”等理论，都是荒谬的无稽之谈，它们不仅会对经济造成危害，而且进一步更加可能拖累社会的发展。借助这些贻害无穷的理论而走进公众视线的信息，譬如纯粹的财务评估、会计师和财务分析师的各种指数，还有股市里充斥的虚假信息，对于管理企业来说毫无用处。也许在别的方面这些数据很有用，但是对于管理，它们不但没有用，还会造成系统性的误导。

为了避免被断章取义，我要提前说明一点，我对股东导向型公司治理的批判，完完全全与利润没有关系。我绝不是要抨击利润。但同时我也认为，那些在不以股东价值为导向的公司里，通常能获得更多的利润。而且最重要的是，他们获得的利润更健康、更坚实。

全世界有成千上万的企业，但凡管理得好的企业，没有一个企业把股东价值理论奉为自己的经营信条。事实上，很多人之所以认识不到这一点，是一个系统性的（自我）欺骗的结果——股东价值论那光鲜的外表，加上媒体的吹捧和管理者的大肆渲染，即使是掌握着事实的股东价值反对者也在一段时间里不得不暂时屈从于财务数字和媒体的“恐怖”之下。此外，反对者也明白，目前股东价值论正处在风头之上，只有巧妙地与之周旋，才能逐渐占据上风。

我们前面已经讨论过，对美国式经济和管理理论不加批判地照单全收，是一种错误的做法，其危害性也已经分析过了。对此，股东价值论就是一个典型的例子。美国最杰出的管理高层人士无论如何也都不是股东价值论的信徒，而在欧洲，他们却被看成了“股东价值教”的大祭司。

一个典型的例子就是通用电气公司（简称通用电气）前总裁杰克·韦尔奇。他一生得到的赞誉无数，但称赞错了地方。通用电气的成功和股东价值导向没有一点儿关系，虽然天生擅长于雄辩的韦尔奇常常给人留下另一种印象。事实上，通用电气成功的基石是韦尔奇倡导的市场和人才战略。这些战略在通用电气推行了四年之后，阿尔弗洛德·拉帕波特才写了他那本《创造股东价值》。由于恰巧碰上了股市空前的大繁荣，在一定程度上，通用电气不断飙升的股价来得有点不费吹灰之力，市场和人才战略的作用似乎表现得不太明显。但即使再不明显，它们也仍旧是真正引领通用电气走向成功的关键，是韦尔奇实施的正确管理成就了强大的通用电气。假如当时面临的是熊市，通用电气不可能从股价升高中获益，这样一来人们就会发现，通用电气的业绩和股票价格之间没有系统的内在关联性。很多人认为这种说法十分荒谬，然而事实却证明，这千真万确。

被投资者当作神明顶礼膜拜的沃伦·巴菲特，就公开宣布坚决反对股东价值，反对今天这种完全以财务数字为主导的管理模式。在互联网上能找到非常多可供免费使用的美国伯克希尔－哈撒韦公司⊖（巴菲特控股）的经营报告，这些报告都是教人如何实施好的正确的管理的模范文本。

我并不怀疑，有关公司治理的讨论、争辩的初衷是好的。然而历史一再向我们证明，大多数时候，美好的意愿都是通向地狱的“康庄大道”。

⊖ 伯克希尔－哈撒韦公司是美国一家世界著名的保险和多元化投资集团，主要通过国民保障公司和GEICO以及再保险巨头通用科隆再保险公司等附属机构从事财产、伤亡保险、再保险业务。在全世界所有保险公司中，股东净资产排名第一。——译者注

过去十多年，这种在一定程度上受到中世纪教条主义影响的争论恰恰把人们导向了与他们的初衷相对立的一面：我们听到了性质最恶劣的股东欺诈丑闻，眼睁睁地看见最大规模的资本化为乌有，见识到经营最糟糕的企业，管理阶层迅速富裕起来，然而他们的富裕却和绩效没有关系，还有伪造得最逼真的资产负债表和各种最严重的经济犯罪……而与此相对的反应措施就是出现了诸如《萨班斯－奥克斯利法案》⊖这种在时代和放松管制的外衣掩盖下的史上最“残暴”的管制方式。股东价值和价值提升是造成经济畸形发展和资源配置不当的最大原因，也是导致对创新和投资的敌对态度以及企业管理出现系统性错误的罪魁祸首。谁也不希望见到这些，但这就是用事实证明了依靠简单工具是无法驾驭复杂体系的。

在过去几年里，随着认识慢慢完善，有改革的声音冒了出来。比如企业社会责任等理论，开始驱赶股东价值这个恶魔。

我之所以明确提出必须把公司治理置于与公司策略的相互关联中，是因为必须要从企业管理的整体角度出发对其做出评判。普遍的看法是认为公司治理所要解决的唯一问题（或主要问题），是如何在企业内部的不同部门之间进行合理的权力平衡。然而不管人们愿意与否，公司治理都不会仅仅局限在这个单一领域，问题的答案不可避免地会对企业整体管理特别是公司策略和战略制定产生的巨大影响。这一点早在 1992 年卡德伯瑞委员会对公司治理做出定义时就已经确定了：“公司治理结构是一种对公司进行管理和控制的体系。”我个人认为，这

⊖ 《萨班斯－奥克斯利法案》是美国立法机构根据安然、世界通信等公司的财务欺诈事件破产暴露出来的公司和证券监管问题所立的监管法规。——译者注

是对公司治理唯一恰当可行的定义，这种界定标准不会把企业管理引入歧途，远远胜过那些披着合法外衣却只起误导作用的定义。

对公司治理的讨论之所以走到了不正确的、充满危害的方向，其中一个主要原因是，掌握话语权的大部分是法律界和金融界人士，几乎没有综合性管理的专业人才参与到其中。我非常尊敬法律界和金融界人士，在这里没有任何冒犯他们的意思，但是实事求是地说，企业管理真的不是他们的强项。

除了以上这种定义外，还有另外两种过于简单化和片面化的观点。可怕的是，就是这样两个导致了大量歧义和错误的观点，居然还被许多人奉为合法典范的标准。

一种是博克利的观点："公司治理是一系列与股东利益相关的基本原则的总和，公司治理使人们可以在确保企业最高层面上的决策力和绩效的基础上追求透明度和企业管理与控制的平衡。"

在这里博克利只把公司治理与股东利益联系起来，也就是基于股东价值。

另外一种是维特的观点："公司治理这一术语指的是对企业中绩效和控制产生影响的组织，目的是平衡不同利益相关者之间的利益。"

在这个定义里，居于中心地位的是利益相关者。

公司治理悖论

20 世纪 90 年代初至今产生的公司治理，是一个畸形的怪胎，它导致经济发展史上规模最大的、有形和无形损失的产生。

只要股价再一次跌落，这一切就会显现出来。

公司治理最遭人诟病的观点主要包括以下几条：①公司治理被丝毫不加考虑地当作股东以及股东价值服务的工具；②价值提升被认为是一项正确的战略，市场价值被当作衡量一切事物的尺度；③金融分析师懂得如何对企业进行评估。按照这种观点，公司治理退化成为利润最大化的原始形式，堕落成了依靠某种程度上的犯罪方法及纯粹金钱操纵的极端做法，这对于企业的不利影响不言而喻。之所以会出现这种情况，并不是由体系本身决定的，这不关系个人失误，也不涉及道德或伦理问题。促使其产生的真正原因是体系本身固有的、基于对企业及企业目标理解的错误逻辑。

错误发生了，却没有纠正错误的工具。而且恰恰是在那些对理性尺度有迫切要求和强烈渴望的经济部门中，在过去几年里一直不曾出现理性思维的关键要素，即制度化的批判，它在很大程度上失灵了。在美国当然不会出现批评的声音，因为那里是错误的发源地。但是在德语区的企业管理学界竟然基本上也不曾提出过异议，非但如此，他们还十分狂热地参与到把错误合法化和更大规模地传播出去。而那些提出质疑的学者，只占很小一部分，他们弱小的声音被多数派掩盖，这是极其不公平的。科学的论证被抛弃，陈腐的教条却受到了欢迎；公司治理的错误被当成了以股东价值为核心要素的“新经济”的崭新范例而大受追捧，而批评者则忍受着无视、嘲笑，要么被看作是无能的老顽固，要么直接遭受着打击和排挤。虽然除了那句诵经一般的口号“这一次一切都不同了”之外，没有其他论据表明新经济能带来什么好处，但是它得到了众多信仰者几乎带有宗教狂热性质的推崇。这种错误理论于 20 世纪 80 年代末在美国诞生，从 90 年代中后期起，其又为欧洲不加批判地接受，并且在一定程度上天真地大肆模仿。

股东价值——荒谬的逻辑

在大多数新一代年轻的经理人、媒体工作者、分析师、咨询师、管理培训生以及学者心目中，股东价值及建立在其基础上的价值提升战略，显然是唯一符合逻辑和令人信服的公司治理方式。

这些经历尚浅的年轻人解释和判断的出发点与落脚点都是以“牛市”为前提的，没有人意识到，对于股市他们只知道一半真相，而且还是令人愉快的那一半。这些年轻人不知道什么是熊市，不知道它究竟有多残酷，不知道它会持续多长时间、股价会惨跌到何种程度，也不知道历史上每次牛市过后无一例外都会出现熊市，那时候股价往往总会跌回牛市的起点，甚至更低。他们学的都是股东价值的相关知识，经历的都是股市繁荣，因此并不知道还有什么其他可以替代的东西。他们也不了解为什么 20 世纪 80 年代末会出现这种理论，它的时代和现实背景是什么。他们什么也不知道，什么也不清楚，所以才会把这种理论想当然地当成唯一的真理，并且以一种盲目的顽固性坚决捍卫它。

然而股东价值理论绝不是唯一的选项。只是对于新一代年轻人来说，它是最新的同时也是最糟糕的理论。它应该被当作危害最严重、注定存在时间最短的理论来看待。早在 20 世纪 90 年代初，彼得 · 德鲁克就明确对其提出质疑，之后也多次重申这一立场。而我也从 1994 年开始在许多作品和评论中表达过对这种理论的批判。

误导和危害

一句话概括以上观点：股东价值理论是错误的，充满了误导性，并且更重要的是，它同时也十分危险。对这一理论的推崇和遵循将会给经济和社会发展带来极为严重的后果。在与之相关的各种讨论中常常听到的批评意见多是认为公众对股东价值的理解不正确，但事实并不是这么简单。并非对其理解不正确，而是它本身就是不正确的。股东价值不应当作为企业经营和管理活动可持续发展的基准。股东价值非但不像人们预期的那样，反而与预期背道而驰：资本被挥霍殆尽，创新和投资遭到仇视，资源配置不当，最终既不会有益于股东（特别是养老基金），也无法对管理产生积极效果，更不必说促进企业的正常运转了。股东价值的信徒们声称它能带来更多的收入、更高的利润率，然而这只是他们一厢情愿的想法罢了，股东价值论绝无可能做到这一点，它只能带来纯粹的金钱导向和驱动。此外更加糟糕的是，它还会造成严重的社会分歧，引发可怕的社会斗争，从而使国家权力层威信扫地。

然而尽管如此，对于管理者和监事会成员来说，还没有什么令人信服的理由能真正说服他们放弃把股东价值作为自己的行为准绳。而且尤其重要的一点是，社会不同于统一的自然界，不存在具有普遍约束力的自然法则。在这样一个自由的社会里，每个人都可以自由地决定信奉哪种理论和不信奉哪种理论，哪怕他选择的理论并不正确。理性的做法应当是，在选择时对所选理论可能出现的后果保持清醒的认识，并且和其他可替代的理论进行比较。

除此之外，股东价值论带来的另外一个不可避免的恶劣后果是，管理者试图，更确切地说被迫动用一切资源竭尽可能地让企业在实际收益率不高的时候看起来仍然有钱可赚。他们为公众描绘雄壮绚烂的空中楼阁，用蒙蔽和欺瞒的手段讨好公众。在这种动机下，没有真正的利润，就用备考利润代替；美化资产负债表，直到开始伪造和虚报；清空股市的全部储备，或者实施股价管制……所有这一切的目的只是为了不辜负之前自己提出的那个期望。

这种情况的发生是股东价值理论的必然结果，而不是像许多人认为的那样，只是偶发状况或是极少发生的个人失误。这种弊端是系统本身固有的，崇高的道德和伦理要求并不能指引我们走出困境，因为我们面对的是真正的系统架构缺陷，而非个人伦理和道德的缺失。另外还有一个重要的事实被揭露了出来：面对投资银行、资产监管、证券经纪等领域，甚至包括整个华尔街的腐败堕落，头顶神圣光环的审计行业，手握监督的正义权杖，长久以来却以一种无法想象的方式缄默着，直接或间接地充当着犯罪活动的帮凶。至于美国高管们“绝不在资产负债表上弄虚作假”的承诺，很难被看作是资本主义自我净化能力的表现，显而易见，这实际上是一种不适宜的制度的破产。

错误的发问

以上错误的出现，其实源于一个错误的发问：企业管理应当服务于谁的利益？从这个问题出发，思路的逻辑似乎很容易就联系到了股东身上，但是这只是个假象。“股东”这个答案既不存在逻辑上的必然性，也不像很多人说得那样是唯一的选择。只有在极其少见的特定条件下，这个答案才成立。

比如在美国历史上，只有20世纪80年代末出现过这种

“极其少见的特定条件”，其他大多数国家则几乎不曾出现，即使出现过，程度也非常低，通常只是人为的，或暂时强加上去的。一个典型的例子就是曾经盛极一时的东南亚四小虎和拉丁美洲一些国家，这些地方就是人为地创造条件——基于金融泡沫的过度负债，因此欣欣向荣的经济形势只持续了一段时间就崩塌了。

之前或许尚不明显，但自 2000 年以后这样一个事实却越来越凸显出来：股东价值论只有在股价普遍持续攀升的时期才有意义，股价持续攀升是保证其合理性的唯一可能。自 1982 年道琼斯突破 1000 点，创出美国历史新高之后，美国的确进入了一个长期的牛市时期。对于那些 20 世纪 90 年代才开始活跃于股市中的人来说，1982 年是一个陌生的年份。这些人在一定程度上受到一些虚假的资本市场合理性理论的影响，而且在做出判断时过分相信他们“过人的智慧”，想当然地把股市上发生的事情与经济繁荣和企业业绩放到了同一对因果关联中。

这些人的过分自信与对新经济的憧憬连在一起，在很短时间里就引发了公众大规模的投机狂热。在经济发展的历史进程中，这种狂热每隔 60～70 年就会出现一次，而且非常强烈，足以让人忘记所有惨痛的经历。人人高呼着“这一次一切都不同了”原本应当引以为戒的教训被丢弃到一边。事实上，股价会一直上涨，只是一个荒谬的假设，而恰恰是这个荒谬的假设决定了公众思考和行动的方向，由此出现了同样荒谬的做法，即把公司治理也建立在这个假设的基础之上。虽然这种想法从一开始就是错的，但是公众意识不到这一点，不过无妨，随着熊市的到来，这种想法的荒唐实质会越来越明显。

错误的环境

股东价值论最大的伪合理性出现在从事跨国经营的大型上市公司中，当它们的股票升值的时候，或者说只要它们的股票持续升值，股东价值论就会一直被认为是有价值的、可行的。然而实际情况是：第一，即使在那些企业里，这种合理可行性也只是表面现象，并不能形成真正的逻辑；第二，这些大型企业并不能代表整个经济，它们只是获得了媒体的过分关注。无论在任何国家，大型企业的比重只占整个经济的很小一部分，它们创造的价值几乎从来超不过总值的1/3，它们能消化的就业人数也小于就业总人数的1/3。从这种意义上说，虽然大型企业很重要，但它们对整个经济活动不具有典型性。

这当然也不是说，股东价值论诞生10年之后才出现的诸如网络和电子商务企业这种引发了公众强烈关注的经济部门，就能代表整个经济。不仅如此，它们也不能代表新经济。越大张旗鼓对此进行宣传的人，就表示他对经济的理解越浅薄。

几乎在所有的国家，2/3的经济效益是中小企业创造的，它们对就业市场的贡献率也达到了相同的份额。对中小企业来说，股东价值论即使经过善意的调整和改善，也找不到用武之地，不但如此，其错误和危害性的一面也会很快暴露出来。所以在中小企业中我们见不到股东价值的踪迹，但也恰恰由于这一点，中小企业却被那些自诩为“时代精神的杰出代表”的人一再贬低和批判。

什么是中小企业？这个概念的表述并不清楚，也容易造成歧义。中小企业指的不是中型和小型的企业，而是泛指各种类型的工商经营类企业。在这个群体里常常可以找到一些在各自领域称得上是“世界冠军”的典范企业，这种企业的数目比公众和专家知道得更多。这里只列举几个在德语区外也同样知名的代表：列支敦士登的喜利得公司，奥地利的施华洛世奇公司和劳合公司，瑞士的和罗技公司和施耐德公司，还有德国的勃林格殷格翰集团、斯蒂尔公司、伍尔特集团、美诺电器以及奥托集团，等等。

在经济繁荣时期，这种类型的企业几乎从不见诸报端。媒体关注的焦点都集中在大型康采恩以及新兴网络公司上，对经济贡献最大、最重要的企业群几乎透明不见。这导致了公众对整体经济形势的把握是扭曲的，大型康采恩和网络公司无论如何也不可能代表经济的全部。

因此，与传播甚广的错误观点相反，这层意义上的企业管理是无论何时何地都能发生的，它既不依赖于企业的规模、所处行业、法律形式或者融资手段，也和企业上市与否没有关系，保时捷、宝马、雀巢公司已经证明了这一点。

基于利益相关者——无法真正解决问题

回到刚才那个错误的问题，我们能找出成千上万种回答，而只有在极其罕见的特殊条件下，“股东价值”才会看起来像是唯一的选择。具有讽刺意味的是，随着各种各样金融丑闻的揭露，之前股东价值的那些坚定捍卫者发现，这个理论中确实存在有待商榷的地方，于是他们立刻做出了重大“改革”——基于利益相关者理论。可事实上他们没有看到，这个重大改革只是之前错误的受益群体理论的变种，很显然他们也不知道，造成股东利益偶然合理性的恰恰就是基于利益相关者理论的失灵。

一直以来被作为衡量管理正确与否基准的股东及股东价值，其公信力在逐渐下降，怀疑渐渐在公众中传播开来：正是这种思想以及在此基础上的企业管理和企业评估，造成了各种形式的泡沫，引发了灾难性的后果。然而人们没有从源头重新衡量这件事，而是在匆忙中又制造了一个新的错误，那就是我们现在说的利益相关者。

这个新理论听起来十分冠冕堂皇：企业管理不应当只建立在唯一的受益群体，即股东的利益之上，而是应当把更多的群体纳入考虑范围内，也就是说，企业应当关心所有利益相关者的利益。然而事实上，这种思路紧紧地和一系列危险错误连在一起。

利益相关者概念无法促成对股东价值论的深入思考和改革。相反，正如历史一再向我们证实的那样，它给企业管理带来的危害和失误比损害股东价值还严重。

在历史上，基于利益相关者理论并不是什么新事物，它是股东价值论的前身。它产生于1952年，当时通用电气公司总裁拉尔夫·科迪纳在回答“一家上市公司的高层管理人员对谁负责”这一问题时，给出的答案就是利益相关者。问题问得正确无比，然而科迪纳的答案却大错特错。后来，利益相关者理论失败了，之后从其失败中才诞生了股东价值论——其创造者阿尔弗洛德·拉帕波特相信，凭借股东价值论，散漫的企业管理“终于可以继续向前发展了”。

既然除了股东外，所有利益相关者的利益也都被圈入考虑范围内，那么低回报率就再也找不到得以原谅的理由了。拉帕波特和其他人清楚地认识到，企业管理要对所有受益群体负责，就必须保证他们各自的权益都能实现，而实际上这样的管理无法对任何人负责。出现错误的时候，人们大可以搪塞说是为了保证权利，或是为了照顾利益。先是员工和工会的利益得到满足了，接下来是供应商、顾客、学术界、政府等，失败的管理总能找到一大堆牵强附会的理由。

我并不是说基于利益相关者的做法不能成就好的管理，当时也的确有许多管理相当出色的企业，通用电气就是其中之一。然而也必须承认，这种做法也给了不好的管理以可乘之机，使其可以在无数冠冕堂皇的理由的掩护下把责任推卸得一干二净。

把利益相关者置于中心的管理理论，无论它是如何定义的，都会使企业不可避免地沦为在力量此消彼长的各个利益相关群体中间被踢来踢去的皮球，管理绩效将无标准可言，其后果将是毁灭性的，无数历史案例已经证明了这一点。我们只需要回想一下曾经在很长一段时期内遭受工会奴役的英国工业界——它们当时几乎全军覆没；想一想曾经深陷在政府腐败沼泽中长达数十年的意大利企业界；想一想 20 世纪七八十年代奥地利所有被收归国有的企业所遭受的惨败。每个失败背后都有一个维护大受益群体的正当理由做后盾。

基于利益相关者，这个在拉帕波特心目中更好的解决途径实际上却是个更大的灾难。它在 20 世纪 90 年代后期造成的生产过剩和经济崩溃仍历历在目。现在我们知道了，管理好企业的方法只有一个，那就是企业自身要处于中心地位，只有以企业为中心，管理才能自动以绩效和竞争力为导向。这样一来，我们就有足够多明确的标准指导和评估管理者的工作成果了。

虽然对企业有利并不意味着对所有利益相关群体都同样有益，但是正当权益已经由此得到最大限度的满足。如果企业管理不善，那么最终任何权益都得不到满足。

创造就业岗位的虚假方法

总是有人一而再再而三地宣称，股东价值论和基于利益相关者理论能够创造就业岗位，维持（早已过时的）福利社会结构，这是它们的优点。不过反对这两种理论并不与此相矛盾。在就业问题上，根据当时政治局势的不同，从这两种理论中总能找到一些得分点，不仅政界人士，就连企业家、高层管理人员、协会官员都容易受到这些得分点的影响，但是它们显然无法真正解决问题。只有把企业本身、企业的经营绩效置于中心，才是工作岗位问题真正的解决之道。

正确的解决途径

企业的任务是向市场提供生产和服务，这不是什么莫名的抽象观点，而是必然的，企业必须提供顾客需要的产品和服务。企业履行社会责任的方式并不是完成某项特殊责任，而是让顾客得到满足。

如果企业为了满足顾客而需要雇用更多的员工，那么工会也会跟着高兴；可是如果企业运转需要的员工人数越来越少，那也不能仅仅为了让工会高兴就阻拦企业裁员。顾客的满足总是高于员工利益的。

利益相关者理论的信奉者常常借强调顾客的重要性来鼓吹自己的那一套，他们宣称顾客也属于利益相关者群体。但是在企业经营和管理的逻辑中，这是一个严重的错误。正如我在讲“外部环境”时说过的，顾客虽然是企业的外部环境因素，但它不是企业的利益相关者。说得更明白一点，**顾客从企业本身得不到任何利益，他们的利益在于企业的产品。**㊀对于顾客来说，

㊀ 从员工特别是高级专业人士和供应商身上，也可以提出类似的论据，因此我认为基于利益相关者理论根本不可行。顾客比其他群体拥有更多的选择权。

不论供应商有多么重要，他都要排在次要地位，这是因为顾客手中掌握着选择权。在市场经济中“顾客”这一概念的界定依据为“是否有权做出选择”。如果顾客对某个企业的产品和服务不满意，他就会转向别的企业。因此对所谓的“顾客忠诚度”的期待完全是不现实的，尽管如此还是有很多人对此孜孜以求。实际上那些看起来很像是“忠诚”的东西，自始至终都是“利益”对比分析的结果。顾客只为他能得到的“利益”付钱。

一定会有人反对说，顾客能从企业的产品中获益，因为他们需要能提供满足自己需要的产品和服务的企业，并且依赖于这些企业。必须承认，顾客的确需要产品和服务的提供者，这是毋庸置疑的。但是只要市场经济存在且运转正常，顾客就有很多购买产品和服务的可能。任何一位顾客切身利益的满足都不会依赖于从某一个企业处获得的价值，因为如果真的发生这种情况，他就失去了选择权，因而不再能被称为“顾客”，而成了垄断企业的附庸。因此即使顾客和企业的关系再好再融洽，他们之间的友谊看起来多么牢靠，这种融洽和牢靠也都是建立在顾客从自己利益出发的满意度及其做出的选择上。

值得注意的是，常常有人提出异议，认为这意味着企业即使把产品白送给顾客而得不到任何好处。这样的反驳恰恰暴露了这些人对经济学一无所知。实际情况并非如此，这会给企业带来比其他竞争对手更大的市场力量。

因此，**好的、值得信赖的企业管理逻辑思路只有一条，那就是提供比现有的所有竞争对手更能令顾客满意的产品和服务。**[⊖]

⊖ 具有讽刺意味的是，股东价值理论的创造者阿尔弗雷德·拉巴伯特就是此观点的最好见证人，他说过：“即使是股东价值论最坚定的支持者也明白，没有顾客价值就没有股东价值。因此，企业长远意义上的现金流就来源于对企业的产品和服务感到满意的顾客群。”

顾客利益和自身竞争力是企业管理中不可动摇、不可轻视的两大基准。谁能满足顾客，谁就有资金来源（有投资人），反之则行不通，“网络公司”的教训足以证明这一点。所以，如果要讨论“价值”，那么也应该讨论“顾客价值”而不是“股东价值”，企业管理的实施应当不折不扣地建立在顾客价值的基础上。在接下来要谈的“企业战略”一章中，我们还要详细地讲什么是“顾客价值”，如何对其进行量化，以及怎样才能把它变成可行的战略支柱之一。

现在把目光转向利润。顾客价值不但与利润有关，而且关系到利润的质量和利润的实现形式：从满足顾客需求中获得的利润，与从单纯的资产转让中获得的利润完全不同，更不用说那些靠着对资产负债表动手脚伪造出的利润了。

无论如何转换概念，只要提问的出发点不对，就永远得不到正确的答案。所以提出问题时不仅要提前做好准备，而且要保证遵循的是正确的逻辑思路，即不是如何分配经济效益，而是如何获得经济效益。因此，刚才那个错误的问题应当变成这样：对一个企业来说，什么才是正确的管理？在此基础上向前再进一步：怎样才算是一个强大、健康、充满活力的企业？为了建立和维持这样一个企业，高层管理者还有监事会成员的责任何在？显然，对此我们已经有足够多的答案了。

不论是在工厂还是在写字楼，不论是生产的是“砖头”还是“字节”，只有正确地管理企业，才能创造经济效益，其表现方式可以是生产潜力、产品和服务、国民收入和国内生产总值，以及工资、税收、利息和利润等。

经济效益只有被创造出来，才能进行分配，股东价值关心的问题也就获得了意义，即应该分配给谁，分配多少。也只有这时才有必要考虑，哪些利益群体（无论他们如何认为自己有权参与分配）有资格参与分配，分配的份额是多少。这个时候当然有很充足的理由优先考虑股东的利益。

过去我一直在和不同级别的管理者探讨这些问题，他们当中没有人提出过任何确凿的反对观点，特别是有企业家在场的时候，无一例外地表现出赞同的态度。没有一个企业家是按照股东价值相关理论管理自己的企业。对于真正的企业家来说，这种管理思路根本是无稽之谈，因为他们十分清楚，并且天天都切身经历着，真正掏出钱来付账的是顾客，而不是股东或其他任何人。

价值提升是为了什么

除了股东价值论和利益相关者理论外，同样非常流行的价值提升理论也属于我们所要批驳的错误理论行列。价值提升理论中最错误的一点就是认为，必须把价值提升作为企业经营的宗旨和目标，或者更进一步，将其作为企业的唯一宗旨和最高目标。

价值提升不是企业的目标。它可能是股东的目标，如果股东并不关注企业本身，而只对企业的股份、债权还有股票感兴趣，那么价值提升可能成为他们的目标。对于企业，在任何一个公司的成立章程里我们也找不到这样的句子："此股份公司成立的目标是提升价值。"章程里提到的目标完全是另外的东西，比如"从事各种商品的贸易"或"从事银行相关业务经营"，又或者"软件的研发与生产"等。

再强调一遍，企业必须以在各自领域中获得和保持竞争力为目标，这和提升价值完全不同。只有当一个企业出售给顾客的东西，即顾客愿意花钱购买的东西，比其他企业更好时，才可以说这个企业是有竞争力的。因此，我们又回到了刚才那个话题上，企业的目标是创造顾客满意度。就业岗位、股东价值都不能称为企业目标，企业的唯一目标就是顾客价值。

这让我想起了另外一件事：德国一家热衷夸夸其谈的商业报刊曾刊登过一位德国企业经济学教授的观点。这位教授反对上面的观点，并企图证明股东价值和顾客价值本质上是一回事儿。在报道中，他论证了顾客价值的计算方法，提出顾客价值服务于股东价值增长的说法。这位教授的反应很有代表性，能说明很多问题。这种反应表明他其实不理解什么是顾客价值。顾客价值指的不是“顾客的价值”，而是“顾客从企业处获得的价值”。

无论如何计算，企业价值和企业竞争力之间都不存在因果联系。就像我一直反复强调的那样，不能依靠股价断定企业的竞争力和经营绩效，正面的或负面的推测都不行，但这恰恰是现在股市上出现的最不理智的情况。从股价中只能推论出投资者是否天真、贪婪、恐惧。颠倒过来，虽然两者之间有其关联性，但也不是必然的。在过去几年中，大量的业绩评估已经清楚地表明，竞争力和股价的因果联系不是必然的。

顾客花钱购买的不是企业的价值，而是产品和服务的价值，股东也是如此。这个“价值”既不是企业本身的价值，也不是为企业带去的价值，而是顾客获得的价值。顾客支付的是在他眼里对自己（且仅对自己）有价值的东西，这是他之所以付钱的原因。至于自己的购买会不会让生产产品的企业价值上升，则完全不在考虑范围内。因此即使是要谈价值提升，也是顾客获得的价值提升。

只有对于那些想要收购和出售整个企业的人来说，企业价值才有意义。而企业自身的经营活动中根本不会出现企业价值问题，如何提高经营绩效和竞争力才是企业每天真正关心的问题。

我要提醒各位的是，股东价值及其相关理论并不是针对企业的经营，即企业管理提出的，它针对的是对企业的买卖，确切地说它的产生与 20 世纪 80 年代后期的兼并和收购浪潮有着内在联系。

显而易见，这里出现了股东目标和企业目标的混淆，最值得商榷的做法是将两者等同起来。同样非常危险的混淆也发生在投资人和企业家之间，企业的高层管理者也混杂在其中。今天意义上的投资人和可以被称为企业家的人，这两个群体的利益、逻辑有着根本性的不同。我们可以很容易地发现，虽然企业家必然是投资人，但是投资人不一定是企业家。[⊖]以前，企业家的利益（至少在他的有生之年里）都和他的企业保持着高度的一致，因此区分企业家和企业利益非但没有意义，反而是过分吹毛求疵了。但是现在不一样了，股东和企业家被错误地画上了等号。

企业家？或投资人？

每个企业家都是投资人，但每个投资人也都是企业家吗？股市以及金融市场的发展，致使一个非常重要的区分被忽视了，

⊖ 最好不要把“投资人”（Investor）这个词纳入德语体系，德语中的表述更加清楚，即 Investor 指的是德语中的“Anleger”（出资人），不是“Unternehmer”（企业主）。现在有一个流行趋势，就是把英语词汇不翻译直接纳入德语中，即使翻译也翻译得不准确，这导致了大量错误的产生。

即企业家股东和投资人股东的区分。企业所有权证书和股份所有权证书虽然看起来没什么两样，而且在法律上可能也不存在区别，但是从经济的角度看，再也没有比这两者之间更大的区别了。很多人坚信现在已经出现了一种资本主义的全新形式。不论他们对自己的判断多么自信，事实上他们只知其一，不知其二，而他们所不知道的另外一半才是重要的。不过要不了多久，人们就会认识到另一半真相，就是任何时代的大资本家的共同经验：如果不能卖，就必须好好打理！

投资人的行为有明显的时间界限。只要他手中的资产凭证能盈利，他就一直保持着兴趣。与投资人有时限的兴趣相比，企业经营却是需要长期不间断的投资。

一旦出现困难，投资人往往是最先退缩的，只要把手头的股票抛售就可以了。如果他足够聪明，他就会把钱投资到那些很容易买进卖出的领域，比如说只参与高流动性市场，这样一旦风向逆转他就可以在价格损失不大的前提下迅速大量抛售。相比投资人，企业家股东面对困境所做出的反应可就完全不同了：他必须要和困境做斗争，就如上面提到过的那样，必须“好好打理”。他们必须这么做的原因可能各不相同，比如公司根本不能卖，或者公司对他来说不仅是赚钱的机器，更是一生的心血或家族传承，再或者他不想再受雇于别人，替人卖命。无论如何，原因是次要的，重要的是他必须战斗。

投资人感兴趣的东西只有一样——钱，并且他还会不断地把这种兴趣最大化。但是企业经营活动需要的不仅仅是资金这一种资源，按照其定义，经营活动应当是各种资源的有机组合，并且这些资源必须处于均衡状态，要尽可能新，其创新性和生产率也要尽可能高。

然而投资人关心的只有财政上的收益。除了他所购买的股票的价格指数外，其他的事情他都不关注。而企业家股东虽然也不能不关心财政收益的数字，但毫无疑问他要把更多的注意力集中到整个公司的业绩和创造经营绩效的能力上。他本人或许同样不乐意做这些，而且这也的确不是轻松的差事，即使如此他也必须这么做，因为他别无选择。

对于投资人来说，股市是不可或缺的。如果没有股市，他就无法完成自己的投资目标，因而不得不“突变”成企业家。与他们相反，企业家是不需要股市的。对于企业家来说，也不存在股市——认清这一点十分重要。早在股市出现之前，甚至早在银行出现之前，企业家已经存在了，并且，即使股市崩盘、银行暂时休业或是倒闭，企业家也会一直存在下去。

股东价值型投资人只有在股市繁荣时期即牛市时才会出现。他所追求且可预见的股东利润只有在股价持续上涨的时期才能实现。因此，这种投资人是一种“好年景现象”，只要他们出现，就预示着股市必然是活跃的。但是到了熊市时期，股东价值型投资人却会摧毁股市价值，因为他们只考虑利润的“短边”，即最低生存线。股价降得越低，他们就越狂热地抛售或放空。例如，20 世纪 90 年代，日本股市基本上没有长边利润，但是短边利润比较活跃。日本企业经营状况越糟糕，短期投资者的收益越高。他们只对破坏股市价值感兴趣，这就是他们的作用。

现在再转过来看企业家，从日本、东南亚乃至拉美一些国家的经验中同样可以发现，企业家的作用是创造价值。无论经济年景是好是坏，他们都会出现。因此，生意好做的年份，他们的负担轻一些；遇到生意不好的年份，他们也不能放弃经营，并且还要比年景好时更努力更勤奋。这不是因为他们是天生的“英雄”，而全然是因为他们再也没有其他的选择。

财务指标的魔力

把财务指标作为行为依据的做法，目前非常流行。许多管理者似乎都认为，只要了解主流的财务指标相关知识，就足以能够管理企业了。持这种观点的人不在少数，然而这却是一个危险的误解。

如果只用息税前利润（EBIT）[㊀]作为衡量业绩的唯一标准，那么不良管理所造成的风险是有限的。但现在的问题是，财务指标被滥用了。

在圣加仑管理中心，最迟自 1984 年开始，我们已经把息税前利润应用到了企业战略咨询服务之中。不同于某些人的想象，财务指标并不是一个新生事物，早在 20 世纪 90 年代中期它已经风行过一阵了。而在泡沫经济开始之前，息税前利润从来没有被介绍或应用到企业管理领域。当时财务指标只是用来进行不同企业间的比较。由于企业面临的具体财务和税收状况不同，为了能够切实可行地进行业绩比较，用净收益代替毛收益作为衡量标准是很有必要的，也就是说，利息和税项必须从收益中剔除。

息税前利润诞生的摇篮是战略与绩效分析（PIMS）[㊁]。战略

㊀ 息税前利润，即 earnings before interest and tax，指扣除利息和所得税之前的利润。——译者注

㊁ 战略与绩效分析，即 profit impact of market strategies，其含义为市场战略对利润的影响。PIMS 项目的研究对象是各公司中的战略经营单位，因此 PIMS 项目的数据库是关于这些战略经营单位情况的大汇总。——译者注

与绩效分析最早于20世纪60年代出现在通用电气公司，主要宗旨是评估和比较通用电气内部不同的经营区域业绩。显而易见，只有扣除利息和税项之后的收益才是真正的收益，也只有在这样的处理之后，才能开始考虑分红。

然而遗憾的是，在股东价值论的影响下，这种比较演变成了企业管理的衡量标准。这是错误的第一步，有了这一步，接下来错误的延伸可以预见，且在所难免。于是出现了息税折旧前利润（EBITD）[一]、息税折旧及摊销前利润（EBITDA）[二]……名目繁多的财务指标源源不断地在金融、审计、投行领域诞生出来，但是它们完全不适用于企业管理。

事实上，所有的财务指标都给企业管理活动制造大量麻烦，因为它们总是与管理的本质脱节。在这一大堆指标中间，对于管理真正有用的只有一个，即扣除一切税费及其他必要支出以后的利润（earning after everything，EAE）。除了上述税费外，还要扣除必要的备用金和储备，这是为可能出现的困难时期未雨绸缪。只有这些钱都被扣除之后，才得到了真正的利润。

投资人和他们的咨询师对企业管理思路和目标设定的概念不清，导致了错误的产生与发展。此外，企业真实的经营宗旨和投资人的投资宗旨也被混淆了。

[一] EBITD（earnings before interest, tax and depreciation，即扣除利息、税项及折旧前盈利），计算方法为总收入减去开支（税项、利息及折旧除外）。——译者注

[二] EBITDA，全称earnings before interest, tax, depreciation and amortization，即息税折旧摊销前利润，是扣除利息、所得税、折旧、摊销之前的利润。——译者注

对利润的错误理解

什么是利润？关于这个概念的争论已经持续了几十年。争论最初发生在实业家中，后来到了学术界，再后来扩展到咨询业、审计行业、投资行等。如果你认为，在经过了如此长时间、大规模的讨论之后，现在总该知道——到底什么是利润了吧！那我必须遗憾地告诉你，依然没有定论。

的确，相比过去，我们现在更了解如何生产预期利润，并能够对其进行巧妙的操作。但是对利润这个概念本身，我们仍旧知之甚少，也因此出现了很多滥用、错用这个概念的情况。一个经理越多谈论利润，我们就越要打上一个问号，弄清楚他真正的意图所指，特别是在他谈论的是利润最优化或利润最大化的时候。

利润最大化的思路对于企业管理不具有实用性，真正有用的恰恰是其对立面——利润的最小化。这个问题可以转化成下面的样子：为了保证以后业务能继续开展，必须赚得的利润底线是多少？要注意的一点是，这笔钱不仅要满足当前的资金需求，还要保证企业的后续经营。因此，这里的利润最小化指的绝不是让企业没有一分钱的利润而艰难度日。从这层意义上讲，利润最小化几乎总是明显位于大多数人眼中的利益最大化之上。

为了真正实现有效管理，我们还要再向前跨一步，把利润从讨论范围内排除。实质上利润根本不存在，存在的只是成本。成本又分为两种，一种是当前业务及经营活动的成本，另一种是确保企业后续发展和经营所必需的成本。

第一种成本我们很熟悉，因为这些数字都会体现在账目上；第二种成本我们就不熟悉了，因为它们都是没有发生的费用，无法体现在账目里。尽管如此，第二种成本却和我们记入账本的那些一样是实实在在的费用。如果第二种成本无法筹措到，企业则失去了后续发展的可能。只要按照成本的逻辑行动，就不会出现大的管理纰漏。但是如果目光短浅地把利润作为行动依据，企业将不可避免地开始走下坡路。

为什么需要有效的公司治理？因为市场具有滞后性

以前企业规模很小，即使倒闭，其影响力的辐射范围也极其有限，几乎引不起什么连锁反应，就算有也只是小范围的反应，因此人们几乎感觉不到企业倒闭的影响。这一时期，市场是一个有效的控制和调节手段，但是现在一切都不同了。

经常被忽视的一点是，市场虽然非常重要，但是它不足以创造经济效益，或者说它完全不能创造经济效益。这种观点并非敌视市场，事实恰恰相反。有些人之所以敌视市场、反对市场经济，是因为在市场经济进程中出现了他们无法适应的情况，比如收入分配或者业绩压力，但这并不是我的论据。

对市场不满的理由还有很多：第一，市场发挥作用的过程过于漫长；第二，市场具有滞后而不是前瞻的影响力；第三，也是最重要的一点，市场具有的功能是惩罚性的，而不是发展性的。

市场不会告诉我们在哪里怎样投入资源，它只会告诉你，以前资源都投入在哪里，怎样投入的。如果等到市场发出了这种信号的时候再行动，对于大企业来说通常已经太迟了。即使反应速度最快的企业也会有“停滞时间”（在控制论系统中，“停滞时间”指的是信号发出到信号发挥作用之间的时间延迟）。大企业自然需要更长的时间，因为它们投资和创新的前期时间投入更长。一旦做了什么决定，比如研发大型飞机，则不论出现什么市场信号，没有几十年时间也是无法调整的。

这样的市场不会产生积极影响，也无法避免错误的发生，它只会惩罚错误，而这个时候错误已经发生了，换句话说已经太迟了。这一点市场经济的支持者也应当十分清楚。经济学家和金融专家常常宣称市场可以修正企业错误的发展，他们所表现出的专业权威性往往令人不敢质疑。显然，他们对企业的决策流程一无所知。今天我们所掌握的用于战略决策的知识储备及其所需要的信息资源都完全不同于市场价格的信号作用，因此，仍旧以市场调节作用为导向，就好比在卫星导航技术如此发达的今天，仍然依靠辨别北极星的位置指引航船方向。

市场的缺陷只能通过企业有效的前瞻措施，通过监事会的提前干预予以抵偿。作为市场的孪生兄弟，企业监事会在某种程度上还负有一项责任，那就是保证企业管理工作完全地、行之有效地开展，避免错误的发生，同时也避免受到市场的惩罚。这样做不仅是可能的，同时也是必需的。如果要避免摧毁市场价值，杜绝出现新一轮仇视经济的可能性，就必须这样做。

经营使命：公司治理正确性的基石

公司治理最重要的任务之一就是确定企业发展的基本路线，即企业的经营目标和政策方针。这不仅针对企业管理，而且也适用于其他所有组织机构类型的治理。

那么我们的经营宗旨应当（或必须）是什么呢？哪些因素不应当划归到经营宗旨的考虑范围内？我们应当或者必须致力

于哪些领域？哪些领域可以舍弃？这些都是公司治理所要回答的问题。这些基本问题的答案有一个十分适宜的名称——经营使命。

“愿景”还是“使命”

“愿景”被当成管理者的行动指南和企业战略基础的时间并不长，差不多就是从不久之前才开始的。但是在管理层的管理思路以及管理层讨论中，愿景始终扮演着极为重要的角色。但它究竟是什么，始终没有人能说清楚。

我从来都不认为“愿景”这个概念是适宜的。这个词在从英语转化成德语时翻译得十分不恰当，而且即使是在英语中，这个词也有很多意思。因此明确它的定义是非常必要的，然而这个工作直至今天依然没有完成。基本上我们今天有多少本管理学作品，就有多少个对于“远见”的不同解释版本。即便如此，大部分解释仍旧词义模糊、含混不清，没有多少参考价值。

从这种意义上说，现在应当关注的不是用了哪个词语或概念，虽然它们也很重要，但与之相比，更重要的是应当拿出审慎和怀疑的态度从中把正确的概念挑选出来。然而除了词语和理论的准确性之外，我们更关心另外一个问题：如何区分正确或错误的远景？如何判定某一事件究竟是具有高可行性和高现实性的远景，还是危险和误导？如何了解一项决策到底是基于对企业经营活动正确理解之上的远见卓识，还是对经营和战略结果认识不清产生的白日梦？

一旦涉及经济资源、人的命运、工作岗位、收入和未来发展，我们就会发现，正确与错误远景的区分至关重要，这一点任何人都不能否认。而在现有关于远景的文献中，我还从没看到任何对以上问题的思考或探讨。

到今天为止，“愿景”这个词的含义仍然模糊不清，更糟糕的是人们在使用这个词时往往表现出很强的随意性。远景已经遭到了滥用。正因为这个原因，我更倾向于用英语中的“使命”一词取代它，应用到企业管理中，就变成了“经营使命”或“企业使命”。上升到一般层面上，也可以说“机构使命”或“组织使命”。

所谓企业使命，指的是企业成立和存在的根本宗旨、企业必须履行的职责、必须完成的任务——企业的全部活动，活动结果的衡量，原因就在于此。这是什么意思呢？我们用军队举例就容易理解得多了。在军队中，每个军人都清楚地知道使命是什么；为了准确无误地表述使命，他们要接受专门的训练；他们了解使命包含哪些要素，也知道怎样区分可以实现的使命和没有现实性的空想。在航空航天业中，“使命”这个词的应用也是同样的情况。

企业的宗旨与利润的作用

企业的经营宗旨是什么？在访问北京期间，我向许多合作伙伴都提出了这个相同的问题。他们无一例外都不假思索地回答：“赚钱！盈利！”

企业需要利润，这一点是毋庸置疑的。但问题是它们的目标只是创造利润吗？人要生存下去需要食物，这一点同样不可否认。但是食物是人的目标吗？或者说吃饭就是人生的意义吗？当然，如果有人非要想这么做，谁也不能阻拦他，但后果是显而易见的。

企业生产的不是“钱”。它可能生产鞋、男士衬衫、汽车、面包或电脑，但就是不生产钱。就连印制钞票的垄断印刷企业，生产的也不是钱（见图 9-1）。

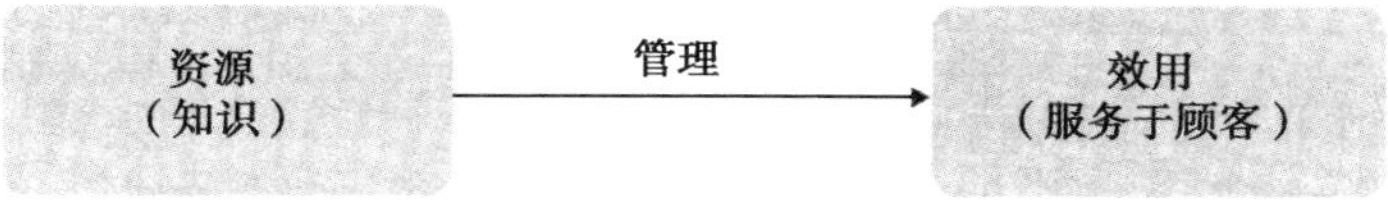

适用于市场经济中的各种企业类型：
利润是检验企业使命是否正确、经营活动是否有效率的工具。

图 9-1　企业的宗旨

以上事实无可争议，尽管如此，它也不能阻止人们把企业的宗旨简单地看成是赚钱或盈利。任何人都可以自由地定义企业宗旨，这是他们的权利。不过我必须告诫那些持这种观点的人，将利润作为企业宗旨的做法早已过时，而且充满了危险的误导。这种观点好像永远无法完全消除，每隔几十年它总会重新冒出来，通常是披了一件新的外衣，或是依附于某个新理论借尸还魂。比如这一次，它就隐藏在股东价值论中，又一次回归人们的视线，并且与新自由主义组合在一起，为极其原始的利益最大化学说的再度盛行起到了推波助澜的作用。

诚然，任何人都可以根据自己的喜好自主定义企业宗旨。**但这并不重要，我们真正关心的是哪一种定义对于企业管理来说是最好的。**

最好的定义能够确保系统性错误决策的概率最小化，正确决策的概率最大化。比如，以顾客为导向的企业，虽然也有犯错的可能，但是至少它做出决策的基本衡量标准是正确的。而以股东价值和股价为导向的企业，犯的是根本性、系统化的错误，它所做的决策必然不利于自身经营发展。这种情况特别针对股东通过购买企业养老基金，成为未来潜在退休人员的情况。

我们再来回忆一遍管理的定义：管理是从资源到价值的转化。迄今为止，能够顺利实现这种转化的最好组织形式就是市场经济下的企业。资源和价值都存在于企业外部，所以企业内部既不存在价值，也不存在价值创造，这一点与迈克尔·波特那诵经一般丝毫不加判断、反复被宣扬的相关理论相反。企业内部只能产生成本，最专业的研发、最高效的生产、最好的市场营销……都会带来成本。而价值只会出现在付账单的地方，也就是产生于位于企业之外的顾客那里。

德鲁克于1954年出版的《管理的实践》⊖已经为我们明确定义了企业宗旨——创造顾客满意度。企业的目标是创造顾客价值，而不是创造股东价值，也不是为主管和经理创造利润和优选权。

那么利润扮演的是何种角色呢？利润是一种有效的双重检验工具。第一，它能检测企业使命是否正确，即检测企业做的是不是对的，是对效率的检验；第二，它能检验企业是否完成了目标，即目标是否正确，目标的完成是否合理，是对效能的检验。以上这些就是利润在企业管理中发挥的作用。对于企业本身，利润当然还有别的功能，比如它构成了资金来源和资金保证，这些我们就不在这里继续探讨了。

经营使命之三要素

切实可行的经营使命必须包含三个要素。因此我们的出发点不是对使命做出语言上的规范，更不是要想出一个吸引眼球的宣传口号，我们首先要解决的问题是找到经营使命的三个基

⊖ 此书中文版已由机械工业出版社出版。

本要素。这三个基本要素必须尽可能明确，这也决定了对其进行寻找和探讨的过程必须足够彻底，会牵扯相当多的精力和时间。根据我的观察，这也是管理层不愿意承担制定企业经营使命的主要原因之一。然而不论缺少其中哪一个要素，我们都不能说任务已经完成了。

企业的经营使命必须为以下三个问题找到答案。这些问题表面看起来很简单，会被很多人认为是老生常谈罢了。许多人一听到这三个问题，马上就会不假思索地给出答案。但遗憾的是，这些答案绝大多数都是错误的。

现在我们就来看看这三个问题。

（1）市场需要什么？或者，顾客花钱购买的是什么？

（2）我们的优势在哪里？或者，我们在哪些地方做得比别人好？

（3）我们的力量从何而来？或者，我们的信仰是什么？

需求

第一个问题把我们的注意力和讨论的着力点集中到了企业外部，即社会、整体经济局势和市场上。但是这种集中并不是漫无目的、一般意义上的集中，而是落定在顾客身上。一个人无论再怎么拥护股东价值论、再如何相信股东价值在企业管理中所起的作用，也不能否认，如果没有顾客，也就不会有股东，股东价值就更无从谈起了。

市场需要什么？这个问题看上去很简单，但是若想回答得好，则往往要先找到另外几个问题的答案——哪些人是或应当是我们的顾客？哪些人不是？这些人为什么不是？这几个问题可就难回答得多了。想回答这些问题，必须先有效地区分顾客与非顾客，而这种区分却往往被忽略了，从而导致了灾难性的后果。一个企业占有的市场份额如果能达到30%，那它的业绩无疑是值得骄傲的。但是转过来想一想，剩下的70%哪里去了？为什么它无法获得剩下的70%份额呢？

在企业经营使命第一要素的关联性中，最重要的就是必须找出企业面临着怎样的实际环境？真正的机遇和挑战出现在哪里？这原本就十分重要，而今天其重要性更加与日俱增。跟以前相比，今天的管理者已经被宠坏了，他们相信只需要轻轻松松地点击一下鼠标，各种信息就会纷至沓来。其实，他们真正了解的只有自己管理的组织内部，对于外部的现实环境，他们几乎一无所知。

优势

经营使命的第二个要素是：我们能做什么？我们在哪些地方做得比别人好？我们的优势在哪里？这一次注意力的焦点由外转向内，从外部环境转向企业自身，不过要记住的一点是，这种转变始终是在和外部的比较中进行的。这不仅是简单的内部视角，事情从来不会如此简单，这在一定程度上其实是一种“由内到外再到内的角度”。

我年轻时做咨询师的时候，每当帮助陷入困境的企业分析它们的劣势并找出应对之策时，总让我感到非常自豪。那时候我觉得我们的工作做得十分出色，因此理所当然地认为顾客为此支付的酬劳是天经地义的。然而随着时间的推移、阅历的增长，我才渐渐意识到，曾让我引以为豪的工作其实只是整个工作中最简单、最微不足道的一个环节。事实上作为咨询师，最根本的同时也是唯一的任务就是帮助顾客——不论是个人还是企业，找出他们的优势所在。这个部分要困难得多，而且也重要得多。

我们能做什么？我们真正的强项在哪里？我们在哪些方面能比别人做得稍微好一点？需要注意的是，“稍微好一点”指的并不是最优秀的业绩、最漂亮的销售纪录甚至奇迹，这一点不同于许多理论摆在核心位置大力强调的那样。“稍微好一点”其实已经很多了。任何有经验的管理者都知道，想要保持住比别人优秀的位置，或是把差距再稍稍扩大一寸，已经需要拼尽全力，至于“遥遥领先”“一枝独秀”则根本是妄谈。再看看运动员是怎么做的吧——保持纪录、打破纪录，这难道是轻轻松松就能办到的事情吗！

信念

不论是个人还是组织，创造业绩和绩效的力量从何而来？我在这里指的力量，远远超出惯常意义上对激励的理解。当激励已经起不了作用而目标仍然没有达到的时候，当遭遇困难的时候，当需要付出极大努力的时候，当所有资源都被调动起来的时候……每当遇到这些情况，人们依靠什么力量继续奋斗呢？

在经济发展的历史长河乃至整个人类历史的发展进程中，都不乏这样的例子：往往是在无望的情况下，所有力量都被空前地调动起来，然后置之死地而后生，绝望之后迎来了决定性的转机。所幸的是，大多数时候组织都不需要这样做，这样当然更好；但还有一些时候，组织陷入了异常艰难的境地，组织中每个人必须发挥出各自创造力的极限才能渡过难关，而这个极限是他们在平常情况下几乎无法想象的。

一般来说，这种能量的释放是因为生存受到了威胁，或者是一股信念——人们相信自己正在做的工作无比重要，需要投入自己的全部精力和心血。无论如何，其中的一个核心要素就是我们常说的企业文化。在这一点上，需要的是那些在管理学开始平庸化之前，严格意义上被人们称为文化的那些价值要素。按照这种思路，我认为对绝大部分关于企业文化的讨论都是肤浅且空洞的。

要素的相互作用

明确以上三个要素的含义，意义十分重大。除此之外，还有一点绝不能忽视，即我们是从对远景的探讨出发来定义这三个要素的，唯有如此，彻底性和具体化才能真正得以实现。一个企业的战略、结构、文化决策的基础是否稳固、能否带来好的结果，这是必不可少的一个步骤。

事情不是到此就结束了。只有以上三个要素相互作用，才能有所谓的完整性。因此从三者的有机互动中产生了另外三个要素，在系统学中，它们被称为“新兴现象”。

（1）价值之来源。首先，需求和优势的相互作用导致了价值的产生，这个价值就是英语里的“value”，着重指的是顾客价值。如果我们把需求和优势放到同一内在关联中加以思考，那么马上就会发现，有些地方存在需求，但是企业没有优势，所以无法产生价值；也有一些地方企业虽然掌握着优势，但是那里没有需求，因而同样无法产生价值。因此，价值的产生要同时以需求和优势的存在为前提。

（2）自尊之来源。其次，优势和信念的相互作用导致了某些重要价值观的产生，比如对企业的认同感、自豪感、自尊、自信。没有人会为企业力所不及的事情而自豪，因此也就无法生成任何信念。

（3）意义之来源。最后，信念和需求的相互作用导致了或许可以被称为“意义”的东西。这里的“意义”指的不是哲学上虚无抽象的“意义”，而是由我个人非常敬重的奥地利心理学家维克多·弗兰克从实际的角度出发定义的“意义”。这个意义服务于某件事件或某项任务。就像前面提到过的，它不同于普遍意义上的激励概念，而是构成了所有激励行为的基础。弗兰克曾经引用过尼采的一句话，再也没有比这更能恰如其分地阐释“意义”的话了：“懂得为何而活的人，几乎任何痛苦都可以承受……”

图 9-2 向我们完整地展示了经营使命各个要素及其相互关联。无论是企业、学校、医院，还是政府部门、文化艺术机构……所有的组织类型在确定各自的根本经营宗旨和任务时都要面对这几个同样的问题——问题虽然相同，但是回答却是不同的。

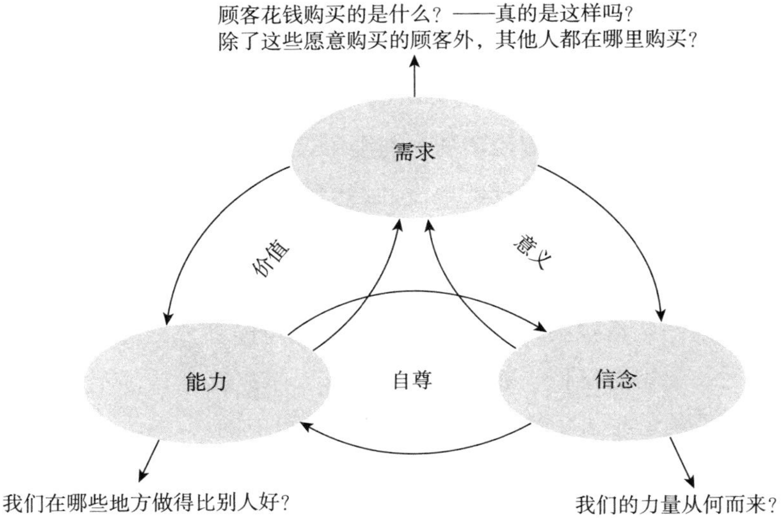

图 9-2　经营使命的基本要素

经营使命如何具体化？如何将其转化为企业目标？如何按照不同规划阶段对其进行筹备？如何将其变成现实……这些问题可以在我们接下来要讨论的六大关键要素中找到答案。越能促使力量集中的使命，其实现的可能性就越大。任何成功的组织无一例外都是“单一目标组织”，企图同时完成多个使命，其结果要么大打折扣，要么平庸，失败的例子也不在少数。同样，越能迫使企业与众不同，越能凸显企业的专属性和唯一性的使命，获得成功的希望就越大。如果经营对象相同，企业确实能比竞争对手做得好很多，只有在这种时候，暂时抛开独创性，转而模仿他人，才能算得上是可用的策略。

成功企业如何开拓各自获得成功的市场？它们怎样制定并遵循有效的市场战略？直到今天，人们对成功企业如何做到这两点仍然知之甚少。但是现在我们可以知道，从以上意义出发的经营使命构成了开辟市场与制定高效战略的前提和基础。

经营使命的表述

经过以上对经营使命的所有要素及其相互作用的深入思考之后，自然可以试着规范地表述经营使命，但是这种表述不应当从练习开始。对经营使命的语言上的表述虽然很重要，但绝不能因此而追求那种华而不实的形式，即把所有东西都用尽可能短的一句话概括，并且视觉冲击要尽可能强烈、优雅，可能的话还要饱含感情。能同时达到全部要求，实在是了不起的成就！但是这对于经营使命的表述却是不可能的。

和大部分人想的不一样，这样做也没有什么很大的意义。大多数时候，有两个因素总是被混淆在一起：市场营销的愿望和要求。一方面是广告和公关，另一方面是企业经营活动的逻辑和内容范畴。因此，经营使命的表述可以多用几个句子，也不必像有些人期待的那样必须优雅、醒目、充满感情，平直的语言也完全可以。

然而经营使命表述得再准确到位，也不能为企业获得成功打保票。如果有这样的想法，则说明思路已经出现了偏离。成功是没有保票可打的。就算企业能确定最好的经营使命，也有可能在未来不可预见的突发事件或市场和社会的变革中被赶超或勉强维持经营。特别是那些在超长的时间跨度中（譬如 50 年、80 年甚至更长）始终没有做过改变的使命，它们更加危险。因为质疑这样的使命，需要超乎常人的勇气。

虽然成功没有保证，但是失败却是有保证的。错误的经营使命就是失败的保证之一。造成这种错误的根源就在于，被看起来很新潮的形而上学观点和冠冕堂皇的论调所迷惑，对经营使命究竟是什么或者应当是什么，一无所知。

企业健康发展的六大关键要素：真正的平衡计分卡

评判企业是否获得成功有六大关键要素。掌握并长期运用这六大要素，就能对企业运行情况形成全局的判断。这种判断是准确的，值得我们信赖。另外，这些衡量要素也正是管理者手中掌握的制胜法宝，它们构成了企业战略的核心因素。

有一个现象十分令人惊奇：虽然“平衡计分卡”这一概念既不是什么新生事物，也不能真正解决问题，但它却迅速地为经济界所吸收。不可否认，在对抗股东价值中的简化主义时，“计时”能发挥积极作用。在平衡计分卡中，不仅股东价值一再受到质疑，其他补充的目标量也同样被建议重新考量。虽然这个建议不是新近才出现的，20 世纪六七十年代时就有了所谓“平衡的计时系统”，当时它是德国企业经济学理论的一项准则。真正的麻烦在于如何界定其具体内容所指。必须承认，人们需要的目标有很多，但是目标的内容是什么？开普勒和牛顿没有找到问题的答案，或者说只找到了一小部分答案，而这仅有的一小部分质量也不高。质量更高的那部分出现在汉斯·乌尔里希和瓦格·克里格在 1972 年创建的圣加仑管理模式中。彼得·德鲁克相关理论的出发点也总是基于确定的目标内容。以下的论述正是以他的建议为基准的。

第一个关键要素是企业的市场地位，更确切地说，是企业在各自经营领域和行业的位置。遗憾的是，尚不存在一个能充分评判企业自身及其市场位置的指标。绝大多数时候用到的判断标准都是“市场份额”。但什么是市场份额呢？其划分依据是不同地域，不同目标群体，还是不同的销售渠道，产品的使用价值，抑或是直接顾客或最终消费者？我们是否知道可替代产品的市场份额？可替代产品的质量、顾客价值、认知度以及产品形象又是怎样的？每个企业都要认真想想，哪些因素能够完整、全面地描述自己的市场地位，然后创建相应的判断指标。把市场地位（而不是市场份额）视为一个整体加以完善，这才是企业战略的核心环节。这样一来，基本上就不会犯什么错误了。

第二个关键要素是创新。停止创新的企业将不可避免且无法逆转地跌入衰退的泥潭。创新的典型指标（但绝不是唯一指标）是上市时间、命中率、失误率以及新产品的销售份额。此外企业内部的创新活动也属于这个范畴，譬如持续更新系统、工作流程、方法、实践、结构和技术等。和市场地位相似的一点是，企业也必须结合各自的实际情况仔细考虑应该在哪些领域进行创新，创建相应的评判指标并将其合理地应用到实践中。创新力下降是一个非常危险的信号。在其给企业造成实质性危害之前很长一段时间，人们就可以发现这个信号，一旦发现，就必须立即做出补救和改正，必须把持续创新作为企业战略中不可或缺的一个环节。

第三个关键要素是生产效率。这里至少需要三个评判指标：劳动生产率、资金、时间。当然，第四个评判标准也为越来越多的人所认识到，即知识生产率，虽然没有人能说清楚其真正的内涵所指。只有在价值创造范畴中，也就是在对每个员工（劳动生产率）每一单位时间（时间生产率）用每一单位投入的资金（资金生产率）创造的价值的考虑基础上，生产效率才是有说服力的。并不是每个企业都能持续发展壮大，但是每个企业都可以通过不断提高生产效率的方式持续自我完善。迄今为止，尚未出现生产效率提高的极限。

第四个成功的关键要素是对优秀人才的吸引力。这里重要的不是有多少员工离开或入职（人员流动性）。如果优秀人才开始流失，或者企业无法招揽到这类人才，这才是真正需要重视的。不论在任何层面上，优秀人才离职都应当被视为重大问题审慎对待。大多数情况下，离职时人们无须再有所保留，从而更加坦率，如果此时与他们交谈，那就给了我们一个了解他们真实想法和意愿的大好时机，这种谈话取得的结果是其他任何方式都达不到的。从中暴露出来的问题，在任何财务报表、企业内部的数据和信息库里，哪怕是在万能的网络上，都是看不到的。

第五个关键要素是流动性。很久以前我们就知道，企业长时间没有利润也能艰难度日，但缺少流动性则无法继续存活下去。建立在损害流动性基础上的利润增长是危险的，比如给予较长时间的支付期限以便获得更多利润就是这种情况。出现利润瓶颈时，通常情况下，企业都会做出正确的判断，即及时放弃亏本的业务。但是碰到流动性瓶颈时，企业往往辨不清方向。这个时候应当放弃赚钱的业务，因为只有这些业务能在短时间内出售以便回笼资金，而且还能卖个好价钱。

第六个关键要素是企业的盈利需要。这种需要只有在极少数的情况下可以解释为利润，但是绝不能像财会行业那样把它简单地理解成财务数字。它更多的是一个问题的答案，而不是一个账单的最终数字。前面已经提到过，利润这种东西实际上根本不存在。

以上六大关键要素用最简短、最直接、最有效的方式完成了对下一章所要探讨的主题——正确的企业战略的表述。若要把这六个要素归结起来，我想有两点需要着重注意，即顾客价值和生产效率，它们构成了企业安身立命之本。因此，对企业战略最简单的表述应当是顾客价值和生产效率的最大化。这两个目标永远都不会出错。只要其他部分不犯原则性的重大错误，那么企业就能一直处于良性、健康的发展之中。

CHAPTER

第10章 企业战略

如果缺少知识，那就用规则指导我们的行为。

如果管理者做出的公司治理决策是错误的，也就意味着作为其依据的变量和要素也是错误的，那么也就不可能从错误中制定出正确的企业战略了。

企业战略的重要性人人皆知。制定一个好的战略，是一项十分艰巨的任务。以我在这个行业30余年的经验来说，今天这项任务的艰巨性比过去有过之而无不及。那些热衷于研究趋势理论的人最好能清楚地认识到这一点，其实以前趋势理论的相关作品远远没有现在这么晦涩空洞。它们的作者好像并不知道自己要写什么，所以就故弄玄虚，好像自己写的东西有多么神秘似的。而许多管理者也一再受到趋势鼓吹的影响，他们的不安和不知所措也暴露了，他们其实是没有把握的。

制定一个好的企业战略从来没有像现在这么困难。这是因为许多事情变得难以预测，发展趋势十分不明朗，同样也因为我们正经历着一个根本变革的时期。

幸运的是，今天我们手头上掌握了更多企业战略方面的知识和制定战略的方法。好的战略不依赖于是否能做出预测，也与数据的精确度没有很大关系。战略的基准点在于企业经营活动的“大气候”，而不是某一天某个时期“天气”的好坏。这些知识和方法是人们需要且必须掌握的。如果说 15 年前还能以“不了解”“不知道”作为借口得到谅解的话，那么在今天再也不是一个可以接受的理由了。

如今需要掌握企业战略相关知识及制定方法的管理者，比以前多得多。这是由集中到分散、经济行业的组织构成、权力等级趋于平坦以及权力下放的必然结果。过去人们或许认为，只有手握权杖的高层管理者才需要了解如何制定企业战略。但是今天，每位需要对结果负责的主管、经理、负责人，即使他们并没有多大的权限，也都必须掌握企业战略的知识。

企业战略知识比以前任何时候都重要，因为不再有那么多“傻瓜竞争者”存在。每个企业都致力于制定好的战略，因而与战略相关的知识和方法成为每个企业的必需品。

企业战略相关的知识和方法其实十分简单，人人都可以学会，但它又如此重要，每个管理者都必须把它作为一项必备的技能认真学习，否则就无法对自己所处的职位负责。

经济和社会的深层次变革对企业的战略管理提出了最高要求。必须从根本上重新归纳和实施战略管理，要与之前的做法有本质的区别。面对不断变化且愈加复杂的现实背景和条件，战略管理应当为企业的定位、引导、调控等方面的诸多难题提供正确可行的解决之道。

尤其重要的一点是，企业的战略导航不应当依赖于预测和想象，这是构建企业战略体系最重要的原则之一。未来是不可预测的，它不会按照人们的想象和意愿发展。战略决策如此重要，不能依赖于这些不确定的事物。任何建立在大量假设和可能性基础上的战略规划和管理（即使这些假设和可能性看起来非常可靠）从一开始就是不合格的。

前辈与开拓者

虽然关于企业战略的书籍和文章数量多得令人咋舌，但幸运的是我们需要读的是有限的几本。企业战略的第一本著作是彼得·德鲁克1964年出版的《成果管理》[⊖]。从很多方面看，这本书同时也是企业战略领域最好的作品。在这本书里已经出现了“投资组合分析法”，这个分析法后来借助波士顿咨询公司和麦肯锡咨询公司名扬世界。此外，德鲁克在1985年出版的另外一本著作《创新与企业家精神》[⊜]也非常值得研究，这本书着重针对的是企业创新战略的相关问题。

最好的同时也是在我看来真正具有普遍适用性的系统学著作来自阿琉伊斯·格莱里勒。他的相关理论为企业战略管理在20世纪70年代获得重大突破奠定了基础。另外还要推荐汉斯·乌尔里希的《公司策略》，这本书涵盖了战略管理的所有相关要素。不同于德鲁克注重内容的做法，乌尔里希把这本书的重点放在了形式上。

最后，战略与绩效分析的基础知识也属于企业战略能力的专业范畴。战略与绩效分析在战略规划中的应用价值尚未得以广泛传播，其作用仅局限在研究结果的边缘上，而没有把成果有效地转化成价值。战略与绩效分析的典范作品是巴泽尔

⊖⊜　此书中文版已由机械工业出版社出版。

和盖尔在1987年写的《战略与绩效——PIMS原则》。其最新成果则是皮耶卡罗·切卡雷利和基思·罗伯茨2002年出版的《PIMS新原则》。

20世纪90年代出现的一系列混乱局面——战略决策失误，股东价值和基于利益相关者理论制造的层层麻烦、新经济高昂的学费、错误的兼并和收购导致的失败、大型技术企业的“罪孽”、错误的增长战略、风险评估出现偏差……在如此艰险的现实背景下，以上作品中的相关理论经受住了实践的严苛检验。

在以上提到的所有理论中，我认为阿琉伊斯·格莱里勒的观点应当居于中心地位，他能够将其他理论和要素整合成一个整体。我认为除了格莱里勒外我们不再需要任何其他理论了。

我和格莱里勒的亲密合作始于20世纪80年代初。他长年从事于企业战略研究，参与了无数圣加仑管理中心的工作和活动。遗憾的是格莱里勒英年早逝，这促使我在20世纪90年代时把他的学术遗作整理出版。因为在我看来，格莱里勒独辟蹊径，把实践经验和学术理论有机结合了起来，他的作品是企业经济学和管理学最伟大的成就之一，而直到今天这个成就仍然不为人知。

控制论概念

格莱里勒相关理论的主要特点在于他总是从引导和控制问题的角度解决问题。他向我们展示了控制论体系的引导和调控机制，其核心在于抓住了各要素控制与预先控制的关系，这对于保证企业的生存能力以及企业的成功都是至关重要的。

从一开始，格莱里勒就明确表示，他的研究着重针对的是如何让企业健康发展，以及企业的生存能力。出于理论的要求，另外也基于他本人在大型工业企业的多年从业经验，格莱里勒同时也指出，只有利润和增长是不够的。他清楚地看到，企业未来遭受失败的可能性（比如企业可能会倒闭，大多数情况下这种可能性也都会变成现实），恰恰萌芽于高利润和高增长之中。

和其他支持系统导向性及控制论管理的伟大学者斯塔福德·比尔、汉斯·乌尔里希还有弗雷德里克·威斯特一样，格莱里勒的理论领先于他所处的时代，他们是真正的开拓者。历史发展的脚步落后于他们的远见卓识，直到今天才迎来了真正大放异彩的时代。

企业战略能解决哪些问题

格莱里勒认为，企业战略指的是在所有行动开始之前，必须先彻底、系统地想清楚，为了能在今后的经营活动中取得成功，有哪些事情是从一开始就必须做的？根据格莱里勒的观点（德鲁克也是相同的看法），企业战略的时间界限是开放性的。德鲁克认为，战略并不是未来的决策，而就是未来本身，是今天的决策对未来的影响，还有那些人们无法做出的决策，因此企业战略时间范畴必须是开放的。假如有人把战略限定在未来10年内，那只能说明他还没有理解战略的本质。战略的本质在于创造未来，雕塑未来，而不是根据未来做出反应，因为未来完全是未知的，谁也不知道它究竟会变成什么样。另外，虽然利润及其最大化，以及其他的财务数据对于战略的制定非常重要，但是战略并不以这些概念为目标。我们可以看到，这些概念也没有出现在战略的定义中。很显然，战略的目标并不在此。

为了能够正确评判格莱里勒提出的战略管理控制系统和其

他战略管理方案的区别，找出其中包含的进步因素，我们必须首先弄清楚战略规划和管理所要解决的基本问题是什么。如果弄不清要解决什么问题，就无法把精华和糟粕区分开来。

核心问题是，从战略上讲，以财务数据和资产负债表为导向的企业管理必然产生系统性的错误。这种观点的影响范围甚广，意味着惯常理解企业经济学的基本概念以及在此基础上进行的实践活动，都是需要质疑的。事实上，一个企业能盈利，远远不意味着这个企业的经营情况是健康的。可能恰恰相反，或许它正面临倒闭的危险。借助企业经济学手段，我们只能对管理的执行情况进行评估和控制，而对于它的战略部分则无能为力。这也是以盈利为导向的管理活动无法达标的，也是无法及时发现企业衰退的主要原因，因此也无法及时采取纠正措施。这种类型的管理将迫使人们不得不一而再再而三地沦落到危机管理的境地。从路特时代的戴姆勒 – 奔驰公司到许多国家电信公司的崩溃，再到瑞士航空公司的没落，现实中这样的例子已经足够多了。

从这种意义上说，战略管理的主要目的并不像人们常说的那样，是在目标 – 实际 – 分析的基础上认识到偏差现象并对其加以修正，其真实目的在于为预期的发展创造必要的现实条件，防止出现预期之外的、危险的甚至会造成灾难性后果的发生。

无论体系怎样扩展，企业经济学的利润表（即以企业收入与成本费用核算为基础）意义上的目标 – 实际 – 分析都无法从根本上实现这一目的。原因很简单：当看到一定的行动信号后，我们才会采取纠正措施，而这个信号总是姗姗来迟。即使知道了这个原因，我们也改变不了这样的事实。我们能做的只能是确定基准，根据基准的真实内容（而不是想象和推测）允许其涵盖较长的时间范围。由此产生的主要影响在于为识别和引入确保企业生存安全乃至成功的机制与措施赢得时间。

这相当于越高级的生物体，其感官的功能越强大，从而能更好地辨认方向。从这种意义上讲，格莱里勒对于企业管理的贡献可以看作是进化性质的飞跃。企业战略不是狭义上的某个计划、提纲。我们当然不能把已知领域的计划应用到对未知领域的开发中。未知领域的开发有其特殊的规则和基准。按照格莱里勒的逻辑，这种规则应当是怎样的？其中包含着怎样的基准？这些都将借助下面马上要讨论的战略与绩效分析，进行详细说明和量化。战略是一种方向上的探索和尝试，是一种进化。在生物学上我们所说的进化战略，也同样适用于管理。

带有逻辑必然性的完备企业导航

格莱里勒的战略管理观点具有完备导航系统[⊖]的特点。虽然这种系统不能决定采用哪种管理路线，但是它能告诉我们在决定管理路线的过程中需要注意什么，以及为了能使制定出来的路线符合预期，我们必须以哪些因素为基准。

需要注意的是，上面用到的两个表述——“需要注意什么”和“以何为基准”，是经过思考之后的选择。我们必须先弄清楚一件事，即与绝大多数的企业经济学和管理学都不同，格莱里勒创建的体系呈现出了一种内在的逻辑必然性。这种必然逻辑并不是偶然的、任意的。它一旦被改变或替换，整个格莱里勒体系的引导力将荡然无存。因此不能草率地对格莱里勒体系进行补充、添加和扩展，但偏偏有些人就非要这样做，他们总是

⊖ 这种说法在应用到互联网之前至少在 10 年前已经在圣加仑管理中心得到了应用。

错误地认为一定还有什么东西遗漏了。图 10-1 向我们展示了格莱里勒控制体系的基本逻辑。正是这种逻辑使得格莱里勒的研究成为企业管理领域的伟大突破。与其相比，其他所有企业战略的相关理论都带有很强的任意性和随机性。许多作者（比如波特和明茨伯格）也许都有自己的想法和建议，但是他们拿不出令人信服的理由。

格莱里勒体系却与他们的不同，它以一种简洁、巧妙的方式串联起了企业整体控制中涉及经营和战略方面的所有实际环节。这个体系连同之后要讨论的图 10-2（同样也是格莱里勒提出的），共同构成了引导和控制企业所有活动与行为的坚实基础。只要在战略制定过程中添加一些结构和组织方面的方法原则，完备的企业发展整体框架就构建起来了。

核心要素

这一部分是对图 10-1 中最重要的几个要素的解释。正确阅读图 10-1 的方法是由下而上，这也符合对企业管理至关重要的导航和控制系统的历史发展顺序。

流动性

第一个同时也是短期的调控要素是有流动性的。如果不能长久地维持支付能力，那么再强大的企业也难逃倒闭的命运。在市场经济中，流动性是从经济和法律双重角度衡量企业能否生存下去的标准。一提到企业的生存问题，可能很容易想到诸如利润、增长、盈利率等因素，但其实这些都不是最主要的，真正重要的是保持流动性。

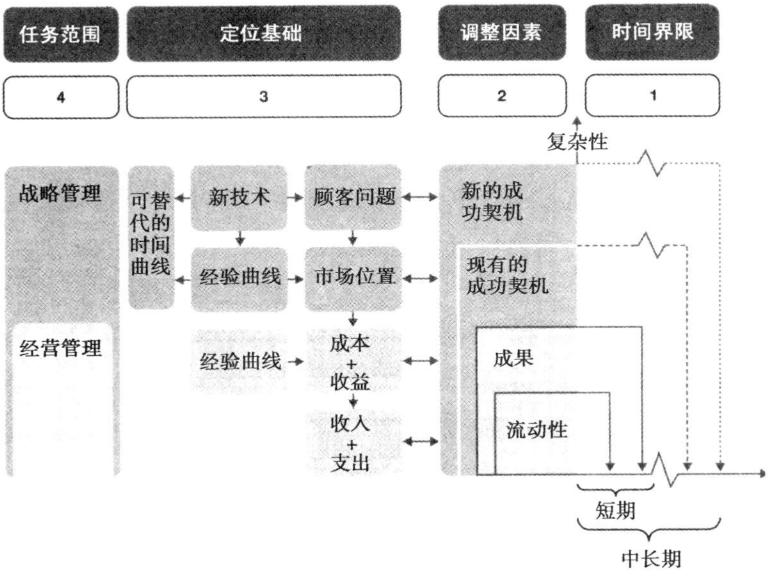

图 10-1　企业导航系统

资料来源：阿琉伊斯·格莱里勒，《企业战略管理》，1990、2005 版，第 34 页。

流动性的控制即使不是会计工作的唯一任务，也应当算是其最核心的任务。这里不可或缺的基准量最终只有两个——收入和支出。即使面对现在如此复杂的财富计算方式，也只需要这两个量就足够了。

流动性的调控工具只适用于短期，然而规划、战略都是着眼于相当长的时间范围，并且要为企业的经营决策服务。因此，偿付能力是一个瞬时量，与保持流动性相关的决策也只能持续很短时间。观察流动性的时间长度通常是以周或月为单位。即使只分析流动性的决定因素，即收入和支出，也不会找到其他任何关于流动性长期或未来发展的信息。如果想要分析未来走势，或是想要把握较长的时间范围，则必须把其他一些要素也纳入规划和控制中。

此外，充沛的流动性在一定程度上也会造成误导，因为它掩盖了这样一个事实，那就是企业未来发展的基础，即企业经营状况开始恶化，或者开始走下坡路。出现这种情况的原因是在流动性充沛的同时也可能出现业绩不佳的情况，也就是说，两者可能同时出现。虽然这种情况并不能维持很长时间，但是对于形成错误的误导已经足够了。这也说明只盯着流动性，可能会导致无法及时采取流动性防范措施。另外，当流动性不足时，收益状况可能反而呈现良性发展的态势，这也正是因为流出的流动资金遭到了不合理的使用。因此得出结论，从流动性充沛与否推导不出企业业绩的好坏，但是反过来，企业业绩的好坏可以看得出流动性是否充沛。

企业经营绩效

较长时间范围内的企业发展以及对流动性有效的预先调控，只有借助对企业经营绩效的控制才能实现。从逻辑结构、因果联系以及时间顺序上看，企业经营绩效都发生在流动性之前。因此只有借助企业经营绩效才能消除流动性自身带来的、有可能会造成系统性误导的风险。

对企业经营绩效的控制不能取代对流动性的控制，但它奠定了对流动性进行预先调控的基础。对企业经营绩效的控制能扩大流动性调控辐射的时间范围，并且它这样做借助的是遵循其他规律的要素，而不是直接通过流动性本身。

一方面是流动性控制，另一方面是流动性预先调控，两者的基准定位和测量参数是不同的。流动性控制需要通过收入和支出实现，而对其预先调控包含的要素则处于另外一个层面，其在逻辑、因果和时间上具有优先性，这两个要素就是收益和损耗，它们是企业经营绩效的直接基准量，它们是否能起到预先调控流动性的作用，取决于企业经营绩效决定要素的实质性差异。对企业经营绩效的控制连同所有必要的步骤，例如，确认利润、利润分析等，要归属到另外的经营职能，而流动性控制则是会计工作的核心职能之一。

现有的盈利潜力

出于逻辑上完全相同的原因，依靠企业经营绩效的各个决定因素无法对经营绩效进行有效的预先调控。若要达到此目标，控制的核心需要转向其他基准量，即那些之前被认为直接决定企业经营绩效及其未来发展的因素。格莱里勒就此抛弃了狭义上的企业经济学以及建立在财务数据基础上的企业规划。正如图 10-1 所展示的那样，关键性的一步是帮助我们把思路从企业经营层面中解脱出来，从而进入了战略管理层面。

格莱里勒把位于经营绩效之上的相互关联层面称作“盈利潜力”，说得再确切一点，就是现有的或当前的产生经营绩效的潜力。格莱里勒定义的“盈利潜力”与其他大多数作者的定义不同，它不是任意某个优势、长处或诸如此类的东西，而是“产品及市场特定的、经营绩效相关的所有先决条件搭建起的整体框架，但凡涉及经营绩效转化为现实时，必须以这些先决条件为前提”。

我们这里说的“利润”不能简单理解成普遍意义上的定性的概念，而是应当从经济学定量的角度出发，将其看作是收益和损耗之间的差额。格莱里勒理解的“盈利潜力”也不等同于目前十分流行的“核心竞争力”。有些核心竞争力永远也变不成盈利潜力，当然也有一些非常理想的情况，两者恰恰相互契合，也就是说，盈利潜力建立在核心竞争力之上。

因此，对经营绩效的预先调控需要以现有的盈利潜力、其丰富性和持久性为基准。如果等到绩效本身体现出不良影响之后才发现遗漏或失误，那么通常情况下，产生绩效的前提已经丧失，因为从认识至危险再至危险蔓延到流动性领域的时间，往往比创造前提条件的时间要短。于是在这里我们发现了另外一对有可能产生严重误导作用的逻辑矛盾：盈利状况或许非常好，但盈利潜力很糟糕。因此从盈利状况的好坏不能推导出隐藏在背后的盈利潜力的好坏（瑞士钟表业的“悲剧”即由此而来）。反过来，当盈利状况很糟糕甚至出现亏损时，盈利潜力可能很大。很显然出现这种情况是因为人们不知道如何利用盈利潜力（奥地利钢铁行业的机遇即由此产生）。

如果会计报表中显示出了消极的盈利潜力影响，或盈利潜力不足，那么为了保护利润和流动性必须要采取相应措施，这些措施大部分只具有短期效应，而且往往会对盈利潜力带来更大的不利影响。这样的例子不胜枚举，典型代表就是绝大多数削减成本的项目，这些项目不仅会削减掉在“损耗和浪费”意义上的成本，而且连那些实际上可以上升为潜力的消耗也一并被剔除了。尚未被利用的潜力造成的成本自然带来更多收益，但并不能因此就把这些潜力作为单纯的损耗直接削减掉。然而事实上这确实是企业惯常的做法，因为这是最简单的改善盈利状况的方法。由此可能换来股市的交易繁荣，但是潜力被摧毁了。由于摧毁的潜力并不体现在会计报表和财务数据中，所以人们完全认识不到这一点。

现由盈利潜力和经营绩效预先控制的两大起决定作用的基

准量分别是市场地位（体现在市场份额中）和由此产生的成本。更确切地说，这直接关系竞争企业之间基于最低成本的市场份额比例。其根源在于经验曲线及其背后隐藏的经验效应：市场份额比例决定了企业经营成果的积累（产量及其他），因此它能对一个市场本质上可达到的成本下限以及每个企业所达到的最低成本产生影响。经验效应是指积累量增加一倍，就会导致产生一定规模的成本下降潜力，大多数情况下它占实际价值创造的 20%~30%。这个部分能否被利用，是一个企业成本控制领域的管理技巧和结果问题。如果低于这个由经验效应决定的下限，则无法取得经营成果；或者即使能获得成果，这个成果也是借助于企业外部因素（比如国家补贴或者大型企业内部错误的横向结算）产生的。

需要强调的一点是，经验效应是最容易遭到误解和滥用的基准量。关于这一点在《企业战略》中我还要详细论述，在这里我只想事先说明一点：谁占有更大的市场份额，谁就有机会获得更低的成本，有能力在价格战中比竞争对手坚持得更久，从而也就能在市场上生存得更久。这就是隐藏在所谓“防御性市场份额”概念背后的基本思想。“防御性市场份额”是我在 20 世纪 70 年代的战略讨论课上提出的。在市场上重要的是实力而不是规模，也就是说，实力要强大到足以抵挡住所有能想到的来自竞争对手的价格拉锯，这最终仍然要落到成本上。

新的盈利潜力

运用现有的盈利潜力对经营绩效进行预先调控也有局限性，主要表现在：对于结构发生根本性转变和重组的市场上，市场份额及在其基础上产生的经验效应作用十分有限。

通常我们在提到“结构转变”时，几乎总是一般意义上的、非特指的，而在格莱里勒体系中，这个词总是专门指代一种特指的具体转变，即满足市场需求的方式与途径的转变。此外还产生了一种本质上更加激化的竞争形式，它出现于有直接竞争关系的企业之间，即基于新兴科学技术基础上的替代竞争，同时这也是全新的市场解决之道。真正有突破性意义的创新就诞生于这种替代竞争之中。

用来预先调控现有盈利潜力的基准要素不同于对其进行评估的要素（市场份额和成本）。反之，只有瞄准市场份额和成本之外的基准量，才有可能在时间上预先对其进行定位并及时加以调控。

新的盈利潜力核心有两个基本思想：第一是关于顾客及使用者的问题，这个问题可以通过特定的产品和服务解决；第二是可替代性。其关键点在于认识到必须把产品作为解决顾客问题的答案。但这种认知必须建立在一个特定的理念基础之上，即“顾客问题的表述不依赖于问题的解决方法”。这种理念是由格莱里勒提出的，它应当为每个管理者所理解。通常情况下，一个问题可以有很多种解决方法，因此不能通过市场上现有的解决方法去认识顾客的问题或做出相关表述。只有如此，我们对顾客问题的认识才能脱离特定的解决方案，从而正确评价市场的可替代性，也就是说，市场上有没有能够替代目前这种解决方案的新方案？新方案可以从多大程度上替代目前的方案？⊖相关的实

⊖ 这种思路本身非常原始，但在今天极其重要。它最早出现在彼得·德鲁克1954年出版的《管理的实践》一书中，后又在其1964年出版的《成果管理》中详细论述。在其中德鲁克这样说道：“我们经营的是顾客，而不是产品。”这种对顾客或使用者问题的表述和理解不依赖于解决方案。管理者和企业必须要理解这一点，这具有至关重要的意义。

际案例数量很多，比如目前比较突出的一个就是用数码照片取代以前的化学胶卷照片。

在基础工艺贯彻与推广的研究基础上，我们也获得了更多有关替代进程完成速度的信息，以及企业管理有多少时间从正在进行的结构转变中获得利益，或者至少对其做出积极有效的反应。这样的决策同样瞄准不同的基准量，最大限度地为预先调控赢得了时间。⊖

在当前市场条件下，企业现有的盈利潜力（从市场份额意义上看）越大，产生的盈利和流动性影响就越积极，在此基础上对现有盈利潜力基础进行研究的紧迫性也就越小，因此更容易忽视未来新的盈利潜力的基准量。所以常常能听到这样的说法：如果能在转变对市场的影响体现出来之前就提前认清市场走势就好了，这样可以根据当时已有的控制系统、要素及其内在逻辑做出合理的方向判断。

这里有一个典型的例子，即互联网。很多人以为互联网诞生于20世纪90年代，但其实早在60年代它就已经出现了，这在计算机、网络行业是人尽皆知的事。只不过到了90年代初，网景公司向市场推出了首个面向非专业人士的网页浏览器，互联网才逐渐为大众所认识。

借助技术变革，新的盈利潜力取代了旧的盈利潜力。在这种关联性中，整个观察视野必须随之扩展，使之涵盖尽可能全面的范围，这一点非常重要：顾客本身并不变化，他们在一个不断变化的效用结构中起着“阿基米德支点”的作用。一个企

⊖ 在过去几年中，圣加仑管理中心创建了一套专门的方法，用于分析替代作用的发生过程，使其具体流程和时间进程能够服务于企业的战略决策。

业是否处于原有的或衍生的顾客问题范畴中，主要可以通过分析围绕顾客问题产生的整个绩效和效益系统得知。但是由于顾客问题及其解决方案不仅有经济或技术方面的影响，因此建议引入企业生态系统分析流程。只有在这里，这种机制才能发挥其全部能量。

此外也有必要引入顾客价值分析机制，用英语表达是"customer-value-analysis"，它是前面提到过的战略与绩效分析最具价值的成果之一。所谓顾客价值，就是企业自身产品与竞争对手产品相比的相对性价比。因此我们所要做的不只是简单地用顾客价值代替股东价值，而且是应当对其进行实证、量化，并将其作为企业战略的支柱应用到公司治理中。

作为图 10-1 的补充，图 10-2 向我们展示了各要素之间的内在联系。不同的要素被划分成了两个部分——企业外部和企业内部要素。其中几个部分共同构成了图 10-1 中各控制变量和基准量之间清晰的、符合逻辑的相互关系。

前面已经说过，格莱里勒提出的企业导航和控制系统的逻辑不能被草率地修改，否则其目标会模糊，效用会减弱，甚至变得不再有意义。到目前为止，所有的补充其实都是越改越糟。人们之所以这样做，虽然是出于好意，但是格莱里勒却不能理解。而我由于和他的私人关系不错，可以和他一起讨论上几个小时，直到清楚地解决了不理解的问题为止。

总结与概括

从本质上讲，图 10-1 和图 10-2 中包含的系统及其基本逻辑是完整的，且形成了一个封闭的体系，不需要再往里添加其他要素了。即便是各个单一要素以及要素之间的相互作用、相

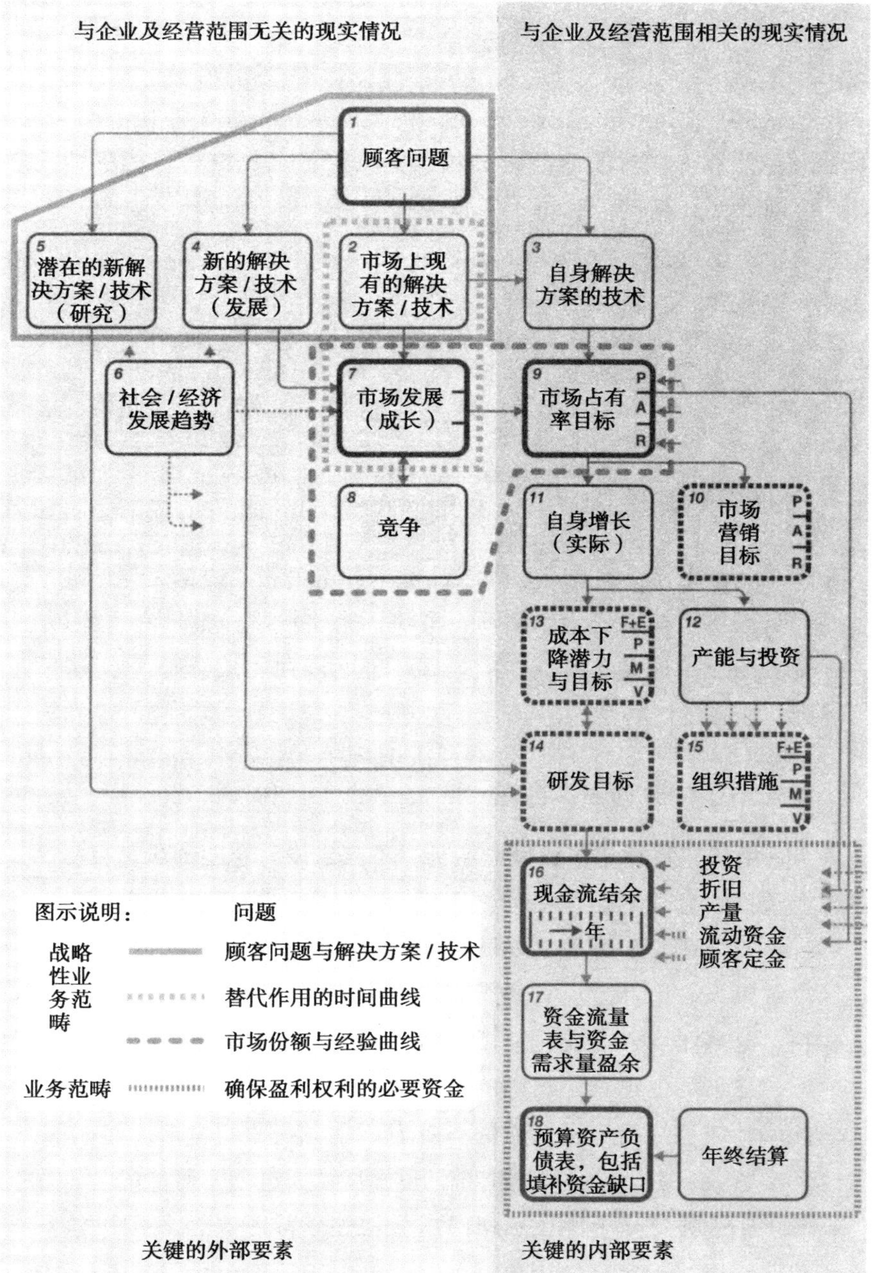

图 10-2 战略规划的基本体系

资料来源：阿琉伊斯·格莱里勒，《企业战略管理》，1990、2005 版，第 31 页。

互联系，也远远没有研究透彻。但是从这种内在关联性的角度出发，基于现有的研究成果和认知水平，我们已经可以确定，借助这两个系统，导言中提到的那些重大错误和纰漏都可以避免了：通过推测控制变量，我们可以清楚地认识到预先调控的界限在哪里；长期来看，完全以纯经济因素为导向的管理，特别是目标只指向利润和财务数字增长的管理，必然会把自己引入歧途。

企业战略的原则

企业战略正确与否、质量高低，并不关乎其语言表述形式，而是取决于概念的内容实质，取决于对市场规律的内在逻辑以及战略成果前景实实在在的把握。下面罗列的几个最重要的原则，应当予以特别注意。

增长不是企业的根本目标

增长，特别是营业额的增长，不应当成为企业的最高目标。增长目标绝对不能当成战略投入，而必须看成是战略产出。

一个企业是否需要发展壮大，是否能发展壮大，或者不能再继续发展壮大了（这种情况也是有的），只能交给市场来评判。有些时候，企业迎来了迅猛发展时期，它可以抓紧这次机遇，在市场上建立起自己的防御性地位；也有些时候，进一步发展壮大已经超出了企业的承受力，是对企业的苛求；而在很多市场上，由于已经高度饱和，再发展壮大也是不可能的。

从这种意义上说，不断保持增长并不特别重要，重要的是企业发展得一年比一年更好。即使是由于受到市场限制不能再增长的企业也可以继续完善质量，尤其是提高自己的生产率。此外特别重要的一点是，如果企业想要增长，那么应该怎样实现这个增长：在处于成长阶段的市场上产量可以增加吗？在已经达到饱和的市场上市场份额还能提高吗？通过并购或创新能够实现增长吗？通过多元化经营可以实现增长吗？无数生动事例一再向我们证明，这是一条非常危险的道路。那么在通过的同时意味着创新的多元化经营可以实现增长吗？这条路更加危险。

又或者，通过扩大产品线能够实现增长吗？这种方式表面看起来没有问题，但是其影响极其深远。只要回过头去看一看在过去十年中曾经历过增长的大多数企业的实际现状，我们可以发现，虽然营业额增加了，但是与此同时生产线上的产品数量增长的幅度更大。其结果无一例外地导致了复杂性呈几何倍数增长（有一些甚至需要好几台大型计算机才能应付得过来）。另外更加严重的后果是，业务的透明度也因此急剧下降，利润率、收益率和流动性都遭到了侵蚀。

增长：正确的？错误的？

正如我们今天看到的那样，在 20 世纪 90 年代的经济繁荣时期，绝大多数企业的战略从根本上都是错误的，这一点当时就应该认识到。恰恰因为这个原因，股市价值被大规模摧毁，许多曾经的经济帝国如今纷纷倒塌，业务全线收缩、撤退，产能下降，裁员，在一些地方还出现了流动性不足的威胁。而把它们引向灾难的正是在无数咨询师、经理、主管心目中神圣无比的企业战略。

尽管预见到了灾难的发生，但是许多管理者的想法并没有因此而受到触动，这其中也包括那些已经有过失败教训的企业继任者。他们虽然终日忙于收拾前人留下的烂摊子，但内心并没有真正吸取教训，仍然延续之前的经营方式。当被问及什么是最重要的战略目标时，他们几乎都会本能地、不假思索地回答："增长！"

不可否认，增长是企业经营活动中一个非常重要的要素，这一点无可争议。但是就像之前一再强调的那样，把它作为战略目标是错误且危险的，这么做只能把企业引向失败。增长不应当是为实施战略而进行的投入，而应当是战略实施的结果。因此，它不能在一开始被作为目标提出，而应该是对经营活动及其内在规律进行了深入彻底的思考之后得出的结果。如果企业的高层管理者不能明确认识到这一点且把它毫不妥协地落实到行动上，那么即使有改善也只是暂时的，他们终究还是会回到原先的老路上重蹈覆辙。

只有先区分开健康和不健康的增长，才能制定出高超的战略规划。一个 12 岁的孩子每年长几厘米很正常，但是如果一个 50 岁的人也是这样，那他一定病得很严重。规模大小绝不应当成为企业战略的目标。企业需要的不是做大，而是做强。在任何可以想象的情况下，企业规模也不会有战略上的重要意义。**一味追求做大的企业，只是被表面的光鲜外表所蒙蔽，说得形象一点儿，这就好比分不清何谓肌肉何谓脂肪一样。**在这一点上，有一个很容易搞混的关键点：正确的企业战略的确会带来增长，并且最终导致企业规模的扩大，但是这个顺序是不可逆的，也就是说，反过来这句话就不成立了。

企业规模的衡量依据是销售额和员工数量（这个现在用得很少）。我们前面刚刚提到过，采用错误的方式，例如草率决定地域扩张，增加生产线，错误实施收购与兼并等，的确可以在较短的时间里实现大规模增长，这一点不难办到。但是同时也不可避免地导致了复杂性上升，盈利能力下降。绝对数量上升了，并且因为它们是可以看得见的，所以被错误地当成是企业获得经营绩效的证明；比例关系却因此失去平衡，但是由于它们不可见，所以没有引起应有的重视。

想要准确无误地区分健康和不健康的增长，需要用到的测量参数只有两个。第一个是市场地位。如果企业规模扩大及增长是市场地位改善的结果，那它们是健康的。但是反过来，规模扩大和增长无论如何也起不到强化市场地位的作用。第二个也是更加重要的一个参数是企业的生产率。在以往的经验中，生产率总是处于被忽视、被错误定义和错误衡量的尴尬境地。只有在最优秀的企业里才配有专门针对生产率的研发机制，只有全要素生产率[⊖]才是评判增长唯一可靠的指标。

从这个意义上说，如果销售额增长伴随着总生产率的提高，那么这种增长就是健康的，这就好比医学上的成长能促使肌肉力量上升，身体变得更强壮。如果在一个处于发展阶段的企业中，总生产率停滞不前，就会导致臃肿，在一定程度上企业仍可生存。但是如果销售额增长的同时，总生产率却下降，那就说明企业“生病”了。

越来越不重要的规模

总的来说，企业规模是由销售额和员工人数决定的。当然

⊖ 全要素生产率是衡量单位总投入的总产量的生产率指标，即总产量与全部要素投入量之比。全要素生产率的增长率常常被视为科技进步的指标，其来源包括技术进步、组织创新、专业化和生产创新等。——译者注

在有些市场上，企业规模必须非常大。但从更为普遍的意义上看，技术进步带来的巨大发展契机，导致规模的重要性迅速下降。越来越多过去只有大企业才能使用的技术，现在中小企业也能承担得起了。大企业的办事流程沉冗烦琐，其中层管理层行为缺乏方向性，官僚作风盛行等，这些都削弱了大规模带来的好处。

因此对于企业来说，重要的不是规模，而是实力；不是数量，而是速度和质量。有些企业虽然是惯常意义上的大规模，但在单独的经营领域中力量却很薄弱；还有一些我们所说的小企业，或者顶多算是中型企业，却是各自经营领域中的强势企业。

经营多样化几乎从来不起作用

从过去100多年的经济史中我们可以且也必须认识到这样一个事实，即多样化只有在极其少见的情况下才发挥过作用。我并没有说从来没有过，但是这种例子确实非常罕见，因此不具有借鉴价值。特别是中小企业，没有任何理由借鉴这样的经验，因为对于多样化，它们总是缺少两个至关重要的前提：资金和管理。

尽管大企业手中通常握有充裕的资金，并不一定需要对多样化的后续成本进行融资（当然很多具体实例证明，不是每个大企业的资金都充足），但是大多数情况下，它们同样缺乏质和量的管理尺度，然而想要成功地实现经营多样化，这个尺度是必不可少的。

此外，即使是在最大、业务范围最广的跨国企业里，也没有足够的“精英”。**对于成功实现经营多样化来说，首先需要**

的就是大批优秀称职的管理人才，这里我指的是经验丰富的、经历过实践洗礼的管理者。我们需要的是无论面临顺境或逆境都可以信赖的人，让人可以清清楚楚地看到他们的想法和行动。这样的人在任何企业，即使是那些大企业里，都是“稀缺商品”。

还有一点需要注意的是，我并没有说多样性不能发挥作用。但是它属于最艰难、风险最高的一类任务；完全成功的多样化的实现概率非常低，然而失败的可能性却最大，通常出现不好不坏的结果已经要谢天谢地了。轻率地把这样一个难以驾驭的任务纳入管理范畴，实在算不上明智。任何人在困难任务面前打了败仗，也就不能称为成功了。相反，如果顺利完成比较简单的管理任务，荣誉和财富也会随之而来。

真正意义上成功的、特别是真正得以实现的多样化战略的例子少之又少，这也是我的观点正确性的有力证明。基本上，只有杰克·韦尔奇时期的通用电气公司能算得上一个例子，即便如此这个例子并没有多少说服力，因为韦尔奇的成功无论如何也不能简单地归结到通用电气的多样化战略上。

只有在极其少见的情况下，消除劣势可作为战略目标

只停留在消除劣势阶段上的企业，才能算是中等水平，也就是说还不够好。因此在每次战略制定中，企业现存的劣势也应当在其中充当一定角色。有些时候消除劣势是获得成功的关键点。但是真正意义上的企业成功并不来源于对某个特别优势的开发利用，而是泛指全部优势，且来源于企业的现有优势，而不是五年以后才能形成的优势——在经济界，谁也等不了那么久。

所以在制定企业战略时，企业必须首先把重心放在识别自身优势上。通常情况下，劣势很容易找到，但是查找优势就困难多了，因此寻求专门的咨询服务是十分值得的。不能消除的劣势会成为企业成功的桎梏，但是消除劣势同样不会带来成功。换句话说，成功不以劣势消除与否为基础。

高超的企业战略：战略与绩效原则

> 如果要书写企业战略的历史，那么战略与绩效原则将是其里程碑。
>
> ——菲利普·科特勒
>
> 美国西北大学营销学教授，现代营销学之父

战略研究上的突破

战略与绩效研究算得上是管理学乃至经济学研究上最重大的突破。PIMS 是“profit impact of market strategies”的首字母缩写，其含义为市场战略对利润的影响。在研究初始阶段，“市场战略”居于中心地位。之后随着研究的深入，战略与绩效原则基本上能为所有战略相关问题找出答案，这些答案都是基于实践经验形成的，通过其他方式则永远也无法找到。

战略与绩效研究也是迄今为止最大、时间跨度最长（1972年至今）的实证主义战略研究纲领，其研究的起点可追溯到20世纪60年代。在这一点上，没有任何其他的研究项目能与之相匹敌。

说得形象一点，战略与绩效研究的功绩相当于终结了战略发展的盲飞时代，开辟了新的纪元。在战略与绩效研究出现之

前，战略研究是一个糅合了猜谜游戏、个人经验、直觉、相互抄袭、老调重弹的混合体；战略与绩效原则出现之后，战略研究犹如一架安装了最新式卫星导航的飞机，终于能够在近乎完美的控制下飞行了。

在战略与绩效研究的协助下，我们对严格意义上的企业经营的认识有了长足的进展。它在定义概念以及将概念付诸实践方面所做的工作是开创性的，很多新的概念和类别被创造出来，在很大程度上无异于开疆扩土，探索未知的新天地。数据收集、数据结构和数据分析提升到了一个全新且高度专业化的层次。所得出的成果几乎都是原创性的、闻所未闻的。今天，大学教育里教授的只是其中很小一部分。

另外，战略与绩效研究也让我们对经济学的认识获得了扩展和加深。直到今天，企业微观经济学总是处于被忽视的地位，正是这个原因，导致了几乎所有经济理论都把企业经济行为、特别是以过度简化利润最大化的假设作为出发点，然而这种假设是站不住脚的，完全经不起推敲。

隐藏在战略与绩效研究以及建立在其基础上的企业战略形成和发展方法的基本思路，简单又深刻。将成千上万个企业的经营范围数据都收集起来，从中找出对保持企业长久成功起最终决定作用的因素，这个工作虽然艰巨烦琐，但是真的就那么难以实现吗？通过其他学科中惯常的方法特别是通过比较结构分析得到的结果，难道不比仅靠个人经验和直觉做出的判断更好更可信吗？如果用投资回报率衡量，从企业的可持续盈利能力来看，对于其盈利潜力战略至关重要的因素有哪些？如何对这些因素进行量化？应当怎样管理企业才能构建起有说服力的、可量化的盈利潜力？

战略与绩效研究的成果

战略与绩效研究内容丰富，这里我们只着重其中最重要的环节。至于整个研究项目给战略实践带来的丰硕成果和发展契机，将在本系列丛书的《企业战略》中做全面介绍，目前这本书仍在写作中。届时也将对目前出现的批评和反对意见进行详细的评析和驳斥。

借助战略与绩效研究数据库中存储的3500余个企业的核心数据，战略与绩效研究从战略角度揭示了企业获得成功的决定因素。广泛的实证基础，加之精确的计算机分析，为企业战略决策夯实了根基。汤姆·彼得斯[⊖]就曾这样评价过战略与绩效研究："战略与绩效研究拥有世界上最广泛的战略信息数据库……为论证企业战略是否可行提供了大量有说服力的证据……它是一个无与伦比的数据库……"

截至目前，战略与绩效研究数据资料囊括了多年的经营经验，这些数据被按照成千上万不同的观点和角度排列组合起来。除此之外还有很多专项数据库，譬如新兴业务战略、经营管理费用以及顾客价值等都有各自专门的数据系统。因此，可以说战略与绩效研究是唯一能够科学地进行基准化分析的数据库。现在数据库中包括了超过250家国际消费品生产企业的欧洲营销分销机构数据，从而保证了针对营销分销领域的各种基准化分析得以顺利进行。制药行业也有类似的基准数据库。此外借助战略与绩效研究，以下这些战略相关问题第一次找到了具体量化且值得信赖的答案。

⊖ 汤姆·彼得斯，全球最著名的管理学大师之一，后现代企业之父。——译者注

（1）对于企业的可持续盈利能力起决定性作用的战略因素有哪些？

（2）这些因素有什么内在联系？企业怎样对它们施加影响？

（3）怎样具体量化地区分“赢家”战略和“输家”战略？

（4）鉴于企业现有战略因素的具体情况，其各个业务领域中所能达到的利润和可能出现的损失分别是多少？

（5）怎样规划经营多样化及新建项目，才有成功的可能？为此需要创造哪些可量化的战略前提？从项目筹建到开始盈利要持续多久？

（6）企业收购有哪些可以计量的影响？可量化的协同效应体现在哪儿？

（7）从战略上看，营销分销费用、研发费用及其他类似因素应该（或必须）占销售额的多少？

（8）为了保证企业长期、可持续地健康发展，价值创造、纵向生产范围、员工生产率、资本强度应当（或必须）是多少？

（9）从战略上看，企业创新率应当（或必须）有多高？

战略与绩效研究使我们能以前所未有的精准度和速度找到以上这些问题以及同样重要的类似问题的答案。在战略问题上，精确度不总是决定性因素，但战略发展的速度具有不可估计的价值。

一个最重要的认知：以投资回报率作为衡量标准，60%～70% 的企业经营绩效都可以归结到大约十几个影响因素上，其中特别重要的因素有八个（见表 10-1），无论在任何情况下都要保证这八个因素处于控制之中。这些因素的有机结合能在战略上使企业焕发出强劲活力，经得起来自其他薄弱环节的消极影响的考验。但是反过来，如果在这些关键因素中一个或几个以上出现了纰漏，那么即使别的方面优势再明显，管理工作做得再好，也无法弥补其带来的损失。

如果需要更高的精确性，可以在表 10-1 中添加其他因素。这些要素叠加在一起，可以用来解释企业获得成功的大部分统计方差。

表 10-1

因　素	定　义	作　用
1. 相对市场份额	企业自身所占市场份额 / 3 个最大竞争对手的市场份额之和	较高的相对市场份额始终对企业有利。在出现以下情况时，相对市场份额特别重要：高营销强度、高研发强度、经济状况不佳
2. 生产率	每个员工的生产率	较高的生产率始终对企业有利；特别是在出现高投资强度时，它更加必不可少
3. 投资强度	投资 / 价值创造	高投资强度会对企业的盈利能力产生消极影响
4. 相对顾客价值	企业向市场提供的用于竞争且基于一定价位的产品、服务质量以及企业形象	相对顾客价值对所有的财务数据都能产生积极影响——特别是在市场份额很小时，它更加不可缺少
5. 创新率	3 年以内研发的产品在销售额中所占的比重	当创新在销售额中达到一定比例之后，其会对投资回报率产生消极影响
6. 服务市场增长率		高增长率对绝对利润产生积极影响，与相对利润无关，对现金流呈现消极影响
7. 顾客类别	直接顾客的数量，50% 的销售额从他们身上获得	根据行业特点，有时一个极小的顾客数量是有益的；另外一个更加广泛的顾客基础更有吸引力
8. 垂直整合	价值创造 / 销售额	在成熟、稳定的市场上更加有利

战略与绩效研究的核心和关键因素

图 10-3 概括了战略与绩效研究的数据基础以及最主要的成果。

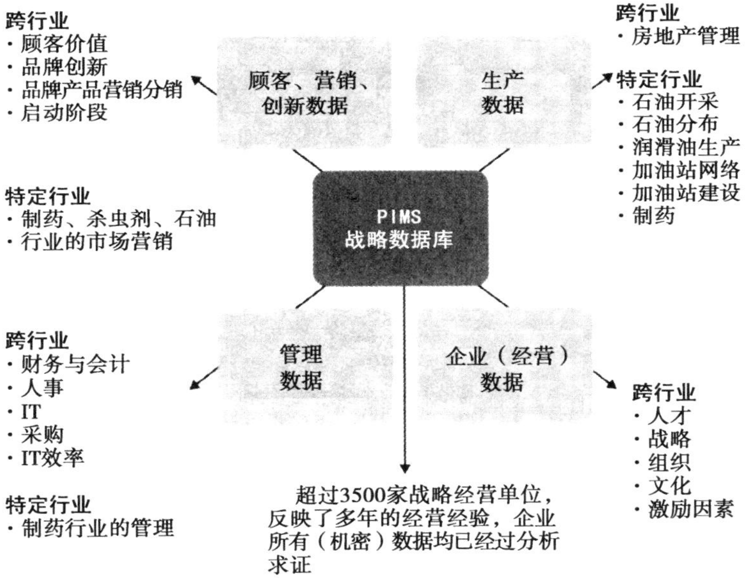

图 10-3　数据基础和主要成果

如图 10-4 所示，战略与绩效研究的关键要素可以归纳为三大类别。

此外，战略与绩效研究也有力地证明了正确的管理具有普遍适用性，对于所有企业起决定作用的都是相同的要素。因此，那种认为欧洲和美国的管理存在本质区别的普遍观点可以推翻了。同样被推翻的还有认为消费产品和投资产品存在差异的观点。消费产品和投资产品战略参数的基本结构是平行的。

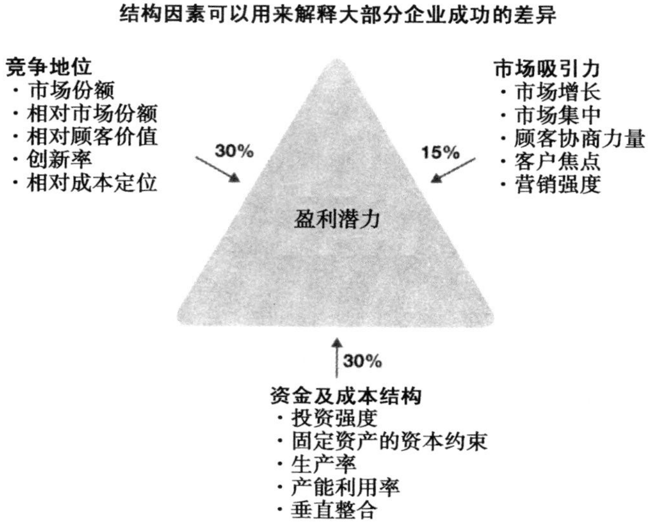

图 10-4　投资回报率最重要的决定因素

资料来源：战略与绩效研究数据库。

网络化导航

当不同因素处于同一个相互关联中时，我们格外关心其开发潜力，如图 10-5 所示。

例如，图 10-5 就向我们展示了相对市场份额与相对顾客满意度的内在关联性，以及由此产生的投资回报率。同时满足高质量和高市场占有率的情况能带来最高的投资回报率（平均为 38%），这没有什么好惊奇的。产品质量不如竞争对手，可市场占有率高时，投资回报率也相当可观（17%）。但是如果相对市场份额很小，要达到类似高度的投资回报率，产品或服务的质量就必须明显优于竞争对手。这是战略与绩效研究最重要的一大成果，但是这个成果不是人人都能明白的。许多中小企业成功的希望和战略选择就在于此。虽然它们的相对市场份额很低，但是只要通过明显优于竞争对手的质量战略，同样也能达到平均 17% 左右的投资回报率。而那些市场占有率很低同时产品质量又相对较差的企业，完全没有成功的希望。他们的市场占有率在减去税费之前也仅有 10%，也就是说，减去必要的资本费用之后就所剩无几了。

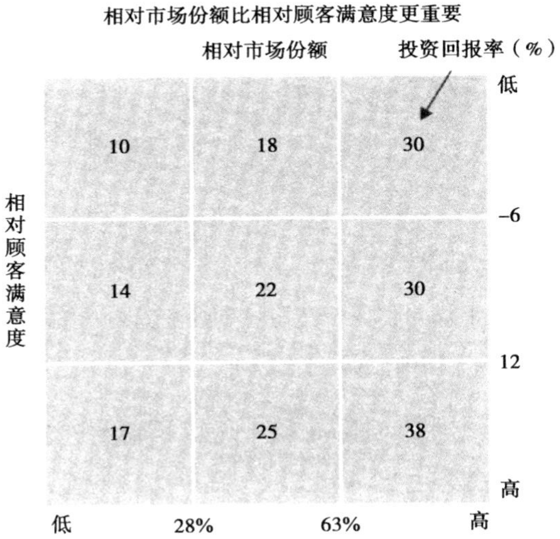

图 10-5　相对市场份额与相对顾客满意度的内在关联性

资料来源：战略与绩效研究数据库。

同样，图 10-6 展示的是相对市场份额与极其重要的投资强度（= 投资 / 价值创造）之间的内在关联性，其对投资回报率的影响也一并体现了出来。

最后一个例子是战略与绩效研究中总结的顾客价值，我们用图 10-7 对其加以说明。其实仅是“顾客价值”这个概念的提出已经是研究上的一大突破了，其后的数据分析为战略发展提供了极具价值的研究参考。正如之前提到的那样，相对顾客价值是保证企业长久立于不败之地的最重要战略要素之一。

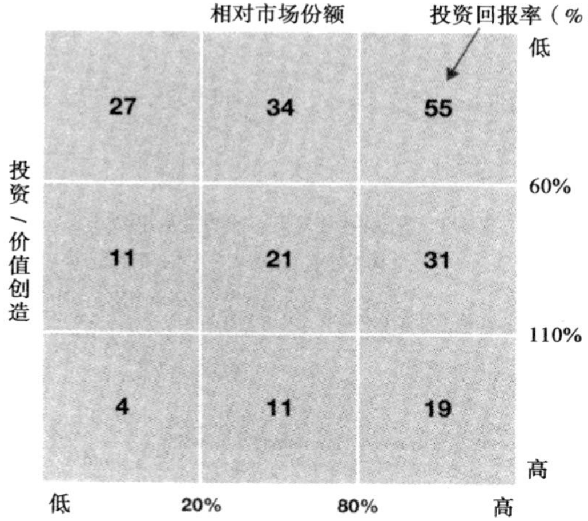

图 10-6　相对市场份额与投资强度的内在关联性

资料来源：战略与绩效研究数据库。

除了上述之外，市场份额和市场营销费用、顾客价值与研发开支、价值创造与生产率、生产率与周转资金之间都有相互依存关系，这些重要的内在关联性应该做详细说明。但是由于篇幅有限，在这里我们只能简单列举几个例子。

企业获得的好处

具体来说，企业能从战略与消极分析中获得以下好处。

（1）过去只能粗略估计其对当前以及今后经营成果（投资回报率和现金流）产生影响的战略相关要素，现在可以得到高度准确可靠的量化，从而保证了实证检验能够顺利实现，同时保持住自身的战略优势。

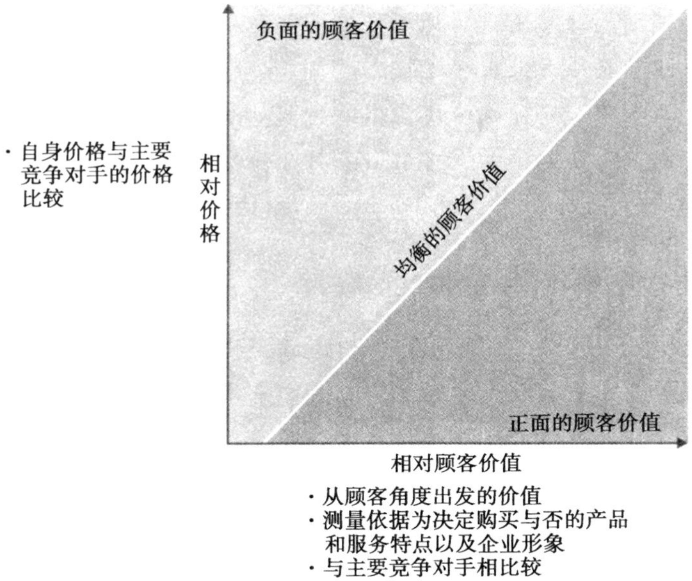

图 10-7　战略与绩效研究中的顾客价值

资料来源：战略与绩效研究数据库。

（2）对可行性的认识大幅度提升；较之过去，对企业目标的表述更加贴近现实，且从战略高度出发，具有更高的实际操作性。

（3）企业可以从那些与自己有类似结构特点，处于相似竞争环境中的企业身上学习经验，总结教训。

（4）可以模拟企业现行战略、行动及其影响，计算出可替代的最优战略选择。

（5）不仅是企业自身的战略选择，包括竞争对手的战略以及其对该企业的影响也能估算出来。

（6）可以通过对其他企业的现行战略地位和今后盈利潜力分析，找出潜在的收购兼并对象或合作伙伴。

（7）在战略甄选的过程中，各个层次的管理人员和专业人士被有针对性、有选择地联系在一起，从而保证了战略思想广泛扎根于企业文化基础之上。

（8）通过对问题解决机制的控制，改革的阻力得以有效清除，由此形成的共识、理解、参与是积极有效实行战略的先决条件。

战略与消极分析——反对的声音

长久以来，战略与消极分析的成果和研究方法一直处于支持者和反对者的激烈争执之下，当然并不是所有的批评都有理有据，也不是所有的观点都需要认真对待。不可否认，战略与消极分析是为数不多的几个值得专门进行严肃的学术探讨的例子。其研究成果推翻了众多在企业经济学和工商管理学科中具有代表性的主张，提出了许多疑问和一系列全新的、影响深远且在一定程度上颇具革旧出新的观点，因此严苛的批判是值得欢迎的。为了证明自身研究方向的可信度，战略与消极分析必须慷慨地开放自己的数据材料。

至今为止，尚没有证据能够提出对战略与消极分析的核心成果的有力反驳。虽然偶有类似传言，但一直迟迟没有出现确凿的证据。相关书籍中一再重复出现的批评点多是无端的揣测，只要稍加分析和求证就可以推翻。有相当一部分批评出现的原因恰恰是对战略与消极分析的认识不清，特别是对其所使用的统计方法不够了解。因此即使这些批评和反对观点一再被丝毫不加求证地从一本书里抄到另一本书里，它们实际上也没有什么分量。

CHAPTER

第 11 章

企业的组织结构

然而，相互作用，这才是事情的根本……

——阿尔弗雷德 P. 斯隆

通用汽车公司的第八任总裁，第一位成功的职业经理人

在外部环境、公司治理、管理战略之后，接下来要介绍的综合性管理要素是企业的组织结构。现在有一个普遍流行的做法，即把进程和组织结构对立起来，把流程放在首要地位，把它看作新生事物一样。但是从过去 30 年的实践中我们可以清楚地看到两者的关系：进程是迅速变化的组织结构，组织结构是缓慢运行的进程，两者是同一现象的正反两面。没有什么是一成不变的，因此也不存在适用于区分所有组织结构和进程的普遍标准。

在介绍综合性管理系统时已经提到过，企业的组织结构随着经营战略的变化而变化，战略决定组织结构，而非组织结构决定战略。“结构跟随战略”这一命题是杰出的企业历史学家阿尔弗雷德·钱德勒于 20 世纪 60 年代提出的，其正确性到今天仍然没有改变——如果连前进方向都还不清楚，那又要到哪里

去找为前进所做的组织安排工作的依据呢？

经济和社会的迅速变化迫使企业也不得不跟着加快改革的步伐，它们对于组织结构的考量越来越频繁，调整的时间间隔也一再缩短。除了经营少数非常简单的小企业外，组织结构始终是一个困扰着各个机构、企业的难题。在这个方面，工商管理学和企业经济学等学术理论迟迟提不出行之有效的建议，所以企业都只能自己摸着石头过河。在讲“复杂性”的时候我曾说过，新的发展动力产生于与以上两者截然不同的学科——生命科学。迄今为止，最有成效的结构模型是前面一再提及的英国控制管理理论家斯塔福德·比尔提出的“活性系统模型”，德语中叫作“Modell lebensfähiger Systeme”。这个模型的详细阐释已经超出了本书的范围，我们把它留到《组织结构》中再详细介绍。

现在我要提醒大家回想一下导言里已做过说明的语言应用问题。其中我提到了“组织”一词的双重含义：①一个机构就是一个组织；②每个机构都有自己的组织结构。前者涉及的是“组织”概念的体制方面，这里的机构和组织具有相同的意思。后者则是从“组织”概念的职能角度出发，也就是说，每个机构都需要一定的组织架构，即必须“进行组织”，以确保自身的正常运转。每次这个词出现的时候，从上下文中我们完全可以明确推断出，它指代的是哪一层意思。一般来说，在本章中用到的绝大部分是这个概念职能性的一面。

组织职能的履行

首先必须声明的一点是，我不支持不断改变组织结构的做法，其在现实中的表现形式其实就是一再重组。这很容易导致一种心理上的强迫症，一种为了组织而组织的神经质。有些管理者认为企业必须不断重组，以确保“一切都处于运转之中”，或者更直接一点，为了保证“企业还能运转下去”。持有这种观点的人不在少数，这真是一个令人费解的奇怪现象。

诚然，通过变革的确可以增强企业实力，而且从我的经验来看，其效果要比专家预想得还要好。但是企业也需要平静和稳定的时期，用于生产和创造效益。谁要是为了改变而改变，为了重组而重组，那就必须事先做好业绩下滑、财务状况恶化等风险的准备，一旦出现这些情况，犹豫不决、冷漠、焦虑、恐惧等不利于情况好转的负面情绪都会因此而滋生。既然如此，那么在进行组织架构时，我们必须注意些什么呢？

重组无异于一次“手术”

组织结构的变革可以形象地比喻成一场大型外科手术，而且是不打麻药就活生生地在生物体上进行的手术。与管理者相比，医生的情况的确要好过得多，至少他可以对病人实施麻醉，以保证病人在手术过程中一直保持平静。但管理者却不能这么做，管理者的“病人”始终保持着清醒的头脑，它知道自己面对的是什么，并且总能立刻做出相应的反应。

称职的医生都知道，不到万不得已，决不能轻易开刀。只有在用尽了其他方法都无济于事的情况下，才能考虑动手术。而且好的医生不会等到划开病人的肚子之后才开始想接下来要怎么做。他在手术之前已经为所有的突发状况做好了准备，一切措施和工具都已经放在手边随时可用。唯有如此，他才能应付得了可能出现的特殊情况。

好的管理者也是这么做的，他们只有在紧迫的情况下才会改变企业的组织结构，而且当他们决定这么做时，必然做好了万全的准备，对整个过程都进行了深入彻底的思考，并且采取了所有的配套措施。

此外还有一点，如果医生经过详细诊断且深思熟虑之后认为必须进行手术，那他会义无反顾地马上着手行动。如果企业必须要重组，那同样也要这样做。

不存在完美的组织架构

大多数人特别是经验尚浅的人大多怀有这样一种想法，认为世界上存在着某种完美的组织架构。然而遗憾的是这只是一个美好的愿望，到今天为止这种组织架构尚未出现。事实上，所有的组织架构都是“不好”的，都会制造各种矛盾、协调成本提高、信息不畅、人际摩擦、混乱以及断层等问题。

从这种意义上说，我们应当从组织架构好与不好的比较选择中走出来，因为可供选择的对象只有“糟糕”或“更加糟糕”而已。无论何种组织架构都要对现实情况做出妥协。

因此，组织架构形式的评价依据不是它能解决什么问题，而应当是它不会再制造出什么问题。这种观点与惯常思路大相径庭，可能一时很难接受，需要好好咀嚼消化才能领会。不过它的确可以避免出现前面说的那种“组织”的神经质。只要稍有困难、挫折、矛盾就求助于结构重组的做法是不正确的，但凡经验丰富的管理者都不会这样做。他们看得到出现的问题，也相信结构改革确实能解决这些问题，但是他们不会天真地幻想重组之后就万事大吉，不再出现新问题了。恰恰相反，他们知道新的组织结构会带来新问题，这些新问题很有可能是他们闻所未闻的，因而也无从评判，而目前的问题虽然很棘手，但至少是已知的。这就是他们的基本立场。

此外，只有在极其罕见的情况下，我们才能见识到企业经济学意义上的“纯粹”组织结构形式，它几乎只出现在教科书里。真正的组织形式是由各种所谓“纯粹”的形式杂糅而成，是一个混合体。顺便说一句，这没有什么不好，只不过教科书里不涉及这些方面罢了。

不能以组织结构图为出发点

有经验的管理者一定都有过这样的感觉，但凡谈到关于组织结构的话题，大多数人都会立刻拿起笔开始画组织结构图。尤其在和不熟悉组织结构工作的人打交道时，这种感觉特别强烈。然而，这种做法实际上大错特错。组织结构图应当是组织工作的终点，而不是起点。真正的出发点应当是机构正常运转的基本目标、基本问题和条件，是经营使命和经营战略。

为什么会这样呢？其实道理很简单：即使最完美的组织结构图也说明不了什么问题；没有确保机构正常运转的核心要素和关键点出现在组织结构图中。

第一，一般来说，组织结构图中不包括外部环境及其最核心的两个要素——顾客和竞争对手。顾客必须要认真对待，企业目标能否实现就取决于此；竞争对手也要详细了解，知己知彼才有超越的可能。因此无论是对组织活动还是整个管理来说，顾客和竞争对手都是最关键的两大基准点。但恰恰是这两个点，都没有出现在企业所谓的“最重要”的图表中。

第二，除了一些高层管理者的秘书之外，组织结构图中不包括一般意义上的秘书。我还没有见过哪个企业没有秘书也能正常运作的，大企业就更不用说了。如果秘书举行大罢工（这里的秘书指的不是只做文书工作的那种，而是“管理”老板的那种）那么只需要短短几个小时，大企业就只得停业。

第三，组织结构图中不包括各种委员会、工作组、临时单位和团队，而这些正日渐成为机构的实际执行单位。

第四，组织结构图中不包括会议组织和会议节奏。企业运转的方式和速度需要决策，而大部分决策都是在会议上做出的。因此对于组织工作而言，必须弄清楚谁在什么时间开什么会，这是必不可少的一步。但是在组织结构图中看不到这一步骤。

第五，组织结构图由一个个小方框组成。但是这些小方框体现不出它们之间的相互作用，而恰恰是相互作用才是真正的重中之重。矛盾、合作、协同作用的潜在发展力就出现在这种相互作用之中。正如本章开始时的那句话所说的：“相互作用才是事情的根本……”

企业正常运转的基本条件

组织职能的基本目标

组织职能的基本目标可以概括为强化优势、消除劣势。劣势能被彻底消除的情况很少见，但是我们可以努力弱化其消极影响，使其变得无足轻重。这是企业正常运转的基本条件之一。

企业的组织结构必须便于创造效益，便于取得成功。但大多数组织形式特别是所谓的新式类型，实际作用却与此完全相反，矩阵结构尤其如此。

因此，思考的关键点应当落在以下两个问题上：创造效益的前景如何？怎样做才能更容易地实现这种效益？

组织职能履行的三个基本问题

任何领域中都存在一叶障目、不见森林的风险，履行组织职能时也不例外——面对如此一大片“灌木丛”，的确很有可能迷失组织的前进目标，摸不清所要遵循的规则。最坏的情况是，除了组织本身要完成的任务外，还额外添加了更多要求，造成组织负担加重。事实上，要求越多，组织职能的产出越少，取得的成果也越少。

在所有涉及履行组织职能的相关问题中，居于核心地位的有三个，它们是所有组织活动都必须回答的基本问题。

（1）我们应当如何进行组织，才能确保顾客愿意花钱从我们这里购买东西，即使顾客价值始终处于视线的焦点而不消失？

（2）我们应当如何进行组织，才能确保支付给员工的报酬，能从员工处换回最大效率，即物有所值？

（3）我们应当如何进行组织，才能确保支付企业高层管理人员的报酬能获得最大程度的反馈？

组织职能的执行为以上三个问题的沟通联结搭建起了桥梁。

乍看之下，以上三个问题似乎再简单不过，甚至已经到了陈词滥调的地步。没有任何一个企业敢“明目张胆”地宣布自己对顾客不感兴趣。但是在股东价值论盛行的年代，它们也并没有坚持“以顾客为重”的理念。从过去至现在，股东始终是企业关注的中心目标——它们围着目标团团转，但目标不是顾客价值。它们的目光虽然瞄准市场，但是错误的市场——股市。它们真正应该重视的市场，即顾客和竞争对手所在的市场，却被有意无意地忽略了。无论从哪个角度看，这都不是正确的做法，但在股东价值论的影响下，它却实实在在地发生了，由此带来的风险性之巨大不言而喻。

除此之外，在实际操作中始终做到“以顾客为导向”，不是一件轻而易举的事。首先，要找出何为顾客花钱从企业购买的真正效用，并非易事。其次，即使找出了真正效用之所在，也存在无数迷惑性很强的因素来干扰人们的视线，让人们在进行组织活动时极容易忽略本应居于核心的顾客而转向其他细枝末节。这是市场和外部环境的复杂性带来的必然结果。最后，回想一下前面说过的经营使命：就算我们能知道愿意掏钱购买的顾客群体需要怎样的实际效用，而对于那些不愿意购买的非顾客群体，他们需要怎样的效用，他们在哪里购买这些效用，我们仍然一无所知。

现在来看第二个问题——员工。他们的情况和顾客差不多。我建议每隔一段时间就和员工谈一谈，问问他们知不知道自己为什么会出现在企业的薪酬支付列表中。这样做很有必要，你会惊奇地发现，很多时候员工都完全回答不出，即使能说上几句，意思也十分含糊。他们或许会怀疑与企业签订的劳动合同或是职位说明里的相关内容，但这些都说明不了什么问题。他们对企业真正的贡献在哪里？他们应当处于什么位置？这些问题都不在他们的考虑范围内。

此外我们还经常发现，结构对员工工作的实际作用与其说是支持和协助，倒不如说是妨碍。很多情况下，就连老板也成了“卡在瓶颈里的软木塞”。

现在让我举一个能一并把前两个问题都解释清楚的例子。有这样一种保险公司，它的销售人员除了向顾客推销保险之外，还兼任行政工作。分析数据表明，在这种保险公司中，销售人员最多只能拿出 40% 的工作时间贡献给客户，其余时间全都用来应付各种管理和行政事务。因此顾客不是他们工作的中心，也就是说，虽然顾客才是这些销售人员从保险公司获得报酬的原因，但他们却无法只为这个原因而工作。

组织职能履行的第三个基本问题：高层管理人员把他们那“昂贵”的时间用到了哪里？真的是用到完成高层管理任务上了吗？高层管理人员会埋头于日常经营事务吗？企业组织职能的履行能保证身处权力巅峰的管理者放手处理那些只有对全局和整体保持清醒认识才能解决的问题吗？或是仅仅保证组织正常运转就已经让他们疲于应付，而无暇兼顾其他了吗？

这些问题环环相扣，我们留到专门介绍高级管理层结构时再详细探讨。

除了上述三个问题外，还有两个非常重要的基本问题也应当补充进来。

（4）我们应当如何进行组织，才能确保增长？

（5）我们应当如何进行组织，才能应对日益增加的复杂性？

企业正常运转的基本准则

但凡涉及企业组织职能的履行，首先要用到的不是组织结构图，而是基本准则。虽然我们无法做到时时刻刻都遵循准则行事，但即使与准则规定有偏差的妥协，也必须保证在此之前的确已经尽全力做过了这样的尝试。并且一旦要做出妥协，必须在开始时就事先考虑好局势发生不利逆转时的应对方法，以便能在发生意外时迅速做出反应。

（1）履行组织职能必须战略得当，这意味着，整合所有对整体战略有用的要素，剔除不起作用的部分。组织区域规模的大小并不像该区域战略上的均衡性那么重要。这种想法起源于早期复杂性观点：制造麻烦的是多样性，而不是规模（数量）。比如可口可乐公司的某个经理如果只需要关注产品，那他可能更容易做出成绩，但如果他同时要兼顾许多其他方面，那么想要出成绩，必须等到管理上的“好年景”才有可能。需要注意的是，不是任何一种多样性都会造成这个问题。比如，如果对不同的产品都推行统一的战略，那么产品多样性就很容易管理。

（2）现有业务和创新必须区分开，也就是说，要给新生事物的发展留足空间。这一准则将在“创新和转变”一章中另做介绍。它是确保创新有效性最重要的原则之一。创新活动遭遇失败的主要原因就是把现有事物和新生事物、已知事物和未知事物混淆在一起。履行组织职能的过程中假如也出现了这种情况，只要一有可能就必然会失败。涉及可替代性时，也是同样的道理，协调问题会由此而生，但是与混淆产生的问题相比，协调问题还是相对容易解决的。

（3）组织区域可以尽可能小，但同时要保证这些“小区域”的规模足以囊括所有的基础结构，即要做到“麻雀虽小，五脏俱全”。“小就是美”的说法虽然正确，但是决不能被僵化成教条。受过专业教育的管理者，辅之以合理的工具和技术，完全可以胜任大部门的管理工作。其原因很简单，就像我们刚才提到的，真正制造麻烦的是多样性，而不是规模。组织区域可能很大也可能很小，但是过大或过小可能会导致它们仅仅依靠自身力量而无法存活。只有当组织区域能担负得起支撑自身正常运转所必需的职能时，才可以算是独立的。

（4）绩效生产部门和辅助职能部门必须区分开。如果组织结构按照业务部门建立，那么这一准则将自动得到遵循，但这并不总能实现。除了这种方法外，通常在组织内部都是根据职能部门来进行架构的。在这种情况下就要避免辅助职能部门占据主导地位。这些部门应当对自身的辅助性、支持性职能保持清醒的认识。工业企业直接服务于绩效生产的三大主要职能始终是研发、生产和销售。而人事、IT、采购、财务（会计）等职能的存在都是为研发、生产和销售服务的。

（5）绝不姑息任何形式的内部垄断。陈旧封建的组织结构极易滋生垄断势力，它们傲慢自大、贪婪，像寄生虫一样盘踞在组织内部。因此必须在组织内引入竞争，使所有环节都保持优胜劣汰的危机意识，这是避免结构臃肿、驱赶"寄生虫"的唯一途径。

（6）在核心力量强大的基础上，尽可能做到分散化。分散的程度越高，高层管理的力量就越强。我们现在几乎找不到任何理由反对分散化。但是仅有分散化是不够的，只分散不集中，组织职能的履行仍然是失败的。因此分散的同时必须保证有一个起协调和优化作用的力量存在，即必须有一个权力核心。权力核心的规模可以较小，但实力必须强大。这就是控股公司之所以能良好运转的秘密所在。

（7）网络节点数目最小化。"网络化"是时下的流行字眼。有了网络化，几乎没有人再谈论企业分拆了。但是如果所有东西都结成网状，那么正常运转也无从谈起，因为系统被自己封锁住了。网络化导致网络节点的数目不断增加，每个节点都有可能制造额外的困难、潜在的冲突，导致沟通不畅，或者造成时间延迟。因此必须确保节点的数量最小化，不要再人为添加不必要的节点，因为不可删减的必要节点的数量已经非常可观了。

（8）组织结构必须明确化，但并不一定简易化。前面在介绍复杂性时，我已经和大家分析过那种片面的甚至是愚蠢的简化论的要求。简单系统看似恰好能满足简化论的要求，但它同时也无法创造较高的成果。简易化常常和明确化相混淆。不是所有的组织结构都必须非常简化，但它们必须十分清楚明确。比如，一座哥特式大教堂的结构绝对不能用简单来形容，其各个关联处都可以一目了然，但是一座现代化的行政大楼不能保证总是如此。

高级管理层结构

无须多做解释，人人都知道，高级管理层是组织结构中最重要的组成部分。高级管理层有两个核心部分，分别是监督机构和执行机构。不同法律形式的企业对这两个部门的称谓可能各不相同，我这里用的是广义上的上层概念，法律概念对于这里讨论的组织架构意义不大。

高级管理层的结构不是单纯的架构问题。高级管理层的结构与人员问题、职能问题及其工作方法息息相关，这是其他下属部门和职位都没有的。**高级管理层的结构组织工作属于最困难的一类组织任务，必须做到具体问题具体分析、具体解决，而不能拿统一的公式去衡量，否则就会误入歧途。**教科书里也找不到现成的答案。机构最高权力层的架构必须服务于高层管理任务的完成，而同时它又与高层管理者的性格、投入度、专业技能、管理能力以及个人工作方法有着密切关系。

高级管理层结构取决于企业当前面临的具体环境以及管理体系的发展现状。在现实中，常常会出现一些“不可能完成的任务”。从这种意义上说，清清楚楚地找出一些已经经受过实践检验的基准点和原则，严格按照这些基准点和原则办事，就显得愈加重要了。

监督机构

每个组织都需要必要的监督。在不同法律形式的组织中，履行监督职能的部门名称各不相同。最本质的区别在于高级管理层采用的是单层制还是双层制，从管理角度来说，股东大会不能算作严格意义上的高级管理层。在德国和奥地利的股份公司中，高级管理层普遍采用双层模式，监督和执行机构之间有着清晰确凿的分界线。其他国家大多适用单层模式，也不排除个别企业有采用双层模式的可能性。

在真正实现了专业化管理的企业中，即使在那些原本也可以适用单层模式的环节，仍然采用双层结构，即把监督机构和执行机构严格区分开。它们之所以这么做，是因为没有人能真正做到有效的自我监督。当然这种情况下，两者在分界线的界定上存在着一定的灵活性，从而使之具有一定优势。根据德国法律的规定，监事会与董事会的人员不得重叠，但是在盎格鲁萨克森地区和瑞士，这是允许的，也就是说，监事会主席和董事长是同一个人，不过现在这种情况也越来越少了。

监督机构的宗旨

监督机构的宗旨很容易概括：确保企业始终处于好的正确的管理之下。

监督机构实现这一宗旨主要通过以下三个途径。第一，确保自我组织的有效性。这本质上取决于监督机构的人事构成及其工作效率。虽然从法律上来说，人事构成不属于监督机构的决策范畴，而是由股东决定的，但是通常在人员选任上，至少在排除那些能力不足以完成这一工作的人员一事上，监督机构的成员有很大的影响力。关于这一点，家族企业中可能出现的阻力更大。

第二，监督机构必须对执行机构的结构及其工作的有效性负责。其实现手段由三部分组成，分别是人事构成（执行机构的人员安排完全由监督机构决定）、业务划分机制和公司章程。

第三，监督机构必须确保公司治理的明确性，确切地说就是必须确保公司治理的基本原则和具体内容都明确清晰。明确清晰，也指一切都落实到笔端，以书面形式确定下来，这是监督机构有效运转的关键所在。如果不事先把立场清楚地确定下来，就会造成在监督机构内部的混乱——有人以股东价值为导向，有人从利益相关者角度出发，还有人把企业作为中心环节……这样一来，人们就会陷入无休无止的争论之中，而问题却永远得不到解决。

在员工享有共决权的企业中，监督机构中有一部分席位为职工委员会代表所占据。这种时候，人们就会惊讶地发现，以企业为中心的逻辑思路是多么正确，其意义是多么重大。对于职工委员会代表来说，工作成效的基础既不是股东也不是利益相关者，只有把企业整体利益作为最高价值准则，才能使所谓的“派别之争”真正消失。现实中总是存在好或不好的职工委员会：不好的委员会把自己置于靶心，起不了什么作用，而好的委员会则能凭借自身的专业知识和技能对有效正确的企业管理做出实质性的贡献。

监督机构的职责

值得注意的是，监督机构的职责没有完善的法律定义，也就是说，仅从法律角度来看，其与企业管理正确与否没有联系。但是仅遵循法律规定远远不足以充分实施有效的监督。因此必须在另外的规定中，在企业章程、规则以及个人劳动合同中另行定义监督机构及其成员的权利和义务。

严格、有效的监督必须完成下列五项职责。

（1）回顾。这是监督机构的一项传统职责，影响最为深远，占用时间也最长。每次企业在开会时，“回顾”必定出现在会议计划列表中。如果不是有意避免，那么事实上会议几乎从头到尾都在做这一件事情。尽管如此，然而这项职责仍然没有得到充分的履行，原因就在于人们往往只专注于财务报表和会计数据，而真正的回顾职责应当同时涵盖之前在“公司策略与公司治理”一章中已经讨论过的六大关键要素。唯有如此，我们才能知道监督机构是否真的了解什么是正确的公司治理。

（2）前瞻。虽然回顾职责十分重要，但是它涉及的都是过去发生且已经不能改变的事情。我们只能从中学习经验，吸取教训。相比之下，监督机构的另外一个职责——“前瞻”则更加重要。前瞻教导我们要“向前看”，我们应该关心的不是过去企业运转得好不好，或者某项举措是否发挥了预期作用，而应当关心的是如何保证今后行为的正确性。因此监督机构必须详细研究企业结构、战略、文化，并且知道在观察和评估企业外部环境时如何明确设定侧重点。监督机构的成员不需要这些方面的专家，但是必须掌握足够的相关知识，以便在与执行机构人员对话时不至于露怯。

（3）最高执行机构的选举、管理、评估、平衡、任免。在所有相关法规章程中都有规定，执行机构的人事安排归监督机构决定。这项职责连同下面的职责 4 共同构成了确保监督有效性强有力的杠杆。同时这也是一项极其艰巨的任务，会占用相当多的时间和精力。即便如此，其完成情况也往往不能令人满意。很多时候，最终结果只能算是“一般”或者“糟糕”。企业最高权力职位的人事变动频繁，特别是常常出现人员臃肿的情况，都是这一点的确凿证明。不论法规章程如何以法律形式界定这种人事责任，在执行机构乃至整个企业的人员选举任免上，监督机构也都应当力求细致谨慎。

（4）最高执行机构的组织、业务划分以及公司章程的制定。通过此项职责的履行，执行机构的工作分工和工作方法得以落实下来。此项职责连同职责 5，一起能够施加好的正确的管理所必需的一切积极影响。

（5）协调各利益群体之间的关系。这一项职责应当由监督机构和执行机构根据企业的具体情况共同承担。在这一点上，有经验的监督机构成员能起到举足轻重的作用，无论是在构建和协调各利益群体之间的关系上，还是在改善和修复原有紧张或已破裂的关系上，他们都能做出重大贡献。

监督机构如何履行这些职责，是一个组织内部问题，并且严重依赖于部门成员个体的数量和职权。如有委员会，那么就必须要考虑如何才能保证其工作的有效性和效率，而这往往是让委员会主席最头疼的事。我的建议是，把各项职责分别委派给单个人员，使责任落实到个人，这样监督机构工作的有效性和积极性都将明显提高。如果不分配实际工作，而只是不停地开会、报告、讨论问题，那实际工作效率必然十分低。

相应地，无论如何也不能把监督机构的职责仅仅理解为替执行机构收拾残局，也就是说，只盯着执行机构工作中出现的错误和纰漏，只负责事后控制，虽然在现实生活中这是主流情况。如果把监督机构的会议搞得像是审判罪犯的法庭，执行机构的成员就像站在被告席上接受审判的嫌疑人，那么不但监督机构无法完成任务，而且就企业文化而言也不能建立相互信任的根基。执行机构合作的积极性将降至法定的最低限度，于是建立在合理、理性之上的工作基础被监督机构自己摧毁了。这样要不了多久，整个企业就会被猜忌、敌对和阴谋诡计所笼罩。

与此相反，称职的监督机构则会把自身定位为执行机构的权威合作伙伴，在重大或艰难决策时为其提供咨询和协助。有人说这会削弱监督的力度，但是实际情况恰恰相反，监督的力度丝毫不会受到影响，如果真的有必要实行严厉的、狭义理解上的控制和矫正措施，那么之前的合作和协助将会大大加重这些措施的分量，使人们更加尊重监督机构的权威，从而让措施的效果也会更好。

执行机构

任何一个企业都离不开执行机构。以上所讲的关于监督机构及其在不同法规章程中的组织架构事宜，也同样适用于执行机构。

我们首先要弄清楚的一点是：由于媒体广泛借鉴英语中职能头衔的称谓，并且在英文商业文件和网页的翻译中存在含糊不清的现象，因此造成了大规模的混乱。德国和奥地利的股份公司法明文规定，董事会负有强制性的集体责任，这一点无论如何都不得改变。而在其他国家，董事会的责任则可以自由设定。按照“CEO 原则”，权力和责任主要掌握在首席执行官（CEO）手中，他是企业的老板，从某种意义上说，企业的其他成员或多或少都依附于他，协助他工作，而按照德国和奥地利的股份公司法的规定，这种情况无论在何种情况下都不成立。

董事会主席并不是其他董事会成员的老板，虽然从人事结构上看，很多主席也的确自以为是这样，而且他们的这种自以为是也得到了其他人的纵容。对他们而言，权力和等级的战争不是依照法规和章程的规定进行，而是完全取决于职位任命和辞职。

这种意义上的主席职位在盎格鲁萨克森地区找不到完全意义上的对等物。虽然在那里我们也有所谓的“CEO”，但德国的董事会主席绝不是盎格鲁萨克森意义上的“CEO”，即使商业文件上或他们的名片上会出现 CEO 这个头衔，也只是因为这是现在流行的做法，其实质是不一样的。CEO 的权限非常大，几乎没有限制，而董事会主席的权力范围却十分有限，比如主持董事会议、协调管理领域等，但他不是董事会成员的主席，对任何董事会成员个体都不享有命令权——前面已经说过，董事会成员的任免由监督机构决定。而纪律和奖惩问题也由监事会负责（通常由一个专门委员会负责）。

执行机构的宗旨

和监督机构一样，执行机构存在的目的同样很容易准确地总结出来：执行机构负责对企业实施好的正确的管理。这里出现了实现公司治理的第二个中心，其效果是对是错、是好是坏，依赖于监督机构通常是监督机构和执行机构共同协商的决定。

值得一提的是，德国《股份公司法》第 76 条明文规定：董事会本身负责领导公司。董事会的领导权力不仅限于保护股东利益，而应当在对公司整体利益考虑的基础上独立领导公司。在这种背景之下，股东价值论在德国就显得可笑甚至荒谬了，因为立法者早已对此做出了明确规定。从管理的角度出发，德国的规定符合正确治理公司的要求，因此我一直认为德国的企业管理尽管还存在很多缺陷，但即便如此也远远优越于美国的那一套，并且这种优越性从 1936 年《股份公司法》改革时就已经存在了。

执行机构的职责

关于这个话题，我在这里只做简要概括，第三部分的许多章节里已经对这些职责做过详细介绍了。

（1）思考、决定企业经营宗旨、目标、任务，制定企业战略。公司治理、经营使命、企业战略方面的基本决策，需要执行机构协同监督机构在对外部环境的充分认识基础上共同做出。在这一职责的履行过程中，专业的顾问和咨询师的确可以起到辅助作用，但是执行工作最终还是要落到执行机构上。因此我在这里指的不是授权，而是实实在在的执行工作。

（2）设立标准和尺度。管理一个组织不只需要确立目标、战略，还需要整个组织、各部门、员工的行为都必须遵守相同的价值观、规章制度、标准和尺度。这些标准和尺度定义了组织存在的意义，且使实际情况和美好预期之间的差距清晰可见。它们构成了组织对特权、铺张奢侈、不称职、傲慢无理的界定，也决定了组织是否完全以金钱为衡量标准。这里最明显、最重要的尺度就是最高管理者的个人形象和榜样作用。

（3）人力资源的建立和维系。一个组织是好是坏，取决于在其内部工作的人和他们的能力。组织必须配备合格的专业人才和管理人才，确保那些未来的经理掌握了足够的知识储备，持续接受培训，并且随时都可以投入管理工作。这不单是人事部门的责任，而应当成为整个高级管理层的共同职责。

（4）思考和决定企业的基本架构。最高管理层不仅要广泛深入地参与到战略制定中，而且企业基本的架构问题也同样属于他们要考虑的范畴。然而很大一部分管理层对这个问题知之甚少，因此几乎总是需要从外部聘请咨询师共同参与。这样一来，问题解决的质量就无从保证了。因此高层管理者至少要保证对本章中提到的那些关键点给予足够的重视。

（5）维系企业主要的外部公共关系。这一职责如此显而易见，完全不必拿出来大加讨论。执行机构的成员必须负责专业、有效地维系企业与外部环境的关系。这个工作不能由外部专家代为进行（虽然这几乎是非常普遍的做法），企业必须有自己的代表。

（6）代表企业。这一项职责和上面的职责 5 相辅相成。这种代表权必须为企业服务，在任何情况下都不应当为代表本人或个人崇拜服务。有些管理人员是这个方面的专家，他们能很好地胜任此项任务并且也乐于接受；另外一些管理者却痛恨代表权，不喜欢在公众场合表现自己，并且大多时候，他们的表现也的确很难令人满意。出现这种情况时需要注意，不要因为管理者个人原因耽误了此项职责的履行，有可能的话，可以通过合理的工作分工做到人尽其用，或者对那些过于低调的管理者进行一些适度的“逼迫”。

（7）应对机遇和危机的准备。执行机构所要履行的职责都是复杂的、困难的、费时费力的。尽管如此，还必须确保他们有足够的、无硬性义务责任规定的、自由发挥的空间。执行机构的目光始终紧盯不断变化的现实条件，并做出相应的反应。如果日程表排得过于紧凑，就无法实现这一要求。在所有突发状况中两个最重要的就是机遇和危机，这两种情况都要求最高决策者必须在极短的时间内迅速做出正确决策。

当然除了以上这些职责外，企业内部还有很多其他任务要完成，比如研发、市场营销、生产、财务等，这些任务也需要执行机构的共同参与。通常这些都属于其各自对应的职责范围中的首要任务。然而真正的高级管理层职责本质上并不是对职责范围的领导和管理，虽然人们常常这么觉得。职责范围领导和管理的核心是经营管理任务。可以看出，高层管理人员的任务与这些内容实际上性质不同。

正是因为最高层的管理者总是兼顾管理某一职责范围（不论这一职责范围的划分依据是职能、业务范围，还是地域），所以真正的高层管理职责完成非常糟糕。它们或者只是被顺带着完成，或者全都交给外部顾问来做，最糟糕的情况是完全弃置不顾。上面提到的组织活动的三个基本问题完全找不到现成的答案，即使有也很难令人满意。正是出于这个原因，监督机构才必须要密切注意这种情况的发生，使高层管理职责得到必要的重视，并且确保它们被当成主要问题而非次要问题来处理。这是监督机构最核心的任务之一。

高层管理团队：高层管理人员是如何工作的

与如今的普遍观点相反，一个运转良好的高层管理团队，既不依赖于特殊感觉，也不依赖于被大肆鼓吹的“文化”和“天赋”。其真正的秘密在于始终相信、坚持和遵循一定的原则和行为准则。每次探究高层管理团队失败的原因时我们总能发现，最常出现同时也是最主要的一个失败原因就是对这个事实认识不清。这往往会令人惊讶不已，因为人们会觉得，熟悉掌握这一事实要算是组织、管理乃至领导力培训最基本、最自然的要求了。

1. 三大原则

原则一：高层管理团队所要完成的任务必须明确。团队既不是个人或集体自我实现的地方，也不是寻求民主协商一致的地方。我们之所以需要团队，为的是把个人的力量和智慧集结起来，使由此产生的力量大于个体之和，而后用这个力量执行任务、履行职责。如果不是这个原因我们也用不着辛辛苦苦地组建团队了，而且还可以省掉与此相关的很多麻烦。任务明确性这一要求看上去似乎平淡无奇，甚至有些多余，但事实上，真正做到这一点的时候非常少。

原则二：有效团队中的工作分工必须明确。任务和职责可以通过有效协商完成，而不是狭义上的“共同”。也就是说，高管团队里的每个成员负责处理自己的一小部分任务，其他成员知道他负责的是哪个部分，并且信任他的能力，承认他取得的工作成果。因此在一个良好的团队中，规章规程等都经过细致、精确地设计和制定，其中明确地规定了团队中每个人的职责。

原则三：纪律严明。这样的表述还不够明确，应当说无论对于何种形式的团队，无组织无纪律都是一剂致命的毒药，这不仅针对管理，也不仅局限在企业高级管理层，不过在这两个地方，纪律涣散造成的影响最恶劣，产生的后果也最严重。此外，遵守纪律意味着放弃个人崇拜和虚荣心，个人目标服从企业大局的目标。只要两个目标范畴不相互冲突，就不会出现问题，但如果有人把企业或者其他任何形式的组织滥用作为实现个人目标的手段，则将带来巨大的风险。

2．六项行为准则

除了上述三大原则外，有效团队还要遵循下列六项行为准则。

（1）高层管理团队中的每个成员在其各自的职责范围内享有最终发言权，他有权代表整个团队发言，并在其职责范围内对整个团队负责。

（2）任何人都不对超出自己负责范围的其他部分负责。

这两条行为准则相互制约、相互补充，是明确性、行动速度和能力的有力保证。一旦违背这两条准则，不仅会让组织陷入毫无指望的混乱中，令其瘫痪，而且会不可避免地导致团队成员之间的权力争斗。

（3）某些决定必须罗列出来由整个团队集体决策。

这一条准则的主要作用是防止上面两条准则遭到滥用：缺少集体意识很容易造成组织内部出现权力割据、各自为政的局面，如不加以矫正，则在很短时间内就会导致团队解体。速度和行动能力固然十分重要，但它们必须服务于集体。因此某些决策不能由一个成员单独决定，而是应当征得全体成员的同意。这里典型的情况包括兼并与联合、大型创新项目或关键职位人员任免等。

（4）当面向团队以外时，绝不允许存在一个成员的资格超过另一个成员的情况。这条准则适用于对外。团队成员之间不需要相互喜欢，但是也决不能相互争斗。团队内部或许会出现非常激烈的辩论和意见分歧，特别是当面临关系团队生死存亡或风险性极高的决策时，这种情况更加不可避免。但是一旦涉及对外，任何人都不能随意评价团队其他成员的资格、能力，甚至连夸奖也不可以。

（5）每个团队成员都有责任把自己职责范围内的所有工作情况告知其他成员。这条准则是对准则 1 的修正。由于每个成员在各自职责范围内享有独立的最终决定权，相互通报工作进展的做法能保证每个成员对团队负责的每个部分都有清楚的认识，同时也防止了权力滥用。

（6）和普遍流行的观点相反，有效运转的团队并不是由平等的、同级别的人组成的（哪怕法律上可能有相关的正式规定也是如此）。团队的存在不是为了民主，而是为了绩效。一个人之所以会被吸纳入团队，是因为他能对团队做出一定的贡献。因此运转良好的团队内部有它自己的架构，也存在领导与被领导的关系。

一方面，团队领导人必须要保证团队能够真正有效地完成工作，遵守团队正常运转的行为准则。另一方面，当团队的行动能力被削弱或完全丧失时，领导人又是关键的一环，必须掌握足够的权力打破僵局。最为理想的情况是永远用不到他的“最终决定权”，但是如果真的面临危急局面，这种权力必须可以随时待命。如果团队领导人常常行使这种权力，那将是一个非常严重的警讯。大多数情况下，要么是团队的根基发生了偏差，要么是团队领导人本身不称职。

3. 最高管理层的决策

在实践中，决策的方式呈现多样化，例如简单多数决定、特定多数决定、一致通过等。当涉及最高执行机构的决策方式时，大部分人都会建议采取“一致通过”的方式。虽然这种方式也有其弊端，但若出现情况，则必须采取“一致通过”的做法，力求最大限度地确保决策的正确性。

虽然表决也应当算在决策方式中，但是应当把它视为一种不常用的特例。执行机构的负责人应当尽可能地促使部门成员趋向一致，但是这种一致性不应当像我们常见的那样只是停留于表面的和谐，这只会弱化和模糊问题，而不能真正地解决问题。因此执行机构的负责人首先必须能够有条不紊地处理分歧和反对观点。机构上下可以接受的一致性，即在决策推行遭受阻力的艰难时期依然能够坚持的一致性，只能产生于对分歧和开诚布公的讨论中。

如果无法获得一致性而必须进行表决，那么在少数服从多数背后，执行机构各个成员都有不同立场。他们必须竭尽全力确保决策得以按计划顺利实现。主动或被动提出反对都是不允许的。在这种关联性下，任何哪怕细微的或暗示性的不当行为都会损害执行机构的权威性和行动效力。如果有人始终不认可做出的决定，那除了把这种反对者逐出公司外别无他法。

只要掌握了上述的基本原则和行为准则，那么一再被提及的领导者“天赋”就变得毫无用处。有“天赋”固然好，即便没有，只要遵循了原则和准则也同样能够组建高效运转的高层管理团队，也就是说，团队效率的来源不是“天赋”，而是原则和准则。任何理智的人都不会把希望寄托到偶然出现的“天赋”上。

团队协作的困难在哪里

团队是机构内部最重要的行动单位。其重要性不断增长，甚至有许多机构只在团队中工作，比如咨询、工程设计、时装、广告、公关等。在这些领域中，团队是最核心的组织单位。

因此清楚地了解团队的优势和劣势，是十分必要的。“团队”以及“团队协作”都是当下最流行的字眼。特别注重时代精神的人会把这两个词和个人独立工作完全对立起来——个人独立工作是“不好的”“过时的”，团队协作是“好的”“流行的”。一段时间以来，“团队协作”是各种报纸杂志上出现频率最高的词汇之一，且几乎无一例外地表示积极的含义：团队和团队协作被视为必备的工作方法，它们不是几种选择中的一个，而是唯一可取的一个；团队基本上且普遍被认为是最好的、最优越的工作方法——高效率、高创造性、高成功率。遗憾的是，没有丝毫证据能证明这种观点的正确性。

这并不是说团队是没有必要的，但实际情况几乎总是如此。出现了什么新情况以至于要特别强调团队吗？团队协作的困难在哪里？为什么需要对此进行专门学习和练习？为什么这样一种几乎建立在中世纪教条之上的工作方法却被认为是唯一可行的，受到了人们的普遍欢迎？

自人类诞生开始，协作就是日常生活的基本组成之一。今天所谓的“团队”是每个社会结构的基本单位，是史前的群体狩猎、部落群居、农耕社会、工场手工业、乡村社区、各种家庭组合的衍生和变种……为了维系生活，人们结成各种合作、协作小组，这些小组构成了社会的基本构成要素。脱离了互助合作，没有人能存活下来。毕竟鲁滨孙只存在于小说里。

从这层意义上讲，在团队中与他人合作或者以团队形式出现，对任何人来说都不是难题。人们曾依赖团队生活，那时候生活就是团队协作。那究竟发生了什么变化，致使这种过去多少个世纪都被视为理所当然的事情突然变得如此重要——不仅重要，而且十分困难，以至于我们不得不专门进行学习？是什么令它成为职业生涯中最具实用性的准则？或许由于某些教育试点，今天大部分人都没有学习过如何独立完成任务，因为他们太过习惯于小组行动。又或者现在学校里没有对人做出正确的评价，致使许多人无法明显地感觉到成功和失败之间的差别，因此勉强及格就被当成了不起的成就。在这里我们能看到教育上的失败尝试所留下的痕迹，而那些因此而蒙受损失的人现在必须付出更多的努力学习，不过这种人算是少数。

如果说有什么变多了，那要算是无效的组织形式和工作分工了，它们阻碍了几乎所有产出性的工作，或者使之变得异常困难。矩阵组织形式就是一个典型的例子，这种结构尚未经过充分的考虑就贸然推入实践中。在这样的组织结构中工作的人，必须拥有比一般水平更多（多至过量）的团队精神，而只有很少情况下能达到这一要求，通常情况下即使进行大量的培训也无法实现。面对这种情况，改变组织形式往往是更好、更有效、更经济的选择。组织结构不能以增加人们工作的困难为宗旨，相反，它应当起到使之更加简单的作用。如果人们不苛求一些实际会阻碍绩效创造的组织形式，那他们会很快发现，大多数人不必花费多少力气就会自发协同合作，因为这要算是正常人最普通的一种能力了。

真正伟大的成就

一般而言，人们为了合作而必须掌握的技能，很大程度上这是一个基于合理条件上的假设。那么哪些的确是伟大的成就呢？真正的杰出成就、创造性的贡献，这些难道不是团队的功劳吗？普通人惯常的团队协作足以达到这样的成就吗？是否需要开设与此相关的特殊培训？这样的想法无疑极具吸引力，让人不由地想一探其有效性。随着对这些“大人物”的了解不断深入，人们会发现，**在实际生活中，几乎所有成就，特别是那些被称为重大突破的成就，几乎都是由个人完成的**（有些情况下是个人再加几个帮手），但几乎没有一个是由团队创造的。在艺术领域中这一点尤为明显：没有任何一首名曲是由集体作曲完成的，没有任何一本世界名著是由作家团体创造而成，在绘画界也没有哪张我们所熟知的名画诞生于团队之中。如果严格来看，学术研究也是相同的情况，这和大众的主流观点恰恰相反。除去极少数例外，哲学、数学、自然和人文科学领域的那些伟大作品，皆出自个人之手。

团队协作和独立工作一样，都只是完成任务的工具。我们不能片面地把其中某一个排斥在外，也不能人为地神化它们。该如何工作，哪一种是最佳形式，这要由任务的具体情况来定，不能教条式地照搬照抄。在组织的世界里，任务的设计必须保证它能为拥有平均水平能力的普通人所完成（因为没有其他人选，更高水平的能力也并非人人都能掌握）。想要做出成绩的人必须同时具备团队协作和独立工作能力，并且知道什么时候用哪一种更为恰当。而想要获得事业上成功的人，或者目标更远大一些，想要持久不断地取得成就的人，以及想要赢得别人信任和尊重的管理者，就必须避免受到貌似喊得十分响亮的口号的影响，谨防被所谓的流行浪潮所蒙蔽。

现在大家应该理解了，我并不是反对团队，而是反对把团队作为唯一正确合理的工作组织形式，反对把团队理想化、神化，以及由此必然导致对独立工作的贬低和轻视。

CHAPTER

第12章

企业文化

不要改变文化，应当利用它……

——彼得·德鲁克

文化不是借口。

——弗里德里希·迪伦马特

正确的企业文化基本要素中有相当一部分已经包括在到目前为止已经涉及的对“好的正确的管理”的探讨中了。正如我前面说过的那样，正确的管理就是正确的企业文化。

我们真正需要的文化是一种同时兼顾有效性、绩效、专业性和责任的文化，也是一种相互信任的文化，一个感知的集合。

有一句十分流行的口号：“我们是一个大家庭！”我对此并不十分认同。企业包括社会生活中的其他组织都是为了实现某种目标而结成的共同体，而家庭则是根据血缘关系联结而成的。把企业看作一个家庭，或是将其当作家庭对待，既是对企业的苛求，也是对人的过分强求，毕竟家庭成员之间的情感纽带与企业同事之间的完全不同。

我们可以明显感觉到组织和家庭不是一回事。如果新自由主义是正确的，那么国家和现代社会就不能算是一个集体，也不能被取代。但这只是一个社会主义的幻想。新自由主义似乎不能接受这样一个现实，即人是一种具有社会属性的客观存在，对归属感有强烈的需求，这种需求根深蒂固且处于不断演化之中。特别是大企业常常遭遇这种自相矛盾的局面：一方面它们肩负着维持市场经济合理性的职责；另一方面对员工而言，它们也是人以及其连带的情感因素聚集的场所。

管理有效性的标准模式其实已经涵盖了绝大部分管理精髓。不仅能保证企业正常运转，而且能在组织内部创造人性化的工作和生活的价值，这些都已经包括在标准模式的基本原则、任务内容和机制工具中。至于剩下的责任问题，我们留到后面再讨论。

除这些之外，关于企业文化还另有几个重点问题。第一个重点是从新自由主义和股东价值论中衍生出来的“价值侵蚀”，第二个重点是统一的管理思想，第三个重点是人事决策，第四个重点是几个开放性的激励问题，第五个重点是在“经营使命”中已经提过的意义问题，这个也许才是真正的核心所在。不过在介绍这些之前，我想先谈一谈企业文化变革的问题。

企业文化变革

20 世纪 80 年代初期，两本畅销书——托马斯·彼得斯和罗伯特·沃特曼合著的《追求卓越》，以及特伦斯·迪尔和艾伦·肯尼迪合作出版的《企业文化》，它们使企业文化一跃成为时代的热门话题，且历久不衰。在这种讨论中隐藏着一个特别强烈的愿望，即对文化加以改造或改革。其结果是发人深省的。

现在回想起来，我认为引进到欧洲至少是引入德语区的美国企业文化观念与欧洲的现实环境基本上完全格格不入，但当时我并没有意识到这一点。美国人眼中的文化，或许在他们的企业中是实用的，但对于欧洲人来说却根本不值得讨论，因为欧洲早已有之。然而人们常常受到虚张声势的恫吓和诱骗，令他们相信美国公司优胜于其他国家公司的原因就在于其所奉行的企业文化。此外顺便提一句，当时日本企业类似“神话”的传播也十分广泛。

要想从真正意义上深入、持久、迅速地变革企业文化，有两条路可走：第一条路就是遭遇危机，第二条路是核心职位上的人事决策。其目的在于对组织中的人进行合理配置，使他们坐在最合适的位置上。

除了这两种途径外，任何其他选项都是有待商榷的。文化变革有关的绝大部分项目和计划都只停留在表面，文化的根基没有任何改变。而且这些项目和计划需要花费很长时间，久而久之动力和公信力也渐渐消失。今天各种各样的文化变革项目被制定出来，它们几乎已经成了每个企业必不可少的一个组成部分。在这里，我并不是说，它们全部都是没有意义的（虽然大部分的确如此），只不过与其说它们是严格的管理发展，倒不如说它们应当属于维持和延续管理的范畴。

此外，危机的影响就不需要再过多强调了，这一点也不应当忽视。大多数主管和经理都对危机存在一种恐惧心理，他们害怕被卷入危机，甚至连公开提到危机也不愿意，因此美化和粉饰是最常见的做法。殊不知如果善加利用，危机恰恰能变成巨大的机遇。

20 世纪 80 年代末，奥地利的国有企业乃至整个国家陷入危机，当时的国有企业董事会主席在一次混乱的职工大会上对着镜头直言不讳：企业破产了！从那开始，严格意义上的改革，也意味着文化上的冲击（文化休克），拉开了序幕。

这场危机促使了核心职位上的人事流动，当然其实现方式具有相当大的风险性：企业必须从外部引进大量人员，这些人他们原本并不认识，因而也无法判断他们的行为。

幸运的是，彼得·德鲁克用本章开头的那句口号，为我们指明了通往正确看待文化问题的道路："不要改变文化，应当利用它！"认清你的优势加以利用；不为文化做无畏的担心，而是集中力量寻找你在哪些地方能做得比竞争对手更好；之后保证你的下属能不被打扰，心无旁骛地工作。这就是在接下来对刚才提到的那几个重点的讨论中我所要坚持的态度和立场。

价值观

说到价值观，我们很有必要再次回顾一下新自由主义带来的灾难性后果。在过去十年里，它导致对历史影响深远且充满危险的社会价值观变革。就像前面所讲的那样，新自由主义造成了整个社会的经济化，却是经济化的原始形式，即一切都从金钱的角度出发，用钱衡量和评价一切事物。

虽然如今并非所有管理者都是股东价值论的信徒，股东价值论也只局限在诸如金融、保险、电信、信息、一部分媒体和娱乐业等少数行业，但是这些行业的高层管理者的管理错误、过高的收入以及面对公众的行为，始终吸引着媒体巨大的关注度，从而让人以为这一部分经济就是整个经济的代表。

这引发了公众新一轮仇视经济的狂潮，虽然这种趋势早就可以预见，但是人们一致认为它不会再出现了。上面那种管理遭受到了前所未有的蔑视，这当然无可厚非，但遗憾的是，实际更为普遍的正确管理也一并受到了牵连。

在这种“金钱驱动”的大背景下，很多以前完全没有机会出现在高层管理者位置上的人却攀上了企业权力的顶峰，他们不是商业人士，只是投机、吹牛、虚张声势，甚至在一定程度上是犯罪。以最快的方式赚钱是最高的价值标准，由此滋生了道德上的腐化堕落和投机心理，其他的价值观遭到了压制。虽然这种情况得到了一定程度的修正，但是我们离正常运转的经济和社会的价值观还有很远的距离。

对于企业而言，必须用健康的价值观取代股东价值论，也就是说，企业奉行的最高价值标准必须是生存能力和经营活动的可持续性。因此处于核心的应当是顾客而不是股东。我一再强调，谁能让顾客满意，他的股东也会跟着满意。颠倒过来则不可能。

工作岗位不应当是最高目标。如果为了更好地满足顾客需要雇用更多员工，那工作岗位自然而然就增加了；反之如果需要的员工减少了，工作岗位也必然跟着减少。什么也不能阻止企业保持竞争力的努力，但它们究竟是否有竞争力，只能由顾客来决定。

涉及管理者，他们必须以为企业服务作为自己的最高价值理念。把个人利益置于首位的人，要怎么花他们自己的钱是个人的事，但是不要糟蹋别人的钱。个人崇拜和损公肥私的做法将严重毁坏其他人的积极主动性，因此必须杜绝。从这种意义上来说，寻求管理者义务和责任，新的解决办法是很有必要的。

从维克多·弗兰克尔的作品中我们知道，生活的最高目标不是金钱，而是找寻各自的生存意义，诸如同情心、社会团结这样的人类价值也包含在生存意义之中。人如果失去了生存的理由，那么既不会有主动性，也创造不出成果，最终连社会也跟着消亡。

管理思想的统一性

有些人认为共同的价值观是企业文化最重要的因素。的确，共同的价值观非常重要，但是我个人认为与之相比另外一个因素——管理思想的统一性，更应该排在价值观前面。之所以这么做，并不是因为孰优孰劣，而是因为在绝大多数组织中第二个因素不仅完全被忽视，而且有很多企业甚至故意反其道而行之，它们以为这是专业和进步的表现，对企业文化的贡献也更大。但实际上这样做是正确有效的企业文化产生的最大阻力。

这些企业通过“肢解”管理教育培训忽视或有意破坏管理、思想、学说的统一性。它们这样做的目的很正大光明，即为了服务于多样性和开放性。这种想法大错特错，是对错误地点运用的多样性，对错误对象实施的开放性。

在这一点上决不能盲从教条。每个机构都要时时自查，其所遵循的管理思想是否正确？有没有更新更好的选择？别人是怎么做的？竞争对手呢？管理学界有什么新进展？还有哪些其他的方法可以使用？必要时有哪些应急措施？等等。统一这些思想认识，是人事部门、管理层、培训部门的专业人士所要解决的基本任务。不可取的做法是让每位管理者从一长串“食谱”挑选喜欢的材料拼凑出一张自己的“菜单”。

如果每个人对管理都有不同的理解，那么组织将无法正常运转下去。有人也许觉得这是老生常谈，但这却恰恰真实地发生在大多数企业之中。我还没有见过任何涉及企业文化和管理知识的书里提到过管理思想的这种不容商讨的统一性。虽然其中有些书提到了“知识共享”，但没有说明共享的是哪一部分知识。

相当数量的员工从来没有接受过管理方面的培训，因为他们觉得自己用不到这些知识，这种想法本身就是错误的。另外一部分虽然接受过培训，但都是不好的、不足的甚至是不正确的培训。只有很少企业意识到，所有员工，无论出于什么职位、履行怎样的职能，都应当对管理具有同样的认识，只有这样才能确保企业强健，经受得住考验，运转正常，企业的效益和绩效也因此得到保证。更为重要的是，唯有如此在面临危机或机遇等特殊情况时，企业才能迅速、正确、同心协力地做出应对。

因此，管理培训的对象应当是组织里面所有的人——每个老板和每个有老板的下属，并且更进一步，每个人都必须学习相同的东西。不过要注意的是，学习相同的材料并不意味着学习强度和深入度也要一样。只是说其学习的基本要素、内部逻辑和最重要原则必须一致，每个人都应该知道，这些对每个人都具有普遍约束力。

根据组织里等级和职位的不同，学习的范围和深入度可以有差别，但是内容必须一致。对于企业文化来说，统一的管理思想和共同的价值观同样重要，并且它恰好是价值传播的最重要途径之一。但是还要再强调一遍，统一的管理思想不只是一个文化问题，因此也并不像一些股东价值论的信徒说的那样只和企业的软环境有关，它是企业正常运转不可缺少的前提条件。

人事决策：最强有力的信号

人事决策是最重要的一类决策。基本上来说，对大型组织的高级管理层进行引导和监控的最终实现方式只能是财务与人事。

什么人安排到什么职位——特别是高级管理层职位，在做出这样的决定时要格外小心谨慎。因为一旦决定，今后组织就必须在这些人的管理和领导下运转。组织中的一切都由他们决定，所有责任都落到他们肩上。也许有人会说，这种显而易见的事情还需要再强调吗？只要对 20 世纪 90 年代初以来的欧洲和美国人事决策史稍作回顾就会发现答案无疑是肯定的。

出于这个原因，经验丰富的高层管理者不得不把相当大一部分时间花费在人事问题的处理上，即使他们不直接负责人事部门也是如此。我要特别强调的一点是，由于高层人事决策具有极强的信号作用，因此它绝不属于人事部门的职权范围，即使是专门管理人事事务的董事也无法对此负责。这个决策应当由整个董事会集体做出，董事会主席应当亲自过问，保证决策的质量。通用汽车公司第八任总裁艾尔弗雷德 P. 斯隆，在 1920～1956 年执掌通用汽车公司期间，差不多一半的时间都贡献给了人事决策，他甚至亲自参与较低管理层的人事安排。

人事决策的整个范畴——人员甄选、晋升、调职、降职和免职，几乎囊括了所有企业内部以及对企业来说重要的环节。而在管理相关教育培训、企业文化及其变革计划项目甚至文献著作中很少涉及这个主题，这种情况实在让人匪夷所思。

（1）人事决策决定了一个企业的绩效潜能。其他所有资源——机器、资金、计算机等固然重要，但是真正决定绩效的关键点在于人。

（2）人事决策是企业文化的枢纽和核心所在。无论企业推行何种企业文化政策或企业文化改革项目，如果这些政策和项目与人事决策之间存在分歧，人们遵循的仍然是人事决策发出的信号；如果两者相互矛盾对立，那么即使再好再完善的计划项目也起不了任何作用，甚至很有可能遭受到最大程度的冷嘲热讽。人事决策是产生挫折、沮丧、辞职、痛苦、愤怒、愤世嫉俗等一系列消极情绪的根源。

（3）人事决策有很大的风险性。这是因为，首先，一旦决策错误就很难改正，并且影响是长期的。特别是涉及企业高级管理层、核心业务领域和子公司中的关键职位时，尤其如此。其次，人事决策带有很强的信号作用。其他错误决策或许还可能避开大部分人的视线被悄悄掩盖，但是人事决策无法这样秘密进行，每个人都能明明白白地看到发生了怎样的变动。毕竟如果是投资决策、创新项目等失败了，很少能引起全体员工的兴趣，可能刚发生的时候会受到比较多的关注。但是一段时间之后，最初的新鲜感消失了，人们的关注也就消失了，这样的错误马上会被遗忘。然而一旦涉及人事决策，情况就完全不同了。不仅员工对此感兴趣，媒体和公众也都表现出强烈的关注。而且错误的人事决策将在之后的每一天都反复出现在人们的记忆里。

（4）谁要是在人事决策方面犯了错，不论他之前成功地解决过多少问题，其声誉都会遭受严重损害，随时承受着丧失威信、能力受到质疑的风险。可以想象，如果人人都怀疑他的能力，那监事会把董事的位子托付给这样的人的概率有多大？更不用说把他推举到董事会主席这种职位上了。而一个企业又能承受得起多少次核心业务领域和子公司中的错误人事任命？

在我看来，目前尚没有对人事决策的质量和成败进行过真正有价值的研究，我们面对的几乎是一个未知领域。但是以我多年的工作经验以及从与无数来自不同等级的管理者的谈话中得出的结论，我可以很负责任地说，在所有的人事决策中，正确决策至多只占三分之一。正确决策能够让人们在多年之后做出这样的评价："他是这个位置的合适人选。"中间的三分之一是人们可以忍受的，剩下的三分之一则完全是错误的决策了。再也没有其他任何环节会呈现出如此大的成功率和失败率了。

关键事件

人事决策评判的最佳基础就是对相关人员既往经历的考量。认识一个人，对其绩效做出评估、评价，其面临意外事件时的反应，在这条道路上总是不断出现越来越多更加庞大、更加艰巨的新任务，因而总是需要很长时间才能收集到足够多值得信赖的信息。

最艰难、最关键的人事决策都发生在高级管理层中。从组织内部来看，对于高管职位，组织内部人员无法做真正意义上的准备，因为他们之前经历过的所有位置都不是高管职位，因而只能算是一种热身演练。一个人如果真的被提拔到了权力的顶峰，那么他会有怎样的行为？他能带来何种可能？他会做怎样的尝试？这些问题谁也不能回答，谁也无法保证。

组织外部人员的情况则更加不妙。如果这个人来自别的企业的最高管理层，虽然人们可以了解到他以前做的是好是坏，但是他并不熟悉现在这个企业，没有人能预测面对这样一位陌生的领导，企业员工会有怎样的反应。因此无论从内部还是从外部调整，都必须承担巨大的风险。

解决这种矛盾的方法其实已经出现了——关键事件法，然而遗憾的是，知道这种方法的人实在太少了。我在查阅过去几年各个国家的大公司里出现的错误人事决策案例时（其中相当一部分引起了轩然大波，最终只能在辞职风波中黯然收场），常常叹息，假如他们能早点了解关键事件法，这些错误原本都是可以避免的。

心理学家琳达·彼兹曼曾说过："匈牙利企业巨头有一个老行规，用来判定合作伙伴是否值得信赖，即看他在三次关键事件中如何表现，如果合作伙伴存在性格和道德上的缺失，那么这三次事件会把它暴露出来：第一看他喝醉以后的表现，因为'酒后吐真言'；第二看他分割遗产时的表现，因为遗产暴露贪念；第三看他开车时的表现是否鲁莽不计后果，让其他人也跟着身犯险境。"

当然，这三种情况并非通用的万能法则，但是它们足以说明问题，这样与日常生活的类比，常常能给人以珍贵的启示。

在每个造成轰动的企业高层辞职或人事任命失败个案中，从相关高管的履历中都能找到蛛丝马迹。那里有足够多的关键事件，如果早注意到他们在这些事件中的所作所为，可能之前就不会做出错误的人事决策。比如某位高层管理者犯了以权谋私或者大搞个人崇拜的错误，那么在任命之前他必然已经表现出了类似的倾向，在他的履历中一定有迹可循，然而这些痕迹却被忽略了。

意外的关键事件有消极的，也有积极的。"意外"这个词不涉及褒义或贬义，主要是指不寻常的、非典型的、无法预期的情况以及据此所采取的行动。这些情况和行动单独或孤立来看基本上是不相关的，但随着时间的推移将逐渐汇集成一个基本模式，而这个模式往往会和人格性格挂上钩。

有一些人，他们不但要做大量人事决策，而且所做决策的成功概率异乎寻常得大，这些人凭什么可以做到这一点呢？深入探究这个问题就会发现，这些人几乎都有一本“黑色的小笔记本”，上面仔细地记录了他们所有的成功秘诀。真正有价值的信息通常都不出现在正式的人事卷宗里，而是他们在长期实践中摸索总结出来的。他们总是耗费巨大的时间、精力去观察人，委派更大的任务以测试人。他们也会记下一些无关紧要的事，以防以后有用得到的可能。不过无论如何，有三样东西会受到他们的格外关注：一个人过去取得的成绩（结果），他对待错误的态度，还有上面说的“关键事件”。

激励问题

一个组织的文化必须要能突破常规的关于激励的教条。为了做到这一点，我们需要特别的“工具”，那就是有过与常规激励机制不同的其他经历的人。

词汇表中对“激励”的解释是“确定动机”。查尔斯·拉特曼曾做过更加严谨的表述：“‘Motiv’这个词来源于拉丁语中的动词‘movere’，意思是开始行动。因此最忠于原意的德语翻译应当是‘Beweggrund’，即‘Motiv’原动力是人做出一切行为的原因。它包含了所有日常生活中诸如‘本能’‘欲望’‘渴求’及其他类似词语的含义。它们都是基于努力追求满意状态的诉求。”

针对这个问题，我认为首先除了“基于努力追求满意状态的诉求”之外，还有很多原因能引发个体行为，这些原因都和本能、欲望、渴求等没有关系。其次一般性的对激励的解释都会涉及非常具体的原因，且这些原因与情感及情绪状态存在内在关联性。在过去几年里，对激励性情绪状态的解释几乎都只是从快感、享乐主义的角度出发。

激励被理解成为带来快乐和乐趣、制造快感和刺激的东西。“我没动力”基本上和“我没兴趣”是一个意思。表达沮丧、失望等负面情绪时也是一样，“我很失望”同样表达“没意思”或“不喜欢”的意义。这里的情感都与快乐、兴趣有关。这种解释在日常生活中或许还是可以接受的，一旦涉及管理和领导，就完全站不住脚了。因此，和流行的观点相反，我始终坚持认为不要轻易抛弃“责任”“意愿”这些概念，而对这些概念的研究几乎从来没有开始过。

遇到好年景时，一切都相对顺利，这个时候常规的激励或许足够。但是如果碰到艰难时期，这才是真正需要激励的时候，常规激励就远远不够用了。这里要防止受到日常生活中词语滥用的误导。

对于“激励”这个词的肤浅理解，特别是那种认为人首先必须被激励，然后才有所行动的观点，我并不认同。大多时候，人们之所以采取这样那样的行动，是因为他们的责任，或者更进一步，他们有义务这么做。至于这种义务和情感情绪有多大联系，在这一点上无关紧要。

有这样一个说法：大部分人每个星期一早上去上班时都有一种与情感相关的诉求。事实上他们是受到工作合同的约束，这个合同是他们必须履行的。而且还因为除此之外他们有更多的义务要履行，比如租房合同、贷款协议等，这些责任和义务中有一些是自愿缔结的。一开始激励情绪或许确实发挥了作用，但之后延续多年的责任和义务完全是独立的，不依赖于激励的作用。

还有一些责任和义务并不是由于缔结合同产生的，我们之所以承担这些责任和义务仅仅因为我们是人。以赡养老人为例，人们之所以这么做，并不是因为受到了惯常意义上的激励。同样，对那些陷入困境的工作伙伴施以援手也是一样。

现在我们来看另外一个因素——意愿。人是有意愿的，人做的许多事情是因为他“想要”这么做，与是否受到激励没有关系。比方说，除了小孩子外，大部分人做诸如刷牙之类的基本身体保健和卫生清洁，都是出于个人的判断力和由此导致的意愿，跟是否受到激励、快不快乐、能不能感到满足，没有关系。如果要把这些与激励产生关系，实在没有意义。

体育上也是同样的道理。有激励才训练的人几乎不可能取得成绩。当然我并不排除这样的情况，训练有时候也会引起快乐、兴趣乃至幸福的感觉，但是真正从事竞技体育的人，不会期待这样的感觉。他们进行训练，是因为他们想要在比赛中取得成绩。并且他们都知道，为了做到这一点，不间断地持续训练有多么重要。

另外还有两个行为动机也鲜有人提及。这里我要提醒大家注意的是琳达·彼兹曼的观点：① 能在很大程度上决定人行为的习惯；② 其他人的行为取向——许多人做出某种行动不是因为受到了何种激励，而仅仅因为别人都这么做。

不要依赖激励

我建议，应当把“不要依赖激励”的思路引入企业文化之中。必须消除那种过时的观念，即必须有一个人——老板或者其他什么人，负责激励其他人。

即使这种观念是可以接受的，也只是针对普通人而言，对管理者来说肯定不适用。管理者必须走得比普通人更快一步，即实现从被激励到自我激励的跨越。谁要是抱着等待被激励的想法，那他永远也做不出多大成绩。这种人不是独立的，一辈子都是被领导者，哪怕他在偶然或幸运的情况下或者由于错误的人事决策担任了较高的职位，他本质上也只能算是个“仆人”。

等待被别人激励的人，往往要忍受苦涩的失望，因为并不是时时刻刻都能碰到能激励别人的上级。正因为如此，我的建议与时下流行的激励思路截然相反：不要依赖于别人的激励！要学会自我激励！

管理上真正的人文关怀和绩效导向要求管理者不仅要学会自我激励，而且要把尽可能多的员工，特别是他直接管理的那些员工，指引到这条道路上，让他们也有能力实现自我激励。

信任：比激励更重要

在第二部分中介绍过的第五个基本原则告诉我们，信任远远比激励更重要。在《管理成就生活》一书中我专门拿出很大的篇幅重点讲解了这一原则，因为它在激励理论中被普遍忽视了。从20世纪80年代起，我开始把信任与企业文化和激励联系起来，并介绍给许多管理人士，这个切实可行的思路令他们耳目一新。之后间或有作品问世，继续深入探讨这一主题。没有相互信任做根基，则不会出现所谓的企业文化。效能和绩效的取得也直接依赖于相互信任。

信任不等同于激励，也不会取代激励，相反，它是激励实现的前提。有了这个前提，基本上用不着激励，人们也能发挥主观能动性。此时实施激励，效果就能长久地保持下去，不轻易消失。

我们可以从反面案例中，即信任缺失的时候，体会到相互信任的真正价值：这种情况下，激励是徒劳的，甚至根本无从谈起。如果连一丁点儿信任的基础都没有，那么无论做任何激励尝试都没用。不仅没用，甚至可能反向引起更糟糕的结果：信任缺失会让所有激励行动走向对立面，激励被当作是阴谋、手段，甚至很多时候被认为纯粹是挖苦、讽刺。

在现实生活中，很多精心策划且极具专业性的激励措施和企业文化推进项目却无法实现预期的效果，有的甚至呈现出负面效果，这常常令许多专家学者大呼意外。出现这种情况的原因恰恰就在于信任缺失。企业实施这些计划和项目的起点往往是在业绩出现下滑时，或者追求更大的业绩表现时，它们几乎从来没有预先考证一下自身的信任基础是否牢靠，哪怕对此稍作考虑也做不到。如果能建立起相对稳定的信任基础，那么它们根本不需要花心思设计那么多激励的计划和项目。

所有倡导人权平等的理性管理，特别是那些运转良好的管理，都会把相互信任作为基石。信任不要求特殊的能力和天赋，更不是什么需要苦苦追寻的高深理论（不过这的确是今天很多人的所作所为）。与主流观点相反，相互信任及其对立面信任缺失，虽然和一定的感情因素有所关联，但它们不属于情感范畴。重视信任，并不是要求我们从现在开始大谈信任文化，真正需要做的是坚定持久地从自身做起，营造相互信赖的氛围，牢记那些习惯上被我们称为健全人格的信条——言行一致，重承守诺。

文化与意义

意义：被忽略的精髓

值得注意的是，在管理学中，涉及直接激励作用的学说完全被忽略或无视了，奥地利著名心理学家、精神病学家维克多·弗兰克尔的理论就遭受到了这样的冷落。早在 20 世纪 80 年代时，我就开始将弗兰克尔学说中的基本思想运用到研讨课中，1997 年年初还写了一篇专门介绍相关观点的管理信函。在研讨课上我发现，听说过弗兰克尔的管理界人士不超过 5%，对其作品和理论有所了解的人甚至连 2% 也达不到。

在激励问题研究方面，弗兰克尔的理论堪称一枝独秀。我认为如果要研究激励问题，必须对弗兰克尔的作品有最基本的了解。至于个人是否能接受他的理论，接受到什么程度，是另外一回事。不过想要拒绝、否定他的理论，无论如何都需要强有力的证据才行。

根据弗兰克尔的说法，简而言之，人受到“有意义”的激励，他把自己的理论及在此基础上构建的治疗法称为“意义治疗”(Logotherapy)，他也被认为是维也纳第三精神治疗学派——意义治疗与存在主义分析⊖的创始人。弗兰克尔认为，人之所以能被激励，是因为“意义”或者对“意义的追求”。一个人如果找到了意义，或从其他东西中发现了意义，那他就有能力且准备好了创造最高水平的成就，同时也做好了牺牲和放弃的准备。从处于最艰辛的生活状态下的人们表现出来的意志力和承受力，就是这一点的绝好证明。但倘若失去意义，那么人的

⊖ 第一学派是弗洛伊德的精神分析论；第二学派是阿尔弗雷德·阿德勒的个体心理学。——译者注

创造力和创造意愿将同时消失，不仅如此，生命也变得无所留恋了。

弗兰克尔探究的是人类生存最深入的根源，他把人看作一个整体，这一点并不是所有心理学研究方向都能做得到。对于管理者和领导力的职业培训而言，并不是弗兰克尔的所有观点都同等重要，在这里能用得到的只是其中两三个基本思想，不过这两三个基本思想却极为重要。如果对于担负着人员管理职责的管理者个人，特别是对于管理人员来说，弗兰克尔的整个学说体系都非常重要。

核心思想

弗兰克尔整个学说体系的核心思想：人是探求意义的个体。探求意义是人的根本动力。意义不能从别人处获得，也不能由别人代为寻找。每个人都必须寻找自己的意义。

虽然其他人不能给予一个人所要探求的意义，但是其他人可以剥夺一个人的意义：他们可以阻挠一个人对意义的探求，从而摧毁一个人最为重要的力量源泉和生存基础。而对于每位管理者而言，必须避免这样的事情发生，并且竭力为别人探求意义的努力提供一切可能的便利条件，这或许要算是他们最神圣的一项责任了。而且我认为，为了能够真正做到激励，这是他们应当也是必须做的。而与此相关的其他一切激励手段都不能算是本质或核心，意义一旦缺失，这些手段就无法发挥作用。最糟糕的情况是，它们甚至都带上了恶意嘲弄的意味。

弗兰克尔想得更为深远。他告诉我们人能因为探求意义而受到激励，每个人都必须寻找自己的意义，不仅如此，他还认为每个人都能找到自己的意义，每个人的生活里都有存在的意义。弗兰克尔不仅仅满足于提出一个又一个问题，他还积极寻找并给出了答案——实实在在、简单易懂的答案，并且借助众多国际大型研究项目，为我们指明了探求生存意义的途径。

根据弗兰克尔的观点，追求意义的途径主要有三条。对于管理重要的是第一条途径，第二条对于私人生活有重大意义，第三条则是针对人生的极端情况和非常局势。

这三条探求意义的途径如下。

（1）献身于某件事物或某项事业：完成一项任务，做出一项成就，完成一部作品，或者拥有某种经历，管理相关激励作用的核心就蕴藏在这些活动之中，这一点不需要再过多强调了。

（2）献身于某个人或某一群体：对家庭、朋友或者某些需要帮助的人倾力奉献。这条途径也可以出现在职业领域中，比如在工作中经历过特别的同事情谊，或接受过同事特别的帮助。但是其重点还是更倾向于私人生活、生活伴侣，还有私人的人际关系等。

（3）弗兰克尔指明的第三条途径颇有不同：人还可以在痛苦转化为动力的过程中找到意义。能驾驭曲折的命运、在无望的困境（比如不治之症）中顽强抗争的人，能见证人类最伟大的成就。

自我实现：通过什么方式

弗兰克尔学说中最重大的意义之一即在于有力地提出这样一个观点：人探求意义直至找到意义的整个过程都与自我超越紧密相连，意义的探求立足于人本身，又超出人本身，追求的是更远大、更重要的东西。这种观点与人们普遍熟知的“自我实现理论”截然相反，“自我实现理论”的根源可能产生于亚伯拉罕·马斯洛的激励理论（或对其的错误解释）之中。弗兰克尔并不反对自我实现，恰恰相反，探求意义正是自我实现的最高形式。但是弗兰克尔找到的途径与马斯洛以及新自由主义者是不同的。

鉴于对自我实现普遍意义上的理解，自我实现的终点就是所谓的“自我中心主义”即要求把“自我”置于焦点和利益的中心。弗兰克尔的观点与此相反。在探求意义的过程中人是“忘我”的，他们投身于某项事业或工作中而不考虑个人利益。弗兰克尔曾把这种情况与眼睛的功能做过一个形象的类比：健康的眼睛“看”不到自身，一旦察觉到，则说明眼睛出了问题，也就是说，它的功能实现受到了阻碍。

我认为，真正当之无愧的管理者身上同样体现出这种“忘我”的精神状态。这里有一个生动的历史案例。第二次世界大战时诺曼底登陆之后一个星期，当时美军陆军参谋长马歇尔将军开赴前线视察军队。午饭时，他坐在弹药箱上，转向当时还是美国欧洲战区总司令的艾森豪威尔称赞道：“艾森豪威尔，你挑选出的杰出指挥官完成了一件伟大的创举！或者你也接受了我推荐给你的人。无论如何，你选人的主要依据是什么？”艾森豪威尔回答说：“忘我。”

CHAPTER

第 13 章

企业管理者

让我的士兵成为一个能干、正直、诚实的人吧！

——1745 年，玛丽亚·泰瑞莎女皇对一位将领下达的命令

在管理中，概念和模式的重要性是毋庸置疑的，没有它们就没有所谓的协调行动。但是无论怎样的概念和模式，都是由人创作的，具体到组织内部，概念和模式都是由管理者设计、计划、引导、调控和发展的。从这种意义上来说，管理者是决定其所在组织成功与否、运转有效与否的中心环节。管理者是狭义上的自我调控和自我组织的中心，他们必须负责自身的引导、控制和组织；同时管理者也是广义上的自我调控和自我组织能力以及整个机构发展的中心，他们通过自身的调控和组织带动整个机构的调控和组织。从控制论的角度看，管理者既能加剧复杂性，又能缓冲复杂性。其整体或者更确切地说，作为一个体系，他们是对阿什法则的具体体现，有关这一点在之前关于复杂性一章已经做过介绍。

关于管理者这个话题，每时每刻都有数不清的荒谬论调诞

生出来且广为传播，在这一点上没有其他任何主题能与之相“媲美”。与管理者相关的出版物也远比其他主题多得多，尽管其中绝大部分都出自几乎完全没和管理者打过交道、没有担任过管理职能的人之手，但是我个人认为，在亲身经历过战略制定决策的基础上再来研究这个主题，才更有说服力，那种实践的经验不是几份调查问卷所能取代的。

管理中是否需要特定的“个体形象”

激励、创造、员工满意度、价值、企业文化……基本上所有重要的管理主题似乎都依赖于某种个体形象的选择。这就不可避免地要提到道格拉斯·麦格雷戈几十年前在《企业的人性方面》中用著名的“XY 理论”表示出来两种个体形象。即使在当时，这两种个体形象也已经相当古老了，它们的起源要追溯到斯巴达和雅典的国家模式中，几乎贯穿了人类的整个思想史。

X 理论认为人天生是软弱无助的，必须借助集体和团结的力量；人没有能力经营生活，对生活负责。对人而言，工作是痛苦和麻烦的，只要可能，他们就会逃避工作，因而需要被“强迫”。Y 理论则认为人强大而富有创造力，视工作和创造为乐趣，具备自我控制以及协调生活的能力，并在其中实现自我，找到生存的意义。

无论感觉上倾向于这两种个体形象中的哪一个，我建议在管理中最好不要出现特定的个体形象。不仅如此，应当主动避免限定个体形象，因为这样很容易让人落入成见和偏见的陷阱。

我之所以提出这样与众不同的建议，道理很简单：我们不知道人究竟是什么样的。现在世界上有超过60亿的人口，但是没有任何两个是一模一样的。即使几十年以后这个数字增加到110亿、120亿，也仍旧不会有两两相同的情况。人究竟是什么样的？也许我们永远也不会知道。

事实上，我们也不需要知道。管理任务中没有一项是要求管理“全人类”的，管理者需要管理的只有其直接负责的几十个人，这些人或者出于偶然加入他的团队，或者是由他亲自挑选出来的，其目的都是为了共同合作完成任务或工作。因此管理者需要了解的只是有限的一群人，他们都是具体的，而非学术上抽象的“人”。学术上找不到“人”的普遍性，但是有限的、具体的人的共性可以发现。

避免接受某种特定的个体形象，作用十分重大。它使人们摆脱偏见和成见的束缚，把目光投注到所要合作的每个具体的人身上，了解他们分别是怎样的。

这样一来很容易就会发现，几乎没有人完全符合某一特定个体形象的标准。比如有的员工在工作时似乎属于典型的“X理论”型的人，满脑子除了下班外没有别的东西。但与此同时他们却以极高的热情和积极主动性投入某一协会、某一公益组织、某一政党社团中，或者对某种爱好或运动充满激情。这种人要怎么界定呢？

还有一种员工，工作完成得极为出色，明显应当划归到“Y理论”类型中。但是下班之后他们几乎不愿动，整晚整晚地坐在电视机前消磨时间。还有一些人，一段时间的高效率之后，必然陷入数日或数周的低迷状态中。这些人又该怎么归类呢？

每个体育教练都知道，运动员属于哪个类型并不重要，重要的是每个人的个人表现。如果只把目光限定在特定的个体形象上，有可能在偏见的误导下导致不公正待遇的发生，不仅如此，这样的管理者也无法发现每个员工的能力、优势和潜力，也无从知道该把他们安排在什么位置才能使他们的能力和优势得以最大限度的发挥。

管理者的新技能与新要求

我们现在时常能听到关于所谓管理者新要求的话题。几乎每个星期在数不清的杂志、书籍、报纸中都能找到这样的内容。管理者应当具备怎样的资质和能力，相关的讨论似乎永远无休无止。无论技术、市场、整体经济局势、外部环境和企业本身发生何种变化，也不管这种变化是货真价实还是主观臆想，都会导致同一个讨论，讨论的结果也永远都一样——管理者必须做出改变。

不过，如何实现这个要求却鲜有讨论。幸运的是，我们并不需要重视这个问题，因为这个新要求本身其实源于一系列不正确的理解。任何人只要掌握了从正常教养和良好教育中获得的普通资质，具备了一般技能，已经算是向前迈进一大步了。

新要求从何而来

虽然提出这种高要求的人对管理实践的认识非常欠缺，但他们却敢这样写、这样要求。比如一些资历尚浅的年轻记者，他们除了自己的上司外，几乎和其他管理者没有更多亲身接触；有些作者，他们写的东西常常惊人的相似；还有一些培训和咨询界人士，以及一些来自学术领域的学者。据我估计，他们当中有超过一半的人毫无管理经验。令人吃惊的是，这些人几乎从来没有担任过领导职责，没有承受过必须完成某种业绩的压力，与管理者的共事经历也非常匮乏，远不足以了解管理者的真实境况并做出正确合理的评估。因此这些人在研究中或者职业生涯中遭遇失败的情况屡见不鲜。

因此，也就难怪他们问不出真正重要的具体问题了，例如管理者应当怎样迅速转变观念，转变力度应当多彻底？这需要占用工作以外多少时间？从何处可以学习到新技能？提出要求的人似乎从来不会花费力气想一想真正合格的管理者现在已经掌握了怎样的技能，或者他们已经拥有的技能是什么，要知道真正称职的管理者并不一定是常常在报纸杂志上露面的那些。

这样几个问题足以使人清醒，并且把唯一一个最为重要的问题摆在我们眼前：如何能让现有的管理者（除此之外也没有别的选择）把他们目前已经掌握的优势和技能投入绩效和成绩的取得中？

不断变化的新要求阻碍了透过现象观察本质的视线，从而导致了错误的产生。更为严重的是，它阻碍了健全完善的管理培训，至少使之变得更加困难。如果要求管理者必须在几个月内学会一种新的管理形式，达到更高的新要求，掌握一种新技能，那么导致的结果只能是其中一部分人直接放弃，另一部分人则不论好坏一律全盘否定，他们不会认真对待培训。而那些真正获得提高的人，不会说些大话空话，刻意制造噱头。

事实上，许多被认为是必须达到的新要求都来自新自由主义的旋涡。而如今，股市的繁荣年代早已渐行渐远，新经济、互联网以及电子商务的幻想也逐渐褪去光环。旧的潮流已过，新的浪潮还没到来，我们也终于有机会真正审慎、理性地想一想，比如做一些区分、制定某些规范标准等都是亟待考虑和探讨的内容。

“好的管理者”VS“不好的管理者”

作为本书对好坏两种管理的基础区分，现在已经解释清楚了。但是要真正发现谬误和悖论，也只能在实践中才能实现。没有人会怀疑，现实中不好的管理者几乎无处不在。不过幸运的是，我们还有好的管理者，他们的数量虽然远远少于不好的管理者，但是也不像人们通常认为的那么少。他们只是不太受人瞩目。好的管理者并不总是出现在企业的高级管理层中，报纸杂志上也难觅他们的踪影，那是因为他们没有什么负面新闻可写，而最能吸引媒体眼球的首先是那些丑闻缠身的糟糕管理者。

回到刚才那个技能和要求问题，好的管理者为我们设立了可效仿的榜样和标准。事实一再证明，那些所谓的新技能其实根本不能称为新，它们往往早就被好的管理者所掌握。只有那些对管理知之甚少的人才会把它们当成特别的东西。

“怎么样”VS“怎么做”

一般而言，新要求通常只规定了管理者应当表现出什么样的状态，而不关心他们如何做、如何行动。换言之，新要求是对性质、性格和品质的要求。管理者应当具有较高的情商和社交能力，能高瞻远瞩，善于沟通，并且还要充满激情。这听起来似乎很有道理，但我们早就知道，追求性格和品质的尝试最终必然陷入僵局，徒劳无获。关于这一点，我已经在《管理成就生活》一书中解释得十分清楚。

这样的要求忽略了一个最基本的事实：世界上没有两个一模一样的人，因此也没有一模一样的管理者。他们的性格、个性、气质、脾气几乎不存在任何共性。因此重要的不是管理者是什么样的，而是他们怎样做。

上述这种观点可以在那些真正杰出的管理者身上得到最好的验证。所谓杰出的管理者，是指在其职业生涯中做出真正意义上伟大成就的精英，他们不仅能使企业得以成功组建，能够更加成功地管理企业运作，而且他们不仅自己管理得很好，还能顺利地把企业交托到继任者手中。从这些杰出人士的传记里很容易得出结论，**一个人的成就越大，他就越不符合通常意义上的标准和技能要求。**

这个结论不仅针对经济界的管理者，而且对所有领域的管理者都适用。我之所以选取以下这些杰出人士作为例证，只是因为他们更加为人们所熟悉。而那些没有提到的、不太熟悉的精英也是同样的情况。著名的政治家——罗斯福、丘吉尔、甘地、阿登纳和戴高乐，军事领导人——美国的艾森豪威尔将军和巴顿将军、英国陆军元帅蒙哥马利和亚历山大，还有虽然声誉不佳但不可否认具有极高军事才华的纳粹德国三大名将隆美尔、古德里安和曼施坦因，他们作为个人均呈现出了各不相同的性格特点；在学术界、医药卫生领域、行政部门，从事这些行业的精英身上也找不出性格的相同之处。不仅如此，在这一点上也没有性别区别，玛丽亚·泰瑞莎女皇、伊丽莎白一世、邮购女王格蕾特·拉赫纳还有曾任《时代》杂志总编辑的玛利昂·格莱菲·德赫夫，不论这些杰出女性做出过怎样的成就，她们首先是完全不同个性和脾气的人。虽然我们从这些精英和伟人的性格和个性方面找不出相似的东西，但是他们的行为的确存在共同之处。顺便说一句，按照现在选拔人才的程序还有猎头公司的选人流程，这些伟人当中有相当一部分很早就被筛选掉了，这也就是对这些程序流程质疑的声音越来越强的原因。

职位说明书：一个陷阱

从一再被提及的“新要求”出发，自然而然引出了同样有待商榷的“职位说明书”。它是人事部门最常用的工具之一，然而也许听起来会让人不快，但事实上这种工具产生的最终效果往往走到了与人们真正需要的效果完全对立的方向。几乎整个人事部门都弥漫着一种对管理者的完美想象。

对管理者的评估，不是看他是否符合完美的职位说明书的要求，而是要看他是否能够高效率、高效能地工作。重视效率和效能的管理者，不受任何说明书的限制，他们真正必须掌握的是以下几个方面。

- 他们学会了如何认清自身的强项并加以利用。对于劣势他们并不特别在意。
- 只要有可能，他们会有意识地尽量使自己处于一个优势位置，在这个位置上，他们的强项受到重视，并且能体现在结果中。
- 他们遵循着某些基本原则，依照这些原则指导自己的工作。

“通才”和“全才”是学不会的。如果不是天资异常优秀的人，哪怕再努力也到达不了其近似的水平。不过上面这三点是可以学会的，任何人都能在工作中重视它们并运用它们。

说到这里，可能有人会认为我反对为某个职位设定一些要求的做法。其实完全不是这样，我绝没有这个意思。我反对的只是那些把完美想象和通才拼凑起来的要求——不论有意或无意，只要是实际上起到这种效果的要求，都是我所反对的。比如，我对这几年炒得火热的“高情商”和“社交能力”的要求不敢苟同。这并不是因为这两点不重要，而是我们手头上掌握的已经够用了。此外还有那种未经思考就轻率引入的美国模式也是我所反对的 。

基本上，职位说明书的陷阱其实很容易避免，方法就是抛弃抽象，转向具体。我们应该发问的不是“管理者通常需要符合哪种要求”，而是应当将“通常”具体为“当时当地”。换句话说，刚才的问题应该变成：“鉴于某一具体公司及其面临的具体情况，某一专门具体位置上的人需要符合什么样的具体要求？”

有些要求具有普遍适用性，在很多情况下它们都非常重要。比如在运动中，条件和力量属于十分重要的一类要求，但是其普遍性和共性也仅到此为止。这里指的是哪一种条件和哪一种力量？ 100 米短跑需要的条件和跑马拉松的不一样，两种运动的训练方式也完全不同，甚至相互排斥。同理，举重运动员和跳高运动员对力量的理解也不一样。

每项运动都有其各自的详细标准——运动员要达到什么要求，通过针对性训练能取得怎样的成绩，等等。但是如果把这些要求累加，上升至一般化，它们就失去了实用性。

当然，短道速滑运动员必须先学会滑雪，滑雪的某些要求也适用于他，但这本身说明不了什么问题，只有涉及速降、回转、超级大回转这些单个动作时，才有可能达到有实用价值的具体度。但是在非常特殊的情况下，这个具体度才真的有用，比如体重比对手轻的选手必须强化滑行技巧训练，以弥补劣势。再比如有些选手擅长长距离滑行，有些擅长短距离滑行。在这个层面上，“度”才是可以把握且有实际作用的。

从这种意义上来说，我们可以为100米短跑运动员、跳高运动员还有铁饼运动员设定比较具有可操作性的要求，但是无法为“运动员”统一设定要求。对于管理者也是一样，否则即使提出了要求，也只能是泛泛而空洞的，因而无法真正落实到实际操作中。也许有人要把十项全能运动员的例子拿出来反对，必须承认，十项全能运动员是存在的，但是好的十项全能运动员凤毛麟角。同理，天才型的管理者也极其罕见。

请不要误解，我并不是反对上面提到的管理工具和机制。虽然在细节观点上或许有分歧，但我认为“绩效评估”“人才选拔流程”“薪酬评定方法”等都是必要的，不过我的确不认同所谓的“潜能分析”，事实上我不认为现在我们已经掌握了确凿可信的方法，足以评估人的潜能。我真正反对的是在这些工具和机制中设定一些理想化的、所谓完美管理者的要求。

人事管理的主要任务

终结“思想污染”

不要去读那些愚蠢的文字，大脑也是会中毒的。

——德国著名小说家恩尼斯·荣格尔引奥地利作家赫尔穆特·冈斯特拉的话

众所周知，“环境污染”是我们目前面临的一个严重问题，但是很多人不知道还有所谓的“思想污染”，即对思想的污染。

如果历史学家有兴趣回顾一下管理历史，那他们就会发现过去15年对于管理而言是一段各种肤浅、谬误、愚昧思潮层出不穷的时期。过去几年里我时常惊讶地看到，执行机构和监督机构竟然毫无节制地纵容那些缺少实质内容的空话和虚幻的概念误导员工的思想与行动，甚至还为此白白浪费了大笔资金。

按照科学的观点，今天的管理培训中相当大一部分在理论上完全站不住脚，几乎毫无用处，甚至还带有很大的危险性。比如传播甚广的有关管理类型、激励、沟通和企业文化的培训的本质部分，还有我已经解释过多次的远景和协同作用的流行观点，都属于这一类范畴。同样没有实际效用且极具误导性的还有职位说明书、绩效评估系统和潜能评估里所采用的标准。

我个人认为，过去20年里所有错误管理理论出现的主要原因就是“思想污染”。因此执行机构和监督机构会议不仅要讨论人事发展计划和培训的预算，还要首先对计划和培训的内容进行严格谨慎的审查。

以我的经验来看，只有极其少见的情况下，高层管理人员才有兴趣审查培训内容。这里需要弄明白的一点是，需要审查的不是员工能学到多少，而是员工学的是什么。当然还是有针对培训的讨论，但讨论范围仅限于培训的大标题和各个部分、章节的小标题。培训手段（费用，有时还包括一些成功教学法的应用）的持续性也会受到关注。但令人惊讶的是，严格意义上的培训内容本身却无人问津，这才是问题的实质。因此，讨论的重心必须放在内容上而不是标题上，因为培训的观点、预期、技能、知识都是通过内容传播的。

提高效率

第二个主要方面是企业管理者特别是企业中从事脑力劳动的员工的效率问题。如果没有投入实践，那么再完善的知识、再杰出的才华、所有的智慧和能力也都会因为缺少用武之地而毫无价值。凡是涉及人员效率问题，几乎所有组织都表现出了不同程度的阻碍而非促进作用。

虽然我没有进行过严格意义上的量化统计，但是凭借二三十年的经验，我敢断言在管理者和从事脑力劳动的员工中大部分人的效率几乎从没高于 50%，很多人也许连 30% 也达不到。当然有例外，但是十分稀少。不过从他们身上获得启示，哪些资源是可以利用的。有效率和无效率的员工之间绩效差别之大，不论是企业还是个人都无法承受忽视这一区别所导致的后果。因为效率是企业保持市场竞争力的先决条件，也是个人保持职业竞争力的重要前提。

从事脑力劳动的员工，无论从事的是具体专业方面还是管理相关的工作，其工作效率、工作质量、生产率实际上都是人力资源管理的问题。毫不夸张地说，今后二分之一的国民生产总值将由脑力劳动者创造，其他任何群体也做不出这样的贡献。在越来越多的企业里，这个比重已经上升到了 80%，还有一些甚至达到了 100%。因此除了财务和成本管理之外，人力资源管理已经成了最重要的管理任务。

寻求更好解决方案的脑力劳动，涉及的是生产率；解决全新的未知课题的脑力劳动，涉及的是创新。脑力劳动就像一种独特的“原料”，一种和传统经济学分类全然不同的“资源”。知识，就是脑力劳动者的生产资料。从这种意义上说，迄今为止已有的管理类别不仅不实用，甚至还是错误且有害的。

“人道”的组织

人力资源管理的第三个主要方面是组织架构问题。我前面已经说过，从人的效率上看，绝大部分组织起的都是阻碍和妨害的消极作用。如果说有什么是故意发明出来阻碍人实现绩效的，那首当其冲的便要数如今的架构形式，特别是矩阵结构。

在过去 20 年里，组织架构一直属于信息管理的范畴，现在它必须回归到人事管理的职责范围之中。我们必须清醒地认识到，即使困难再多，改变信息系统和组织架构也比改变人要容易得多。现在我们已经知道了，这根本行不通。

虽然听起来可能微不足道，但是人必须被“人道”地对待。这一原则却口惠而实不至。没有哪两个人是相同的，因此对两个不同的人也不能采取相同的管理方式。

这里有一个可能不是十分恰当的类比：养猫和养狗的方法是不一样的，谁也不会因为猫和狗都是“动物”就用一样的方式对待它们。养狗的人都知道，哪怕是同一个品种、同时出生的幼仔，也都呈现出极其明显的个性差异，不存在两两相同的情况。只有人一再被迫遵循平均主义的教条，一再被用相同的劳动合同、职位说明、评估系统和组织结构把各不相同的人束缚起来。而人最珍贵、最有价值的东西——人的个性、与众不同的优势、强项和能力或者因此而被剥夺，或者完全被弃置不用。

如果我们需要完成的任务都是相同的，那用计算机或机器人也许更不容易出错。但若任务不同，需要驾驭复杂性、审时度势、灵活应变，那人是必不可少的——这个“人”不是任何管理理论中的抽象，而是性格迥异、实实在在的个体。

在传统工业企业中，特别是在生产流水线上，个性的影响往往是不利的，因为流水线工作强调规范化和标准化。但在当今的知识社会里，情况就完全不同了。资源所有者自发地分配资源或将资源投入生产且自负盈亏，也只有他知道需要什么，具体情况对应的具体操作，以及如何行动。现有的方式无法实现对个体的管理，但这并不表示我们需要以信息为基础的组织形式或网络组织，这些概念模糊了问题的本源，即我们真正需要的是以责任为基础的组织结构。任何一种职业、任何一个工作职位上的产出、质量、结果都和员工个人岗位职责紧密相连。这正是“全面质量管理”（total quality management）的根本目的，也只有在这个方面取得突破，才能达到质量监管的标准。此外，**个人岗位职责的建立同时也是“目标管理”的主要目的，但是这个目的往往遭到忽视或遗忘**。目标管理的创造者彼得 · 德鲁克也明确做过对“目标管理、自我控制和责任”的表述。很显然机器人是做不到这一点的，能做到的唯有人。因此组织架构的任务必然要落到那些对员工个体了解更多的人身上，即那些负责人事管理的人身上。

职业生涯设计

人力资源管理的第四个主要方面是职业生涯。关于职业生涯，可以提出很多问题，比如未来的“职业生涯”指的是什么？呈现出何种面貌？向哪个方向发展？应该怎样设计……我个人认为，未来的职业生涯和现在的一定是不同的，这一点显而易见。如果承认这个情况属实，那也意味着整个人事范畴——从人才选拔、聘任、发展、晋升、调职、降职到解聘，都必须从完全不同的角度进行决策。

比如，应当从基础教育培训及其所折射出的希望和期望出发。对于我这一代人而言，高等教育基本上可以算是辉煌的“职业生涯”保障。**而对于现在的年轻人来说，高等教育只不过是获得一份好工作的基础条件罢了。**

因此我建议，现在就应该告诫那些对职业生涯还保持着已经过时的过高期望的年轻人，他们的这种期望是无法实现的。这也许对于许多人来说都是当头一棒，很可能令他们一时间失去方向。因为大多数人头脑中还有那种老掉牙的陈腐观点：“三年之内得不到提拔的人都是失败者……”在扁平式组织结构中固定的等级已经建立起来，要往哪里提拔人呢？因此，“职业生涯”已经不再是传统意义上的晋升，等级的高低应当为更大的职责、更有趣、更重要的工作所取代。必须有人告诉年轻一代，能有一份“更大的职责”“更有趣”“更重要”的工作是非常值得庆幸的事情，它们同样意味着事业上的成功。

对职业生涯的设计必须和对个人生活的设计联系起来。因为有一个问题是无法回避的：每个人都必须寻找属于自己的某项工作、职业生涯乃至整个人生的意义。

精英的诞生

人力资源管理（特别是在大企业中）的第五项主要任务是培养精英。鉴于 20 余年来的从业经验，我深知这一任务的潜在风险，一旦涉及这个方面，再怎么谨慎也不过分。

当今社会对好的正确的管理的需求远远超过了以往任何时代，这是经济和社会变迁所带来的最大变革。注意，我说的是管理，而非管理者。的确，没有好的管理者就没有好的管理，这个管理者必须是精英，但并不一定要有超出常人的优异天赋，这样的要求也不符合宪法中人人平等的规定。

培养精英是一项无比艰巨的任务。其实只要从涌入发达福利国家的优秀人才中选取很小一部分，投入到精英问题中，尽管这也不是最完美的解决办法，但至少比迄今已有的要好得多。

对于外界而言，高级管理层特别是大企业中的高级决策层是可见的。在人们眼里，这些高管就是整个经济的代表，然而事实上却完全不是这么回事。不论他们愿意与否，他们体现的是管理和精英标尺的人格化。他们的行为必须足以担当起最严格的榜样、典范和标准的重任。谁若是不能或不愿担当这样的重任，他就不能算在高管的行列中，也不应当出现在高级管理层中。即使是很小的偏差都会对人的看法造成灾难性的影响，在今天这样一个媒体社会中尤其如此。

很遗憾，德语中对“管理”和“领导力”两个概念没有明确的区分。而目前愈演愈烈的对所谓“领导力”的讨论，水平其实相当低级。尤其是我们现在已经掌握了大量有关领导力的知识和经验，这就更加令人沮丧了。曾经在第二次世界大战中，协约国方面对军事领导人的培训基本上解决了领导力问题，虽然这只是暂时的并且基于历史上特定背景之下的。

为了创造和平稳定的局面，长久地跻身成功行列，也为了在各种各样的挑战和变革中立于不败之地，任何一个社会都需要一大批兼具专业性、追求效率、敢于担当、勇于负责的管理精英。我们需要的不仅仅是工程师，而是懂管理的工程师；需要的不仅仅是自然科学家，更是那些能实现自我管理并且能领导团队的科学家；需要的不仅仅是普通的经济学家，而是那些能通过管理将自身及他人的知识和才能转化为生产力与成果的经济学家。这不只是经济界的要求，而且对所有组织和机构都普遍适用；这也并不只是停留在高级管理层，而且是对所有承担管理任务的人的统一要求。

虽然今天仍不能精确计算对管理和管理能力培养的投入所得到的最终产出，但已经可以确定，这种产出对一个组织、一个行业、一个国家、一个经济区域或集团的创造力和竞争力的影响是不言而喻的，这一点比以往任何时候都更加清楚。不仅如此，这种投入还是保持繁荣、消除贫困、纠正经济过程中出现的错误以及修补其所带来的损失的决定性力量；年轻一代是否有明天，他们能拥有怎样的明天，也都取决于此。这份任务和责任在很大程度上完全落在人力资源管理的肩膀上。

管理者的薪酬

管理者的收入与管理质量

“如果支付不出最令人满意的薪水，那么也得不到最优秀的管理者的青睐。市场决定了需要最高级别的薪水。”这就是许多人为管理者过高薪酬的合理性找到的论证依据。

如今，美国管理阶层过高的薪酬标准广受争议，虽然在欧洲和亚洲尚且没有出现这样的数字，但是必须承认——说得婉转一点，欧洲在这方面也前进了一大步。

“最贵”的管理者一定也是“最好”的吗？在管理者的收入和管理质量之间有这样潜在的必然联系吗？市场真的能把最优秀的管理者送到最合适的位置吗？

在股市繁荣时期以及丑闻还没有被揭露的时候，或许这种想法尚有一定道理，不过长久以来对这种想法的质疑和批评一直没有停止过，并不是因为新进的过火举动才出现的。等到丑闻暴露于人前，这样的想法就不攻自破了。

毫无疑问，**优秀的管理者必须得到丰厚的，不，应该说是极其丰厚的报酬。但是反过来，得到极其丰厚报酬的人却未必能出色地完成任务。**“便宜”的人为什么不能比“昂贵”的人更好地履行职责呢？如果安然和世博把支付给高管的过多薪水节省下来，那这两家公司或许现在仍旧存在。比过高收入更糟糕的是，这些公司其实处于无人管理的状态。只要一点钱，就会造成公司动荡和破产。

高收入意味着高绩效，甚至最高绩效，这种说法是一个经不起实践验证的教条。反过来，薪水不太高的人创造出了最高的绩效，这样的例子却并不少见，应当引起我们的重视。从来没有哪个著名的政治家是因为钱才从政的。历任德国总理、美国总统还有瑞士的政府高官，他们的收入相比而言算不上高。虽然不是全部，但必须承认其中有相当一部分人都是具有杰出才华的精英。著名的科学家、学者、行政领导人、军官也是如此。即使是在由于过高收入而饱受争议的医学界，不以金钱作为衡量自己行为依据的高级专业人才也大有人在。

如果把越高的职位和越高的薪酬联系在一起，那么必然导致权力位置之下挤满了追逐金钱的人，这是不可避免的。高级管理层中这样的人越多，整个组织就越唯利是图。要注意的是，“唯利是图”和“追求利润”绝不是同一回事。众所周知，破产的安然和世博已经没有利润可言了，但它们仍然受到金钱的驱动。

很多年以前，彼得·德鲁克曾讲过这样一个引人深思的故事：20世纪初，美国最伟大的企业界巨人、最令人信赖的资本家约翰 P. 摩根在其触角延伸极其广泛的商业帝国中进行过一次调查。他想知道成功的子公司和不成功的子公司之间差别究竟在哪儿。研究结果表明，两种子公司之间只存在一个不同——公司中各个收入等级之间的差距。在成功的子公司中，这个差距很少超过30%，而在那些失败的子公司中，这个比例无一例外达到了失控的地步。随后，约翰 P. 摩根立即将这个结果在所有子公司中广泛传播。

如今时间已经过去了近百年，特别是在成功的企业里，这个比例当然可以扩大。真正意义上的顶尖管理也理应用高额薪酬作为回报。然而，我还没有看到有哪个经济分析人士在考量企业成功与否时会关注这些因素。或许那些坐在监事会和董事会里的人们应当认真考虑一下如何衡量薪酬，毕竟身为资本主义杰出代表之一的约翰 P. 摩根已经清楚地认识到了这个问题。

管理者薪酬——一个新开始

如今在电视、报纸、杂志上，五花八门的薪酬丑闻层出不穷，这意味着貌似合理的薪酬机制的时刻终于到来了。这个体系以前没用，以后也不会有用。德鲁克早在几十年前就说过：“不存在好的高管薪酬计划，只有糟糕的和更糟糕的。”我们即将迎来一个新的开始、一次很好的变革机遇，这不只是为了那些饱受指责的高管，同时也是为了修复管理层在公众眼中摇摇欲坠的威信。

今天哪怕我们再怎么精心设计、调整，也无法补救股票期权计划造成的灾难。对于高级管理任务的复杂性，任何薪酬评定机制都是徒劳的。没有哪个薪酬机制能随着自身发挥作用的条件的变化迅速做出相应的调整。事实上绝大多数条件都被薪酬机制的创建者忽略了，因为他们认为这些条件没有可能变成现实。在他们看来，那是天方夜谭。

在股市上升和下降时，在经济繁荣和萧条时，在经营活动处于正常、恢复期或周转期时，以及在遇到收购、撤资等情况的时候——试问哪一种薪酬机制能在遇到上面所有情况时都正常发挥作用？有这样的薪酬机制吗？不仅如此，也没有任何薪酬机制能把企业管理的基本范畴、经营与战略、长期与短期、今天与明天，都考虑在内。

还有其他的选择吗？现在似乎只剩下唯一一个：在任何情况下都应当由监督机构自主评判和决定高管薪酬。这个办法远远算不上最佳，但由于不存在所谓的最佳方法，即使有也只是不切实际的幻想，因此这个方法要算是害处最小的了。

监督机构最重要的职能，即企业整体业绩评估、企业现状和高层管理者绩效的判定和评价。这项职能曾被交付给僵化的机制，如今重新回到了监督机构手中。这无疑要算是管理控制环节中最艰巨的任务了，但同时也是最重要、最神圣的使命。这是监督机构的核心职能，也是监督机构之所以存在的根本意义。如果无力担负起履行这项职能的重任，公司治理就根本无从谈起。

这样做的结果虽然也许让人很不愉快，但是保证企业健康、正常运转不可或缺的。依照这种薪酬构成，管理效果不能再简单地从财务数字中推导出来，而是必须得到体现和证明。监督机构必须对企业的整体运作和最高执行机构保持着深入清楚的认识，唯有如此才能真正有效地履行其核心职能。这是一项费时费力的工作，但是监督机构之所以存在、他们之所以能拿到薪水的原因也就在于此。许多已经实现有效管理的企业一直都是这样做的。

最常听到的反对观点是认为监督机构无力担负这样的职责，因为“它们离现实太远”；监督部门即使做也只能做到近似，因此这是它们不能胜任的；另外，管理者的收入将锐减，当然也可能增加，这完全取决于监督机构，其决策带有强烈的主观性，等等。这个反对论点很容易被反驳，它与这里讨论的主题并无关系。这种决策的确带有主观性，但是哪个决策不是如此呢？就连法庭判决也同样具有主观性，是一个人或一群人经过思考、分析、权衡做出的评判。因此重要的不是判断决策是否带有主观性，而是要保证决策不是任意妄为的结果，两百余年的法治国家历史实践已经向我们证明了这一点。现在只剩下最后一个反对的理由了：管理者无法提前预知年底时自己能拿到多少酬劳。的确如此，许多管理者以前和现在都不能提前预知自己的薪酬。

在管理者的过高收入基础上，还有另外两个问题也同样值得深思：为什么随着一个管理者年龄的增长，他的报酬就必须自动提高？现在这种想法被推而广之，扩大到整个职业群体。报酬是否增加与年龄（或工龄）没有必然联系。很显然，年轻人比年长的人更需要钱，年老人的财政负担明显比年轻人低得多。

另外一个问题的目标特别针对坐在企业最高权力位置上的“大老板”：为什么职位越上升，报酬就越多？难道不可以在达到某个高度之后，薪酬又开始回落吗？这并非不可想象，事实上恰恰是可取的做法，有着极大的积极影响，这样一来，人们追求职位晋升的初衷就不再是为了赚更多的钱。相反，如果要晋升到更高级别职位，获得更大影响力和决策力的同时也要一并承受收入上的损失。这样一来，那些只盯着钱看的贪婪之辈自然也就不会再觊觎更高的职位了。

通过这样的方法，高级管理层的规模将马上明显缩减，管理质量和动力则会显著提高。

CHAPTER

第 14 章

创新与转变

不是每个人都能拥有创造力，但是每个机构都可以有创造力。

按照管理有效性标准模式的逻辑，对未知的新生事物或情况的管理和对现有已知事物的管理没有本质上的区别。因此也就无所谓“创新管理”“变革管理”等名目繁多的噱头了。

对新生事物的管理与对其他一切事物的管理其实是相同的。如果非要找出两者之间的差别，那可能在于管理新生事物需要拥有最相似的专业知识、最娴熟的专业技巧、最高超的驾驭力。

从之前的“企业战略”“组织结构”和“企业文化”等章节中可以看到，对于其中任何一个而言，创新和变革都是其不可或缺的重要组成部分。如果做不到同时把已知和未知事物都纳入考虑范围内，那么在这个问题上就没有发言权。创新和转变不是企业在某种程度上可有可无的附属品，而是企业内部必须建立的一种能力，它们对于企业正常运转的作用就像生物体内的细胞更新一样：有细胞更新的才能被称为生物，一旦更新停止，说明生物已经死亡。同样的道理，**有创新和转变的才是企业，一旦这一环节不再进行下去，则说明企业已经崩塌。**

需要注意的一点：并不是先有战略，然后再对其进行创新，也不是先有结构和文化，然后再加以变革。这种看法只会造成混乱，并且模糊了关键点，即战略、结构和文化是创新和变革的起点，如果在这几个领域没有发生创新，那表示创新完全不会发生。和企业文化一样，创新和变革也属于之前已经讨论过的“突出特性”。这也意味着创新和变革也不是独立任务，就像在讨论“文化”时说过的那样，不能直接“执行”。今天与明天、已知与未知、熟悉与陌生、现有的与全新的、执行性的与创新的，所有这些都交织在一起。而能够驾驭这一切的管理形式已经握在了我们的手中，再也不需要任何其他形式了。

除了以上提到的这些外，还有几个方面值得特别一提：在战略与绩效研究中，针对以市场和产品为导向的创新活动，即针对“新兴业务”的研究成果尤其丰硕，这些珍贵成果对于创新过程的价值难以估量。迄今为止出现的网络公司失败案例至少有一半是可以避免，甚至原本可以化危机为转机的。关于这一点，在本系列丛书的相关卷中将予以详细探讨，而本书的主要目的仅涉及以下两个方面：一是澄清那些广为流传的重大错误观点；二是提出避免误解形成所要遵循的基本原则。

悖论与错误观点

创新的重要性毋庸赘言，基本上所有企业的未来发展都取决于其创新能力的高低。但是很少被提及的一个事实是，绝大多数创新的尝试和努力都失败了：大约五分之四的创新活动虽然付出了高昂的成本，换来的却是空欢喜一场。尤其是在“新经济”的误导下，失败的比例更是一再屡创新高。

造成这种情况的主要原因可以用一句俗语来概括——心有余而力不足。绝大部分企业虽然有创新的雄心壮志，但缺少完成创新的专业技能。大多数管理者都不具备相关能力。应当被上升到与“新大陆的探索之旅”或者“阿尔卑斯山的首次征程”同等高度的“创新活动”，在大多数人眼里，却只是“复活节大游行”罢了。

因此，我们首先要做的是把那些长久以来传播甚广的管理悖论和错误观点连根拔起，之后再把长期总结的正确经验和认知不打折扣地落实到实践中。

第一个必须剔除的荒谬观点是：创新是在实验室或研发部门中诞生的。事实上，在那里诞生的不是创新，只是一些带有创造性质的想法、样品、试验结果。创新必须从市场角度进行定义。只有在新产品带来令人满意的销售结果后，此次尝试才能被称为创新。这时候才能验证所选择战略的正确性，也才能保证对时间成本和资金成本估算的基本合理性。因此，核心问题不是“有什么新发明和新发现”，而是“为了确保新发明和新发现能成功投入市场，我们该怎么做或需要具备何种必要条件”。

第二个荒谬观点是：创意是重要的，它应当是管理者的一个显著特征。因此许多企业里都有专门针对创新和创造性思维的培训，还推行了一些看起来似乎有助于创意涌现的工作方法。很显然他们认为同时也一再声称创意永远是稀缺的。

实际情况却不是这样。**稀缺的不是创意，而是具有可实现性的创意。**即使是在最缺乏创造性的企业里也有一大堆无法实现的想法。产生创意和实现创意完全不是一回事。创意只有被转化成现实，才能叫作创新。这些想法并非无足轻重，只是相比较而言它们是最不重要、最廉价、最简单的，它们的作用就在于提供参考，根据其研发的试验模型或样品发挥预想的作用，具有“临床操作性”。这是一个成本高昂、耗时持久且工作量惊人的过程。之后，必须把试验模型和样品投入批量生产中，这又会带来更高的成本和更大的工作量。最终还必须投入市场，接受市场检验。显而易见，每向前走一步，都需要付出 10 倍的努力。

第三个荒谬观点是：只有小企业才有创新性。这是在新经济中最常听到的愚蠢言论之一，新经济的簇拥者常常草率地批评大企业的迟缓，而对小企业的灵活性则当作优势大加赞扬。的确，小企业可以做很多大企业做不了的事，但创新并不在此行列。小企业更加具有创造活力，从创意到研发试验模型的过程也更顺畅，但它们的优势也只到此为止。原因在于有两个问题始终困扰着小企业：一是资金匮乏，即使有资金，也不敢轻易动用；二是缺乏管理。正是由于这两个问题，表面上看起来最具创新性的小企业其实生存艰辛，很容易沦为大企业的收购对象。这就好比一场赛跑，小企业可能是很好的短跑选手，但进不了决赛，因为自始至终有效的创新活动都是一场长跑比赛、一场耐力的较量，后半段的力量才是最重要的。

第四个荒谬观点是：创新总是要与“高科技”联系在一起的。这也是新经济的鼓吹者大肆宣传的一种基本观点。对高科技的“迷恋”甚至“迷信”造成了思想的扭曲。今后无疑会有更多的高科技涌现出来，当然也会出现专门从事这些科技领域研究的企业，但是高科技并不是对所有企业都那么重要。高科技散发出的魅力使人们对那些科技含量较低或没有科技含量的行业视而不见，而这些行业其实是有利可图的，而且风险更低，成本也更小。

第五个片面且危险的管理悖论是：只有特定的一类人，即那些积极主动、具有创造性、充满创业激情、乐于冒险的“开路先锋”，才能实现创新。这种想法就是傲慢自大和个人崇拜的根源。现实中的确有这样的人，但数量极少。只要稍稍仔细研究一下这些所谓的“开路先锋”很快就会发现，是极富英雄主义色彩的传记和媒体报道把他们美化吹捧成了天才的高度，他们当中的大多数其实都是普通人。在他们做出成就之前，更多地被当成整天胡思乱想的怪人。其实这些人并不是什么光芒四射的“创新型天才”，他们之所以能成功，是因为他们都拥有同一件法宝——系统性的工作方法，他们掌握了驾驭创新的技能。这虽然几乎从来没有写在传记里，却是他们真正值得学习的地方。

基本原则

创新型企业所遵循的基本原则不仅能帮助它们避免错误的发生，而且能帮助它们实现对新生事物的有效管理。

1. 瞄准市场领导地位，立定明确的变革目标

凡是涉及产品和市场的创新，必须将视线瞄准市场领导地位；其他创新（组织结构、工作流程、信息、行为等）则必须把目标放在追求明确、显著、有分量的变革上。

需要注意的是，我只是说应该以此为目标，并没有说必须

达到这些目标。即使真的能做到以此为目标，结果有时也是排在第二位、第三位，甚至全然无所谓的。假若真的想要实现这些目标，那就必须调动一切资源和力量，唯有如此，才有一线希望。但是如果从一开始就瞄准了错误的目标，那么不论再怎么努力，也只会得到错误的结果。在体育比赛中是如此，在创新活动中也是如此。不论是两者中的哪一个，只要最终目标是冠军，人们就会变得更加缜密和严谨，会主动寻找适当的方法和途径。

此外，小变革也会遭受到和大变革相同的阻力，因此必须做好准备。每一点进展都需要用艰苦的努力换回，每次进步都需要付出，唯有如此，才能保证变革的分量。

2. 为新事物开辟空间

创新的起点必然是系统化地放弃旧事物。不清除旧事物，新事物就没有生存的空间。已经不合时宜的东西被扔进“垃圾堆”里，然后被系统化地清除。在这里，最迅速、最彻底同时也是相比较而言最简单的实现创新的途径就是“停止做错误的事情”！

3. 区分新旧事物

这一原则是对原则 2 的补充。如果现有的陈旧事物无法被清除，那至少要做到把它们和新事物区分开。

新旧事物的逻辑是不同的，新事物适用的是另外一种游戏规则和策略。除了管理相同外，新旧事物的其他一切都不一样，因此对待它们的方式也要随之改变。汽车和马车都有四个轮子，但两者却存在着本质的不同。从这层意义上说，只有把新旧事物明确区分开，才有可能得到预想的甚至更好的结果。在这里，以下几个方面需要突出强调。

（1）新的尺度。一般来说，对于成熟市场上的成熟产品，差不多5%的增长率已经算是相当好了。事实上这些成熟业务还能继续增长，已经算是一件十分值得庆幸的事了。但是对于新产品和新业务而言，它们的增长率应当达到两位数，它们的生产率增长速度也应当达到两位数。原有业务和产品的生产率增长能达到2%～3%就很不错了。如果新的工作流程和系统没有带来明显的增长（通常要达到两位数），那就说明投入新流程和系统的成本是不值得的。

（2）新的预算。企业要想在激烈的竞争中生存下去，必须制定两种预算：一种是现有业务的预算，一种是新业务的预算。现有业务的预算有经验和历史数据可循，而新业务的预算没有经验可借鉴；现有业务的预算可以制定得相对具体、详细，而新业务的预算只能限定一个非常宽泛的范围，因而必须留足出现错误和失误的余地，并且更进一步，要预先估算诸如时间、资金、人员等资源的投入量。简而言之，现有业务的预算建立在经验基础上，新业务的预算只能以假设为基础。

如果在制定预算和规划时忽略了新旧的区别，那么这种预算则毫无价值可言，因为它无法帮助我们对现有业务和未来商机做出理性的评判，更不要说对它们发挥引导和控制作用了。

（3）新的时间分配。大多数情况下，我们能够很容易地估算出管理现有业务所需的时间，也很清楚地知道各个环节和流程分别应该投入多少时间，但这在管理未知的新业务时却不可能实现。面对新业务，唯一可以确定的就是每个创新环节都必须投入非常多、比已知业务更多的时间，而且谁也无法详细地说出各个环节的时间投入量是多少。

（4）新的报告机制。我们可以通过数字和其他手段实现对现有业务的有效管理。虽然优秀的管理者不会仅仅依赖数字，而是把管理质量和员工情绪也纳入考虑范围，但是不可否认，在这里"数字"掌握着最终话语权。这是因为通过数字可以做出比较，比如上季度和本季度相关数据的比较就很能说明一些问题。

与此相比，新业务的数字不值得信赖。在开展新业务过程中必须时时追踪，才能把握事情的真实进展。必须倾听参与者的声音，观察他们的行为，让他们有自我思考、自我对话的空间，必须承认他们也有表达猜想、期望和担忧的权利。

我们之所以需要这些"消极信号"，是为了至少能够从这么一大堆假设和预期中榨取一丁点儿有用的信息，是为了能够及时捕捉信息、预知动向。有些管理者始终坚持以"确凿的事实"为出发点，在他们的逻辑里，一件事情不是黑的就必然是白的，不存在中间地带。显然，这种管理者不适宜担当创新的重任。

从以上的几点说明可以发现，无论是哪一点都要求我们必须竭尽可能地把新旧事物明确清晰地区分开。

4. 在问题中寻找机遇

管理者工作中相当大的一个部分在于解决问题。但是如果眼睛只盯着问题，就会忽略机遇和新的可能，而创新的潜在力量就存在于这种机遇和可能之中。虽然稍有夸张，但仍旧可以这么说，如果所有的问题都解决了，那也不会有任何机会留下来。这样的企业只会停留在中等层面，算不上好。只有能发现机遇、利用机遇的企业，才能获得成功。

真正优秀的管理者有一套非常特别的思维方式。他们常常向自己提出这样一个目的指向性非常明确的问题："这个困难局面里是否隐藏着机遇，或隐藏着怎样的机遇。"即使情况确实已经非常糟糕，他们仍尝试着从中发掘积极的一面，探寻机会和新可能。正因为如此，他们才能成为创新潜力军。

在寻找机遇这件事上，这些创新潜力军总是表现出异乎寻常的执着，有时候在旁人眼里几乎近似于强迫症和异想天开的做法。然而这些人并非盲目乐观，他们更加不是天真幼稚的人。相反，他们讲求事实，不美化不粉饰，对客观形势的估计清醒且紧密围绕现实。但同时他们也知道，管理者的薪酬不仅仅是作为解决问题的回报，更多地在于他们能够善于利用机遇。

5. 报告的"第二个首页"

第 5 个原则对原则 4 有强化作用，并且从一般概念出发导出了切实可行的方法。

合格的控制员是怎样的？他不应该只是写报告、展示数字，而是要对管理活动保持高度密切的关注，谨慎地查找所有薄弱和不利的管理操作，在报告的首页把它们罗列出来（用红色笔标记出），以确保它们不被忽略。

优秀的控制员又是怎么做的呢？除了以上这些外，他们还会把积极有利的操作也找出来，罗列在报告中的"第二个首页"上（用绿色笔标记出），以保证管理者能关注到它们。

这可不能被看作是无足轻重的小事。优秀的控制员能把管理者的注意力引导到那些隐藏着机遇征兆的数据上。哪些部分可以做得比预期和预算更好？哪些环节能够比计划进展更快？

和薄弱不利的管理操作一样，积极有利的操作也需要立足于事实依据。这些事实依据必须经过谨慎的查找和分析才能得出。很多时候，某个特别的至今尚未被发现的优势和机遇就隐藏在其中。即使是微小的、有针对性的补充，也往往能促成重大结果，因此这些环节必须对资源加以控制。

如果没有关于积极有利的管理操作信息，那么管理会议的关注力则只能集中在问题、困难和薄弱不利的环节上。但是除此之外，管理层还必须找出优势，抓紧机遇并善加利用。为了做到这一更高的要求，必须有优秀的控制员把必要的信息以适宜的方式分析、提交，这是必不可少的。

6. 把预期“写”下来

在创新过程中，“写”是一项重要准则。我所认识的创新管理者都有写日记的习惯，确切地说，事无巨细，一切事情他们都喜欢详细甚至有点过于详细地记录下来。

人的记忆力是不完善的，不仅如此，它还非常有弹性。大脑的运作和计算机不一样，它的任务不是存储信息，而是不断地对其进行加工、处理、整合、塑形。

好的创新管理者也会把他们在变革和改进过程中对未来的预期写下来。他们也许并不做具体预算，但是对创新流程走上轨道之后的运作保持着清晰的认识。他们会把与员工交谈中的收获以及自己观察到的关键点记录下来，不允许记忆力从中搅局，因为他们知道记忆力是最不可靠的。

7. 边际条件明确化

能进行有效创新的管理者知道什么时候开始创新，同时也知道什么时候停止创新，这是他们特别重视的一点。做到这一点所依赖的手段就是详细查找和明确边际条件。创新的管理者常常给自己提出这样一个问题："当何种情况出现时，即表示错误可能已经发生，或者某个核心要素可能出现了某种问题？"

创新的管理者会把这些可能的信息极其严谨仔细地记录下来，并一再验证这种信息的现实性。比如他们会说："如果这个项目在三个月内没有达到这样或那样的效果，就说明某些关键环节出了问题。"他们会预先设定"截止点"，以防止今后还要为那些已经失效的资金再做无谓的投入。

8. 最优秀的人才

致力于创新的组织中总会不可避免地出现一个时刻，即必须面对一个问题："谁该负责？"作为这个问题的反馈，另外一个问题又提了出来："谁有时间？"以有没有时间作为创新活动负责人的选择标准，无疑是不适宜的。创新需要的是最优秀的人才，这些人才永远不会有时间，他们会一直非常忙碌，换句话说，永远也等不到他们有空闲的那一天。特别要注意的是，我并没有说没有时间、总是很忙的人就一定属于最优秀人才的行列，但总是很空闲的人绝不可能是最优秀的人才。因为这里有一个通行的必然法则：**最优秀的人才，总是尽可能地充分利用时间。**

对于创新而言，只有最优秀的人才还不够，这些优秀人才还必须同时在组织中享有威望。一个人的威望从何而来？这既不来源于等级和地位，也与职位和头衔没有关系。获得威望的途径只有一个，通向威望的道路也只有一条：做出可见、有形、令人信服的成绩。没有成绩的人自然不会有威望，这样的人也许能带给人以“希望”，但不会是其他人信赖的信心之源。

因此，此条原则的意义重大，同时也告诉我们，在最常被委以创新重任的创新管理者队伍中，必须剔除以下三种人。

（1）年轻人——因为他们还没有做出成绩。年轻人的潜力是最大的，但是他们还没有机会做出足够的成绩。他们应当参与到创新项目中，为的是更好地学习，但是真正的创新责任不应当交托到他们肩上。

（2）普通员工——因为除了少数个别情况外，这些人也没有做出可见、有形的成绩。从以上两点可以看出，最不应当委以创新重任的就是（1）和（2）的组合，即年轻的普通员工。

如果普通员工在早期职业生涯中积累了足够的经营经验，并且展示出了足够的能力，那么他们可以被吸收到创新团队中。针对有些企业——虽然只是很少一部分，我们强烈建议选任这种员工组建创新团队。

（3）结构设计师、人力资源师等，原因同上。

9. 反复试验

有一种特定的创新活动，是那些能够实现有效创新的管理者特别不愿意看到的，就是未经反复试验就必须马上应用到整个企业甚至扩大到整个市场上的创新。现实中的确有这种例子，不过幸好它们绝对属于非常罕见的例外情况。

只要有可能，新生事物必须先经过试验。当一切还停留在纸上的时候，所有东西看起来都完美得无懈可击。但是我们都知道，即使再完美的计划也会有某些被忽略的漏洞，某些方面的意义可能被错误估计，或者还存在发生其他错误和纰漏的可能。因此，两三次严肃的测试是十分必要的。

优秀的人才能利用试验找出漏洞，消除错误，更重要的一点是，从一开始就把以后所有可能出现的失败借口都提前排除掉。试验提高了新业务实施的正确率和可行性，因此试验所占用的时间可以在今后的实施过程中几倍地弥补回来。如果需要为试验的必要性找一个确凿的理由，那可以这样说，试验是保证新业务得以正常运转不可或缺的一环。

10. 永远把注意力集中到少数事物上

每次有分量的创新活动都需要足够的重视，需要投入最优秀的人才，即便如此，也不能保证创新必然取得成功，仍存在着很高的风险性。因此，经验丰富的创新管理者永远只会把自己的注意力集中到少数几个创新项目上，他们不允许自己的力量和精力被分割成众多细小的部分。

好的创新管理者会努力营造这样一种局面：要么项目成功了，取得了巨大的成绩；要么项目失败了，但失败的原因不是人为可以避免的。如果是这种情况，他们可以问心无愧地说："我们已经进行了所能进行的所有尝试，既没有犯错，也没有做出不恰当的让步。尽管如此，项目仍旧没有成功，这说明它必然超出了我们的能力范围。所以我们现在必须放弃这个棘手部分以控制损失，并且寻找另一种解决问题的途径。"

11. 创新团队

细心的读者可能会注意到，到现在为止我还没有提到有关工作小组、工作团队的内容。毫无疑问，在今天的大多数创新项目中，团队都是非常重要的。规则的制定既适用于团队，也适用于个人，但是实际上几乎总是个人依靠自己的纪律、知识、经验，特别是典范和榜样的力量，确保正确的规则得以遵守和执行。

12. 什么时候开始创新

有些管理者几乎总是在拼命寻找新旧事物的区分标准。但他们原本并不需要如此，因为绝大多数情况下这个标准都显而易见：这里的关键问题不是“对于整个世界来说什么是新的”，而是“对于我们（组织本身）来说什么是新的”。只要在此之前组织中都没有出现过的、无经验可循的，都是“新的”。至于它在其他地方是否出现过、是否已经实现并无所谓。如果它在别的地方已经实现了，那对我们的唯一价值是，或许我们可以从别处的创新实践中借鉴一些有用的经验或者获得一些帮助。尽管如此，这种事物对于我们仍然是新的。

如果碰到某些模棱两可的情况，新旧事物的区分仍然存有疑问，那我建议最好将其作为新事物对待。也许后来会发现这一点上其实已经积累了足够经验，之后的进展会比预想得更快更容易。虽然在这种情况下投入的关注过多，但是毕竟不会出现什么差错。如果一开始就把难以界定的情况划归到现有、已知的行列中，按照对已知事物的管理方式对待它，那么后来往往证明这样做要困难得多，阻力也大得多。

MANAGEMENT

04

第四部分

管理就是去实现它

CHAPTER

第 15 章

实 施 管 理

“我们缺的不是计划，而是把计划付诸实践。”

上面这句话是我们从管理层口中最常听到的一句话。更确切地说，不论组织位于什么等级，身处什么行业，也不论组织规模大小，这都是其管理者常常挂在嘴边的一句话。每个组织似乎都会遇到某种程度的执行力薄弱的问题，其形成原因各不相同，这算得上是一个通病。

执行力薄弱的根源之一必须归结到人。我们都知道，人是一种“受习惯支配的动物”。在很大程度上，每个人都以自己的方式依赖于习惯。即便是极富创造力的优秀人才也是如此，每次研究这些人的生平事迹都能得出相同的结论。

然而习惯并不是不依赖于人的意志为转移的，尽管改变习惯并非易事，但至少它仍然是可以改变的。现实生活中的确存在一些人，他们的执行力比一般人更强，但这样的人也有自己的习惯，而且往往是非常显著的习惯。这些人是如何在自身习惯和较高的执行力之间求取平衡的呢？从他们身上我们可以借鉴一些有用的做法。

聚焦关键

希望有所成就的人必须学会把关注力集中于少数几件关键事物。**“专注”是执行力的本质和精髓，也是获得成功的坚强根基。**

然而不幸的是，恰恰是在管理领域，出现力量分散的危险是最大的。组织中总会出现无穷无尽的琐碎之事牵扯人的精力，而人往往经受不住这种“诱骗”，在诸多无意义的小事上做了无用功。有些人甚至认为，同时兼顾众多不同的事务和方面，恰好能表现出他们极其高超的管理技能，真是找不出比这更荒谬的想法了。

聚焦少数关键事物，集中力量采取一切正确行动促成这几件事顺利完成，这是所有拥有高执行力组织以及个人的座右铭。如果要总结获得成功、使计划得以顺利执行和实现的工作方法，那再也没有比聚焦关键更加典型的了。

记录议事日程

管理层实施管理，同时也接受管理——受到他们自己的记事本的管理，上面详细罗列着他们的议事日程。记事本上已有的，基本上已经得到了解决；记事本上没有的，往往从一开始实施的可能性就非常低，日程记录或者用更广义的词语表达——时间的组织和安排，是改变习惯最重要的工具之一。

举一个很简单的例子：一个人在某一天突然决定今后每周都要进行两三次体育锻炼。如果这个人一直都非常忙碌，那么他必须在一开始就把运动计划列入自己的时间表，否则时间就会被其他未完成的事情所占据，这个人要么完全抽不出时间来做运动，或者偶尔、随机地运动一次。这根本起不到锻炼的作用，也形成不了新的习惯。最终的结果就是，要不了多久大多数人就会放弃运动的念头，也就是说，计划没有成功执行。

几乎全部管理有效性的决定因素，只要记入议事日程就都能实现。换句话说，记入议事日程，也是其实现的唯一途径。只靠其本身，或者仅有良好的愿望是不够的。打个比方，想要尽可能有效地与同事建立良好人际关系的人，会把这个记录在自己的日程表里，这也适用于那些偶尔需要在自己职责范围内进行系统化“垃圾清除”的人。

及时掌控未完成的任务

我们常常发现，那些拥有强大执行力的人工作起来往往带有很强的自律性。他们几乎不会遗忘任何事情，这当然不是因为他们都是记忆力杰出的天才，而是因为所有的想法、意图都被记录了下来。要做到这一点并不困难，在床头柜上放一个小本子就能帮助他们在新想法涌现出来的时候及时把它们记录下来。同样，他们也会用“写”的方式牢牢锁定那些“未完成的任务”，因为这些任务都是他们想要完成的。

我认为，那些认为自己能靠记忆力记下所有事的人，都是不值得信赖的。这种人要么经验十分匮乏，要么工作范围十分狭窄，再不然就是一事无成的庸人。**成功执行任务的首要一点就是毅力和耐力，**必须一次一次不厌其烦地追踪其动向，采取后续行动，在实践中，这只能通过对未完成任务的把握和监控才能实现。

深思熟虑

许多计划和决策无法顺利执行的原因就在于它们本身不具备可执行性。为什么它们不具备可执行性呢？因为这些决策和计划在实施之前没有经过深入彻底的思考。

实际上，审慎彻底思考的能力，即真正意义上的深思熟虑，并不像人们认为的那么理所当然。我认为，对某个问题、某一流程、某项决策进行深入、连贯、系统的思考，是解决问题最关键同时也是最有效的方法。遗憾的是，这样好的方法却鲜有传授，在管理类文献教科书里也难觅其踪影。

事实上，与其说深思熟虑是一项能力，倒不如说它是一种自律来得恰当。一般来说，对某事进行深入彻底的思考并非特别困难，它只是有点麻烦，需要投入比较多的时间和精力。

有些人喜欢标榜自己不拘小节，并为此自鸣得意。诚然，在某些特定情况下，这种想法是成立的，特别是在涉及高级管理层时，有时甚至是不可避免的。然而“不拘小节”对于成功实施和执行计划决策却毫无用处。所以，在涉及具体实施时，必须在判断力范围内确保计划本身具有可执行性，大部分可能发生的事件都已经预先考虑周全了，并且针对紧急情况事件已经制定了相应的替代解决方案。

反复试验

除了完成以上这些步骤外，经验丰富的管理者还会再向前进一步。他们深知，有一种问题即便是最完善、最彻底的思考也发现不了，那就是只有在实施过程中才会暴露的问题。他们很多人都曾有过相关的惨痛经历，因而十分清楚，绝大多数情况下，再怎么完美的行动提纲，再如何审慎的计划，哪怕是最细致严谨的决策，都仍然有漏洞隐藏其中，这些漏洞仅靠思考是发现不了的，唯有在实践中才能浮出水面。所以在真正开始实施之前，他们会尽可能预先试验。

现实中这样的例子不胜枚举。比如，尽管经过精心设计、开发和生产，但是新车型面世之前仍必须经过测试；也尚没有哪个软件程序在应用中出现一些被发现的缺陷或问题。因此，试验乃至重复试验才如此必要。

与那种陈腐的观念不同，拥有高执行力的管理者并不会像斗牛场上的公牛一样只知道冲向目标。恰恰相反，行动之前，他们会研究、尝试、试验、探索——说得形象一点，这就好比在踏上结冰的湖面之前，他们会小心翼翼地探路，验证冰面是否能承受住身体的重量。

从这种意义上来说，对于老练的管理者，未经反复试验就把新事物推向整个体系是一个可怕的噩梦。他们总是坚持、有时几乎固执地要求在新事物推广到整个企业之前必须经过两三次有说服力的试验。当然，这种试验要花钱，而且更重要的是它们会占用时间。但同时它们也是查找那些只有在实践中才能暴露出来的缺陷、漏洞和错误的唯一途径。

试验能暴露问题，而只有从试验中暴露的问题得到解决以后，经验丰富的管理者才敢把新事物推向实践，这个时候，他们才会投入全部力量、毫不妥协地执行。之后他们也会密切跟踪、修正、弥补那些试验中忽略掉的问题。

更为重要的是，管理者的威信和声望也由此而来。人们信赖这些具有高执行力的管理者，因为人们看到了他们的能力。除此之外，其他任何方法都不能为他们建立这样的威望和信赖。即使日后他们也犯了错误，或者他们领导的项目失败了，也几乎不会损害他们的威信，人们仍然一如既往地信任他们。因为人们很明白，错误分很多种，他们更加懂得如何区分无关紧要的错误和致命的错误。

明确责任人

集体责任或不具名责任，这种模糊不清的做法往往令具有高执行力的管理者深恶痛绝。他们不会以小组、团队或委员会的名义承担责任，而是完全以个人名义负责。他们执着地坚持具体到个人的责任原则，即便有人嘲笑说那早已过时，他们也不为所动，因为他们深知集体责任是行不通的。

为了避免误解，我要先说明一点：《公司法》确实规定了合资公司中存在集体责任。我认为这一条规定正确而且重要，它与我提出的个人责任并不矛盾。这两种责任类型涉及的是两个完全不同的方面：《公司法》中的集体责任制更多的是赔偿责任，与本书探讨的组织机构的执行力缺陷无关。前者是法律问题，后者是考量绩效的管理问题，完全是两回事，因此两者的责任规定也是不同的。

把上面的说法落实到企业里就变成了以下具体实施流程：第一，董事会作为集体责任部门做出决策；第二，某个董事会成员负责该决策的执行；第三，在集体责任下，每个董事会成员各自的责任不受影响。

永远不要奢求所有人都投赞成票

许多项目执行不下去的另外一个重要原因是，人们认为必须首先获得组织中所有人的支持，这种想法是对“参与理念”的错误理解，我认为其根源产生于“68 学生运动”中。这种理念追求人的参与，本质上是值得称赞的，并且在很多情况下的确有必要，且能起到积极作用，然而尽管如此，它仍有明显的局限性。

除了那些无关痛痒的计划外，真正的管理者绝不会期待能赢得所有人的赞成和支持，原本就不该有这样的期望，也不应该试图获得这样的支持。通常所执行的项目规模越大，变革就越深入，涉及的人就越多，因而很遗憾的是遭受负面影响的人也越多。这部分人有各种理由反对项目执行，不过他们可能没有公开反对，也没有暗中阻挠，这其实已经十分值得庆幸了。如果这样还不满足，而要强求这些人对损害自己利益的做法投赞成票，未免太不人道了。

这是一种在管理中比较常见的典型情况，需要足够的判断力和经验积累才能处理得好。如果反对的呼声十分高涨，那么除了在极端的情况下，否则一意孤行执行到底的做法既不明智又无效果。反过来，试图能说服所有人、赢得所有人支持的做法同样不现实，不过值得庆幸的是也没必要这么做。

经验丰富且拥有高执行力的管理者追求的是物理学家口中所谓的“临界量”。多少人才算达到了临界量不能一概而论，必须具体情况具体分析，但是30%差不多够了，实际案例中的比例往往显著低于这个数字。

然而相比数字和比例，另外一个问题更应当引起重视：计划的顺利实施必须赢得哪些人的支持。这种人的衡量标准只有一个，即他们必须在组织内部享有声望、受到信赖。人什么时候、为什么能获得别人的尊敬和信赖呢？对此唯一的答案就是：只有做出成绩的人才会受到别人的尊敬和信赖。今时今日，学历、等级、地位、形象等所有这些都不足以成为赢得他人信任和敬意的理由。只有特别肤浅天真的人才会因为这些仰慕别人，而涉及计划能否顺利实施，这种肤浅的人是否支持根本不重要。在组织里，人们之所以信服、信赖一个人，完全是因为他做出了实实在在的成绩——这成绩是有形的，且对于组织的发展有重要意义。

因此，管理者总是尽力吸引这部分人的目光，追求这类人足够数量的支持。这一部分人的数量和比例并不需要多么庞大，因为比数字更重要的是，他们是有分量的一群人。

仔细想想，什么能激发每个计划实施参与人员的积极性

正如上面说过的，执行力卓越的管理者从不奢求每个人都能支持他的计划，他们从不做这种无谓的尝试。与此相反，他们常常做的是另外一件事，他们会深入详细地考虑，对于每个参与计划实施过程中的人来说，什么最能激发他们的积极性，提高他们的工作效率？他们需要哪些信息、工具、培训等？这才是优秀管理者必须想清楚的。

特别重要的一点：高执行力的管理者从不放任自己犯这样一个错误——他们不会因为自己对全局的了解，就自动默认其他人也和自己一样了解整个计划的进展。而现实中犯这种低级错误的主管和经理实在太多了，其实他们原本早就应该意识到这一点。在他们做出某项决策之前，或许已经和员工一起研究讨论了几周甚至几个月，对问题的各个方面和程度都了如指掌；晚上他们就枕着这些问题入睡，早上一睁开眼，他们就又开始思考这些问题。而其他人，他们参与进来的时候决策已经制定出来了，他们所要做的就是执行决策，如此怎么能要求他们也对整个计划具有和决策人一样深入透彻的认识呢？既然没有这

样的认识，那么他们如何才能有效地执行决策呢？

要注意的是，这不是一个激励问题。虽然这可能也有附带的激励效果，但是更为重要且与激励毫无关系的问题是：为了确保能在计划实施过程中对整体做出正确有效的贡献，每个参与人员必须掌握何种知识？了解何种信息？具备何种能力？为整体做出贡献，正是由于这个原因（而非主要为了激励），执行力的管理者才必须全面透彻地思考，应当如何解释和说明他们做出的决策，才能确保所有参与人员了解其中的利害关系。

不尽信报告

计划实施进程情况必须处于监督和控制之下，这原本无可争议。然而一部分从事所谓现代管理培训的人却不接受这一点，反而到处散布摒弃监控制的谬论。从他们的荒谬论调里我找不出任何一点积极因素，因此建议各位无论如何不要听信这些巧舌如簧的人的蛊惑。

即使把“控制”上升到任务的高度认真对待，也远远没有弄清楚究竟怎样才算是做到“控制”。网络信息技术的进步的确令人欢欣鼓舞，但同时也应当认识到，计划实施和执行的风险也因此而增加，写报告变得越来越容易了。于是一个十分重要的问题凸显出来，即不要尽信报告，特别是在涉及重大项目计划的实施时更加不能依赖报告内容。

不尽信报告那还能依靠什么呢？依靠自己。说得详细一点儿就是必须深入进程中亲眼看、亲耳听、亲身体验。这是对实际局势和进展情况做出充分、全面、合理评估的唯一途径。纵观历史，“亲力亲为”就像一条红线贯穿历史的始末，它也是历史上拥有高执行力的杰出管理者共通的做法。即使在譬如军事机构中，那里已经建立起了报告机制，优秀管理者也从不会用它代替个人的观察和把握。与此相对应，缺乏个人介入和亲自参与往往是造成执行不畅或执行失误甚至重大失败的主要根源。

正如我们所看到的，执行工作本质上并不困难。上面介绍的几条通俗易懂的规则、方法和技巧，虽然不能把世上所有实施和执行方面的问题都清除掉，但只要把握住它们，就获得了个人的职责和绩效范围内重大进展与成功的保证。

CHAPTER

结束语

管理的责任和道德

难以决定的问题，要靠我们自己决定。

——海因茨·冯·福尔斯特

美国控制论学家

管理是从资源到价值的转化，其实现方式是对复杂社会系统的塑造、调整、引导和发展。

我相信，以本书为基础，“公司策略与公司治理”一章中已经解释清楚了管理必须担负起怎样的责任和道德。弄不清管理的重要性和职能，就无法确定责任和道德标准。只有清楚了解了管理是什么，不是什么，特别是了解什么是好的正确的管理之后，就没有什么问题是解决不了的，当然前提是首先必须要有做决定的勇气。规则已经摆在那里了，该怎么做需要我们自己决定。

我在这里用了“道德”这个词，这是因为常常有人向我提出这个问题。其实只要有“责任”基本上就足够了，我认为“道德”应当留给解决譬如基因技术这类更加复杂、困难的人类难题，管理上的这些简单问题没必要动用这个词。高级管理者的薪酬、他们在公众面前的表现，做这类决定的时候不需要用到“道德”。常识、基本行为准则以及一定的现实理解力和判断力足以告诉我们作为管理者如何行为得当，怎样履行职责。

首先，管理者必须对其本人以及自己的工作效率和绩效负责。其次，他要为其他员工以及他们的工作效率和绩效负责。最后，他也对机构及其生产效率负责，同时还要对依照本书中列举的标准对机构的经营、业绩、表现负责。他必须负责让每个人都能利用自己的优势创造绩效。

这三种责任的衡量依据是机构的运转宗旨和目标，也是我们之所以必须首先明确无误地确定机构宗旨和目标的原因之一，不然既无法确定责任范围，也不可能产生绩效和成果。此外这个宗旨和目标必须对社会有益——不是空洞抽象意义上的有益，而是具体到例如极具代表性的顾客价值，并且还要与之前讨论过的经营使命和战略相符合。

管理者必须确保自己能投入尽可能卓越的专业，从而履行自己的职能，必须以正确良好的管理为导向，根据自身优势不断完善管理，并且随时准备好接受更大、更艰巨的任务。

对于那些无论直接或间接都影响不大的环节和方面，管理者不必承担责任，比如人的改变，特别是性格变化就是一个典型例子。每个人都有改变的权利，变或不变都应由他自己决定。正确管理的实施从不以“通才”和“圣人”为前提。做这样的过高要求只会把正确的管理导向其对立面，所以不论对普通员工还是对高层管理者，都不应当苛求他们必须具备超出正常教育水平和合理范围之上的能力和品质。问题的解决之道不在于个人或个人的性格（虽然这也很重要）。品德、动机、意图并非起决定性作用，真正的重中之重是实践、行动、结果。

管理者必须能保证自己掌握了履行职能不可或缺的专业业务知识及管理技能，否则其工作效率必然受到消极影响。这就要求他们要善于区分表象与本质、想象与现实、正确与错误以及真正能发挥作用的东西和盲目的潮流。如果管理者不具备这种判断力，就说明他还不够专业，他的存在对于机构而言是风险。

管理者还要负责防止重用那些按照本书中的衡量标准被评定为尚不具备足够能力的人。一个人的能力水平通常是可以评估的，如果无法对某人的能力做出评判，则直到能评判且评判结果为合格之前，这个人都不能被委以重任。在经济界，每个失败者的出现，都必然伴随着一个把他错误地提拔到那个位置上的人和一个没有及时罢免他的人，也就是说，不仅失败本身是一个责任问题，导致失败的不当人事决策也同样属于管理者的责任范畴。

组织最高权力层的设置必须确保，一旦出现错误的人事决策，则该决策能迅速暴露出来并且及时修正，不会造成持续影响。这一责任的履行需要预先从体制上建立规章制度，以保证机构独立于个人，因为个人总会犯错。在人员任命时必须严格遵循独立性原则，以防止出现利益冲突的情况，特别是涉及监督机构成员任命时，只能以企业利益为出发点。监督机构的责任是维护企业利益；监督机构也是负责制定针对高层管理人员的合同条款、薪酬和赔偿责任规定的主管部门，还要起到榜样模范作用，杜绝特权经济和道德腐化堕落的发生；此外，监督机构也是强制履行责任的权力单位。

面对关键事件的决策，管理者必须仔细思考："在这种情况下，从企业角度出发，什么是正确的决定？"他之所以要这样问，恰恰是因为他知道，最终不可避免地要做出某种程度的妥协。管理者的决策依据不应看是否符合个人喜好、潮流或者时代精神，他应该始终牢牢记住这样一种理念：**管理是最重要的社会职能。**

面对公众时，管理者要担负起代表整个组织管理层的职责，其行为表现要符合本书罗列的要求，并且可以被人们所理解。牧师般的循循善诱，阶级斗争辩论时的慷慨激昂，或是脱口秀舞台上的口若悬河，都不足以完成这项责任，只有靠管理者实实在在创造出成果，靠个人以身作则才能履行好这一责任，因为成果是最有说服力的。大企业的管理层代表更是肩负着特殊的责任，这并不是因为他拥有某种特权，而是因为在我们今天这个媒体社会中，一切都暴露在公众的视线之下。无论公正与否，公众对经济和管理的印象都集中在大企业身上，因此大企业的管理层代表也被认为是整个经济界的代表，他们对这一点应当保持高度的自觉和自律。

管理者必须保证自己的行为不会引发公众对经济的敌视，也不会给未来经济正常运行造成负担或限制。企业健康发展离不开经济正常运行，而后者又依赖于社会的良性发展。管理者必须认识这条规律，并据此调整自己的行为。

管理者履行自己的责任，使人们认识到经济如此重要，并非不能交托给管理者，而是不能托付给不合格的管理者。

参考文献

Albert, Hans, *Traktat über rationale Praxis*, Tübingen 1986

Ashby, Ross W., *An Introduction to Cybernetics*, London 1956, 5th Edition 1970

Beer, Stafford, *Beyond Dispute*, Chichester 1994

Beer, Stafford, *Brain of the Firm – The Managerial Cybernetics of Organization*, London 1972

Beer, Stafford, *Decision and Control*, London 1966, 2. Edition 1994

Beer, Stafford, *The Heart of Enterprise*, London 1979

Beer, Stafford, »The World, the Flesh and the Metal«; 1964 Stephenson Lecture; in: *How many Grapes went into the Wine*, Harnden, Roger/Leonard, Allena (Eds.), Chichester 1994

Blüchel, Kurt G., *Bionik: Wie wir die geheimen Baupläne der Natur nutzen können*, München 2005

Blüchel, Kurz G./Malik, Fredmund, *Faszination Bionik. Die Intelligenz der Schöpfung*, München 2006

Böckli, Peter, *Corporate Governance: Swiss Code of Best Practice*. Economiesuisse, 2002

Bresch, Karsten, *Zwischenstufe Leben – Evolution ohne Ziel?*, München 1977

Burckhardt, Jacob, *Weltgeschichtliche Betrachtungen*, Stuttgart 1978

Buzzel, Robert D./Gale Bradley T., *The PIMS (Profit Impact of Market Strategy) Principles: Linking Strategie to Performance*, New York 1987 (deutsche Übersetzung: Das PIMS-Programm, Wiesbaden 1989)

Ceccarelli, Piercarlo/Roberts, Keith, *I nuovi principi PIMS: La gestione dell'impatto sul profito*, Mailand 2002

Clausewitz, Carl von, *Kriegstheorie und Kriegsgeschichte: Vom Kriege*, Erstdruck: Berlin 1832/34, Frankfurt 1993, Neuauflage 2005

Deal, Terrence E./Kennedy, Allan A., *Corporate Cultures*, Reading, Mass. 1982

Drucker, Peter F., *Die ideale Führungskraft*, Düsseldorf/Wien 1967

Drucker, Peter F., *Landmarks of Tomorrow*, New York 1947

Drucker, Peter F., *Management – Tasks, Responsibilities, Practices*, London 1973

Drucker, Peter F., *Managing for the Future*, Oxford 1992

Drucker, Peter F., *Managing for Results*, London 1964

Drucker, Peter F., *The Practice of Management*, New York 1954; Neuauflage 1982

Drucker, Peter F., *The Theory of the Business*, in: Drucker, Peter F., *Managing in a Time of Great Change*, New York 1995, S. 21 ff.

Drucker, Peter F., *Managing in a Time of Great Change*, New York 1995

Drucker, Peter F., *Innovation and Entrepreneurship*, Oxford 1985

Drucker, Peter F., *Technology, Management and Society*, New York 1958

Foerster, Heinz v., *Observing Systems*, Seaside California 1981

Frankl, Viktor E., *Der Mensch vor der Frage nach dem Sinn*, München 1979, 3. Auflage 1982

Gale, Bradely T., *Managing Customer Value: Creating Quality & Service that Customer can see*, New York 1994

Gall, John, *Systemantics: How Systems Work and Especially How They Fail*, New York 1975

Gälweiler, Aloys, *Strategische Unternehmensführung*, Frankfurt am Main/New York 1990, 3. Auflage 2005

Gälweiler, Aloys, *Unternehmenssicherung und strategische Planung*. In: ZfbF Schmalenbachs Zeitschrift für betriebswirtschaftliche Forschung, Heft 6, 1976

Gansterer, Helmut A., *Höfliche Vorschläge für Körper und Geist*, in: trend SPEZIAL, August 2005

Gomez, Peter/Malik, Fredmund/Oeller, Karl-Heinz, *Systemmethodik: Grundlagen einer Methodik zur Erforschung und Gestaltung komplexer soziotechnischer Systeme*, 2 Bände, Bern/Stuttgart 1975

Gordon, Robert J., *Technology and Economic Performance in the American Economy*, Cambridge, Mass. 2002

Hayek, Friedrich A. von, *Der Weg zur Knechtschaft*, (Erstpublikation 1944) München 1971

Hayek, Friedrich A. von, *Freiburger Studien*, Tübringen 1969

Hayek, Friedrich A. von, *Law, Legislation and Liberty*, Volume II, The Mirage of Social Justice, Chicago 1976

Hayek, Friedrich A. von, *New Studies in Philosophy, Politics, Economics and the History of Ideas*, London 1978

Heinsohn, Gunnar, *Privateigentum, Patriarchat und Geldwirtschaft*, Frankfurt 1984

Heinsohn, Gunnar/Steiger, Otto, *Eigentum, Zins und Geld: ungelöste Rätsel der Wirtschaftswissenschaft*, Reinbek b. Hamburg 1996, 2. Auflage Marburg 2002

Henderson, Bruce D., *Die Erfahrungskurve in der Unternehmensstrategie*, Übersetzung der amerikanischen Ausgabe *Perspectives on Experience* (4. überarbeitete Auflage), Frankfurt/Main 1972 sowie 2. Auflage, Frankfurt 1984

Hoffmann-Becking, Michael, *Münchener Handbuch des Gesellschaftsrechts*, Band 4: Aktiengesellschaft, München 1988

Höhler, Gertrud, Die Sinn-Macher. *Wer siegen will, muss führen*, München 2002

Kaplan, Robert S./Norton, David P., *The Balanced Scorecard*, Harvard Business School Press 1996

Keller, Stefan, *Aufgaben der Unternehmensaufsicht von Boards bei Verkäufen von wesentlichen Unternehmensteilen*, Diplomarbeit, Universität St. Gallen, 2002

Krieg, Walter/Galler, Klaus/Stadelmann, Peter (Hrsg.), *Richtiges und gutes Management: vom System zur Praxis*, Festschrift für Fredmund Malik, Bern/Stuttgart/Wien 2004

Lattmann, Charles, *Die verhaltenswissenschaftlichen Grundlagen der Führung des Mitarbeiters*, Bern/Stuttgart 1982

Lutz, Robert A., *Guts*, New York 1998

Malik, Fredmund, *Die Neue Corporate Governance: richtiges Top-Management, wirksame Unternehmensaufsicht*, Frankfurt 1997, 3. Auflage 2002

Malik, Fredmund, *Führen Leisten Leben. Wirksames Management für eine neue Zeit*, Neuausgabe im Campus Verlag, Frankfurt am Main/New York 2006

Malik, Fredmund, *Gefährliche Managementwörter. Und warum man sie vermeiden sollte*, Frankfurt 2004

Malik, Fredmund, *m.o.m.® Malik on Management Letter*, erscheint monatlich seit 1993

Malik, Fredmund, *Management-Perspektiven*, Bern/Stuttgart/Wien 1993, 4. Auflage 2005

Malik, Fredmund, *Management-Systeme*, in der Reihe »Die Orientierung«, Nr. 78, Hrsg. Schweiz. Volksbank, Bern 1981

Malik, Fredmund, *Strategie des Managements komplexer Systeme*, Bern/Stuttgart 1984, 9. Auflage 2006

Martin, Paul C., *Der Kapitalismus – ein System das funktioniert*, München 1986

McGregor, Douglas, *The Human Side of Enterprise*, New York 1960

Mintzberg, Henry, *Managers not MBAs*, San Francisco 2004

Müller-Stewens, Günter/Lechner, Christoph, *Strategisches Management: Wie strategische Initiativen zum Wandel führen*, Stuttgart 2001

Nachtigall, Werner/Blüchel, Kurt, *Das große Buch der Bionik*, Stuttgart 2000

Pelzmann, Linda, *Die Critical Incident Methode*, in: m.o.m.® Malik on Management Letter, Januar 2001 (9. Jahrgang)

Pelzmann, Linda, *Führungsversagen aus Eitelkeit*, in: m.o.m.® Malik on Management Letter, September 2003 (11. Jahrgang)

Pelzmann, Linda, *Triumph der Massenpsychologie – Rahmenbedingungen und Regeln*, in: m.o.m.® Malik on Management Letter, November 2002 (10. Jahrgang)

Pelzmann, Linda, *Kollektive Panik*, in: m.o.m.® Malik on Management Letter, Februar 2003 (11. Jahrgang)

Peters, Thomas J./Waterman Robert H. Jr., *In Search of Excellence*, New York 1982

Popper, Karl R., *Die Offene Gesellschaft und ihre Feinde, Band 2: Falsche Prophe-*

ten; Hegel, Marx und die Folgen, 2. Auflage, Bern 1970

Porter, Michael, E., *Competitive Advantage – Creating and Sustaining Superior Performance*, New York 1985

Porter, Michael, E., *Competitive Strategy – Techniques for Analyzing Industries and Competitors*, New York 1980

Pruckner, Maria, *Die Komplexitätsfalle – Wie sich Komplexität auf den Menschen auswirkt: vom Informationsmangel zum Zusammenbruch*, Norderstedt: Books on Demand, 2005

Rappaport, Alfred, *Creating Shareholder Value*, New York, re. edition 1998

Sloan, Alfred P., *My Years with General Motors*, New York 1964

Sprenger, Reinhard, *Vertrauen führt: Worauf es im Unternehmen wirklich ankommt*, Frankfurt am Main/New York 2002

Ulrich, Hans/Krieg, Walter, *Das St. Galler Management-Modell*, 1972; wiederveröffentlicht in: Ulrich, Hans, *Gesammelte Schriften*, Band 2, Bern/Stuttgart/Wien 2001

Ulrich, Hans, *Die Unternehmung als produktives soziales System*, 1968; wieder veröffentlicht in Ulrich, Hans, *Gesammelte Schriften*, Band 1, Bern/Stuttgart/Wien 2001

Ulrich, Peter, *Integrative Wirtschaftsethik – Grundlagen einer lebensdienlichen Ökonomie*, Bern/Stuttgart/Wien 1997

Vester, Frederic, *Vernetztes Denken*, Stuttgart 2000

Vester, Frederic/Hesler, Alexander von, *Sensitivitätsmodell*, Frankfurt 1980

Vickers, Geoffrey, *Freedom in a Rocking Boat*, Harmondsworth 1970

Witt, Peter-Jürgen, »Corporate Governance«, in Peter Jost (Hrsg.), *Die Prinzipal-Agenten-Theorie in der Betriebswirtschaftslehre*, Stuttgart 2001

作者简介

弗雷德蒙德·马利克（Fredmund Malik）

欧洲的管理泰斗之一，欧洲著名的复杂性管理先锋人物和管理教育家。

弗雷德蒙德·马利克教授1944年出生于奥地利，自1968年起就读于奥地利因斯布鲁克大学（Innsbruck University）和瑞士圣加仑大学（St. Gallen University），在经济学、社会学、系统论、控制论、信息论以及逻辑学、哲学等领域进行了深入的研究，获商业管理学博士学位，此后荣获终身教授资格。他是欧洲著名顶尖商学院圣加仑大学的教授和维也纳经济大学的客座教授。

1984年，马利克教授创立了著名的瑞士圣加仑马利克管理中心，并担任总裁。他是欧洲多家大型公司董事会、监事会成员，许多知名公司的战略和管理顾问，培训过数千名管理人员。他的管理思想影响着欧洲诸多的管理精英及其管理实践。

弗雷德蒙德·马利克教授的管理著作极为丰硕，其中《管理成就生活》一书自2000年首次出版以来，一直位列畅销书榜，被评为欧洲十大畅销管理书籍，至今已再版3次重印30

多次，并被翻译成14种语言。2016年，马利克教授在李克强总理同外国专家举行的新春座谈会上，向总理赠送了他的著作《战略：应对复杂新世界的导航仪》。1993年，弗雷德蒙德·马利克教授开始出版《马利克论管理——每月通信集》，在德语国家，它很快成为经济、政治和社会各界阅读最广泛的出版物之一。

马利克的管理思想

正在以下组织中得到运用

戴姆勒－克莱斯勒　宝马集团　德国莱茵集团

索尼　德国铁路集团　西门子

德国大众　德意志银行　保时捷

贝塔斯曼　Haereus

…………

欧洲管理经典 全套精装

欧洲最有影响的管理大师
（奥）弗雷德蒙德·马利克 著

ISBN：978-7-111-56451-5

ISBN：978-7-111-56616-8

ISBN：978-7-111-58389-9

转变：应对复杂新世界的思维方式

在这个巨变的时代，不学会转变，错将是你的常态，
这个世界将会残酷惩罚不转变的人。

正确的公司治理:发挥公司监事会的效率应对复杂情况

基于30年的实践与研究，指导企业避免短期行为，
打造后劲十足的健康企业。

管理：技艺之精髓

帮助管理者和普通员工更加专业、更有成效地完成
其职业生涯中各种极具挑战性的任务。

战略：应对复杂新世界的导航仪

制定和实施战略的系统工具，
有效帮助组织明确发展方向。

公司策略与公司治理：如何进行自我管理

公司治理的工具箱，
帮助企业创建自我管理的良好生态系统。

管理成就生活（原书第2版）

写给那些希望做好管理的人、希望提升绩效的人、希望
过上高品质的生活的人。不管处在什么职位，
人人都要讲管理，出效率，过好生活。

读者交流QQ群：84565875

互联网+系列丛书

序号	ISBN	书名	作者	定价
1	978-7-111-49033-3	风口：把握产业互联网带来的创业转型新机遇	八八众筹网	45.00
2	978-7-111-49950-3	互联网+：从IT到DT	阿里巴巴研究院	59.00
3	978-7-111-47912-3	跨界：开启互联网与传统行业融合新趋势	腾讯科技频道	39.00
4	978-7-111-51546-3	跨界2：十大行业互联网+转型红利	腾讯科技频道	49.00
5	978-7-111-49869-8	掘金:互联网+时代创业黄金指南	腾讯科技频道	39.00
6	978-7-111-49794-3	工业4.0：正在发生的未来	夏妍娜、赵胜	39.00
7	978-7-111-49795-0	工业互联网：互联网+时代的产业转型	许正	39.00
8	978-7-111-50700-0	联网力:传统行业互联网化转型的原动力	杨学成	49.00
9	978-7-111-50925-7	打通：传统企业向互联网+转型的7个关键要素	何伊凡	39.00
10	978-7-111-51742-9	激活个体：互联网时代的组织管理新模式	陈春花	49.00
11	978-7-111-49774-5	互联网+：传统企业的自我颠覆、组织重构、管理进化与互联网转型	王吉斌	59.00
12	978-7-111-49820-9	互联网+兵法	段王爷	59.00
13	978-7-111-49877-3	互联网+：跨界与融合	曹磊、陈灿、郭勤贵、黄璜、卢彦	49.00
14	978-7-111-50112-1	互联网+：产业风口	曹磊	59.00
15	978-7-111-50946-2	互联网+智能家居	陈根	49.00
16	978-7-111-51370-4	互联网+医疗融合	陈根	40.00
17	978-7-111-50988-2	互联网+普惠金融：新金融时代	曹磊	59.00
18	978-7-111-51018-5	无界资本：互联网+时代的资本重生之路	沈亦文	39.00
19	978-7-111-49880-3	O2O实践：互联网+战略落地的O2O方法	叶开	59.00
20	978-7-111-50190-9	互联网+：O2O商业生态破局与重构	蒋德敬	39.00
21	978-7-111-51484-8	裂变式转型：互联网+转型纲领	杨龙	49.00
22	978-7-111-51515-9	互联网+：海外案例	曹磊	59.00
23	978-7-111-51935-5	互联网+农业：助力传统农业转型升级	冯阳松、潘晓（易观）	59.00
24	978-7-111-51513-5	重创新：转型不必推倒重来	王冠雄、刘恒涛	59.00

华章经典·管理

书名	作者	ISBN	价格
科学管理原理（珍藏版）	（美）弗雷德里克·泰勒	978-7-111-41732-3	30.00元
彼得原理（珍藏版）	（美）劳伦斯·彼得 等	978-7-111-41900-6	35.00元
管理行为（珍藏版）	（美）赫伯特 A. 西蒙	978-7-111-41878-8	59.00元
组织（珍藏版）	（美）詹姆斯·马奇 等	978-7-111-42263-1	45.00元
总经理（珍藏版）	（美）约翰 P. 科特	978-7-111-42253-2	40.00元
权力与影响力（珍藏版）	（美）约翰 P. 科特	978-7-111-41814-6	39.00元
马斯洛论管理（珍藏版）	（美）亚伯拉罕·马斯洛 等	978-7-111-42247-1	50.00元
Z理论	（美）威廉·大内	978-7-111-42275-4	40.00元
经理人员的职能（珍藏版）	（美）切斯特 I. 巴纳德	978-7-111-42276-1	49.00元
福列特论管理（珍藏版）	（美）玛丽·帕克·福列特	978-7-111-42775-9	50.00元
工业管理与一般管理（珍藏版）	（美）亨利·法约尔	978-7-111-42280-8	35.00元
战略管理（珍藏版）	（美）H. 伊戈尔·安索夫	978-7-111-42264-8	40.00元
决策是如何产生的（珍藏版）	（美）詹姆斯 G. 马奇	978-7-111-42277-8	40.00元
戴明的新经济观（原书第2版)	（美）W. 爱德华·戴明	978-7-111-45355-0	39.00元
组织与管理	（美）切斯特·巴纳德	978-7-111-52690-2	40.00元
转危为安	（美）W. 爱德华·戴明	978-7-111-53046-6	69.00元
工业文明的社会问题	（美）乔治·埃尔顿·梅奥	978-7-111-53285-9	35.00元